教育部现代学徒制试点专业建设成果
连锁门店岗位实务系列丛书

连锁门店初级岗位操作实务

主编 赵 鹏

中国纺织出版社有限公司

图书在版编目(CIP)数据

连锁门店初级岗位操作实务 / 赵鹏主编. — 北京：
中国纺织出版社有限公司，2019.12 (2020.7重印)

ISBN 978 - 7 - 5180 - 6954 - 5

Ⅰ. ①连… Ⅱ. ①赵… Ⅲ. ①连锁店—经营管理—高
等职业教育—教材 Ⅳ. ①F717.6

中国版本图书馆 CIP 数据核字(2019)第 243355 号

策划编辑:刘　蕊　　　　　　　　　责任校对:王蕙莹
责任设计:林昕瑶　　　　　　　　　责任印制:王艳丽

中国纺织出版社有限公司出版发行
地址:北京市朝阳区百子湾东里 A407 号楼　邮政编码:100124
销售电话:010-67004422　传真:010-87155801
http://www.c-textilep.com
中国纺织出版社天猫旗舰店
官方微博 http://weibo.com/2119887771
北京虎彩文化传播有限公司印刷　各地新华书店经销
2019 年 12 月第 1 版　2020 年 7 月第 2 次印刷
开本:710×1000　1/16　印张:17.25
字数:404 千字　定价:49.80 元

前　言

《连锁门店初级岗位操作实务》是现代学徒制人才培养课程体系中第一阶段的课程,是现代学徒制学生在基础岗位技能学习的课程。该阶段主要培养学生门店初级岗位能力,为连锁专业现代学徒制学生胜任初级岗位工作任务奠定基础。

《连锁门店初级岗位操作实务》是在连锁经营管理专业教育部现代学徒制试点专业建设成果基础上,组织编写的连锁门店岗位操作实务系列丛书之一。本书密切结合我国连锁经营企业发展现状,以门店若干典型工作岗位的职业行为活动为依据,在编写中按照"突出能力目标,理论实践一体化"的课程整体设计原则,运用大量最新的国内外连锁企业经营实例,以实务操作为主旨,其具有以下特点:

一是,本书从一个学习者的视角,介绍了连锁企业门店初级工作岗位及基本工作过程,以项目为纽带呈现了连锁门店初级岗位的工作流程、工作内容、管理要求和提升素质;二是,以企业实际岗位为核心,在"现代学徒制"和"工匠精神"的指导下,校、企通力合作,在深入企业调研的基础上,以连锁门店初级岗位工作流程为导向进行编写,具有真实性、实用性和职业性的特点;三是,本书以职业标准为引领,每个项目分为若干个工作任务,通过做学一体化的形式提高教学效果,体现了以学生为本的现代职业教学理念。

本书全面阐述了门店初级岗位需具备的基本理论和实践知识,编写过程中坚持职业能力培养和知识学习的针对性,采用项目教学法,将教学内容设计成不同的训练项目和学习任务,全书有基本能力操作实务和专业能力操作实务两大模块,具体包括连锁门店初级岗位职业形象塑造、连锁门店初级岗位服务技巧修炼、连锁门店初级岗位职业道德养成、收银员操作实务、营业员操作实务、理货员操作实务、防损员操作实务、促销员操作实务、收货员操作实务九个项目。在任务学习中,通过"任务导入"和"任务分析"设置学习情境,通过"知识导航""技能培养""视野拓展"强化知识学习和技能培养,有利于学生理论知识的学习、职业技能的训练和实践能力的培养。

本书可以作为高职高专院校连锁经营管理专业、市场营销专业的教材,还可以作为连锁企业门店管理的培训教材。本书在编写过程中,参考并引用了很多相关著作以及企业案例,教育部现代学徒制试点合作企业安徽安德利百货股份有限公司、安徽永辉超市有限公司等连锁经营企业给予了大力支持,在此一并表示衷心的感谢。由于水平有限,书中难免有一些缺点和不成熟之处,恳请广大读者批评指正。

编　者

2019 年 10 月

目　　录

第一部分　连锁门店初级岗位基本能力操作实务

项目一　连锁门店初级岗位职业形象塑造

【知识目标】

了解连锁门店初级岗位职业形象的构成；

理解仪容、仪表、仪态在塑造职业形象中的重要性；

掌握员工着装和佩戴饰物的规范要求；

熟悉员工仪态标准和站、走、蹲、手势的规范化要求。

【素能目标】

能够根据门店要求做到干净整洁；

能够根据门店着装标准，规范着装；

能够结合门店仪态标准，正确掌握规范的站、走、蹲、手势等动作；

能够持续训练，不断塑造自身的职业形象。

任务一　干净整洁的仪表

【任务导入】

　　小张是一家高端新零售门店刚入职的员工。小伙子高高的个子，长得很帅。第一天上班，店长就对着他皱起了眉头。原来，小张头发一直都留的比较长，常有女孩子们夸他"帅呆了"。店长告诉他，作为员工不适合留这样的发型，但马上要上班了，已来不及让他去理发，希望他晚上回家之后能够将头发修剪成符合岗位礼仪标准的发型。店长还发现，小张的右手小拇指甲留得很长，说这样的指甲会给顾客留下不好的印象，会影响服务工作的效果，希望他下班以后尽量剪短。

　　小张一肚子不愉快，对店长说的话不以为然。谁知，没过多久，他的头发就给他带来了麻烦。原来，有一位顾客点了一份帝王蟹。小张给这位顾客上菜时，他的一绺头发挡住了右眼，小张顺手就用右手整了一下头发……只见一根长长的头发落在了帝王蟹里……

　　顾客非常生气，后来店长只好减免了部分餐费，才平息了顾客的情绪。

　　请问：作为小张，该如何打理自己的形象呢？

【任务分析】

　　良好的仪容、仪表是塑造职业形象的基本要求之一。仪容、仪表不只是简单的服装、外表、发型和妆容等外在因素的组合概念，而是一个综合的、全面的，一个外表与内在相结合的结果，在交流中可以给人留下深刻印象的基本职业素养。连锁门店是直接面对顾客服务的，美好的第一印象是你工作的良好开端。

【知识导航】

知识一　干净整洁

连锁门店员工的职业形象，是仪容、仪表等通过顾客的视觉、听觉、触觉、嗅觉等各种感觉器官,在顾客大脑中形成的关于员工的整体印象。顾客对连锁门店员工的"第一印象"是最先输入的信息,这往往成为顾客认知与评价员工的重要依据。很多连锁门店员工经常会与大量陌生顾客打交道,会在很多顾客那里留下"第一印象"。因此,连锁门店员工应当把握好自身形象,尤其在初次接触顾客时,要尽量给顾客留下良好的印象。

1.勤洗澡,勤换衣

员工每天都可能要与顾客打交道,勤洗澡、勤换衣可以避免身体或头发产生令顾客不愉快的浓重体味。

2.勤剪指甲,勤理发

不可在工作场所剪指甲,应当在家里或洗手间等私密场所进行。

员工的头发要求保持干净整洁,无异味、无头皮屑、无灰尘,要定期理发。

男士每日都要认真剃胡须,修剪过长的鼻毛或耳毛。男士至少每月理发一次。

男士发型的具体要求为:前额头发的长度不超过眉毛,不遮挡视线;侧面头发长度不超过上耳轮;不留大鬓角、不蓄胡须;后面头发长度不触及衣领;不剃光头。

女士要注意护发养发,根据自身情况选择合适的理发频率。平时梳理头发的时候应当避人,不可在工作场所梳头,不可在公众场合解开自己盘着或束着的头发。

女士发型的具体要求为:前额头发的长度不超过眉毛,不遮挡视线;侧面头发不遮掩面庞;后面头发长度不超过肩膀,长发应盘起;不用华丽或花哨的发饰。

3.勤洗脸、勤洗手,勤刷牙、勤漱口

员工每天至少早晚各洗一次脸,每天早上起来及就寝前必须刷牙。平时吃东西或喝饮料之后要立即漱口,及时清除口腔里的残留物质,以免产生口腔异味。一日三餐之后都必须漱口或刷牙,工作时间应避免食用气味过于浓烈的食物,如生葱、生蒜等。

洗脸时注意把眼角、耳窝、鼻孔、脖子等细节之处都洗干净。不可在工作场合剔牙齿、掏鼻孔、挖耳朵、搓泥垢等。不可对着他人咳嗽、打喷嚏、打嗝等,如实在无法控制时,应立即转身朝向无人方向,并尽量用纸巾或手帕遮掩,之后立刻洗手。

知识二 员工着装

服装具有重要的自我表达功能,顾客常常会凭借一个人的服装来判断这个人的身份。所以员工的着装,一定要符合自己的身份,符合岗位的要求。正确着装、规范着装,就是在用无声的语言告诉顾客"我很认真,我愿意全力以赴做好服务工作",这样的员工才会让顾客觉得"值得信赖"。影响第一印象的因素中,仪表的重要性占到一半以上。

1.男士着装

①按岗位规定着装,保持服装干净、平整,裤线保持笔挺。

②衣袋不乱放杂物,套装或衬衣口袋不放置笔和名片。

③保持皮鞋光亮。注意鞋子上不要有污物,鞋后跟不要有磨损。

④领带、衬衣、制服、袜子、鞋子颜色协调。

⑤领带不要松,领带打结处不要脏。

⑥衬衣的每一个纽扣要扣好,领口及衣襟保持干净。

2.女士着装

①女士衬衣须系于裙或裤内,表面不能有明显的污渍、破损等。

②经常穿马甲，避免穿 T 恤衫，衬衣避免鲜艳的颜色。

③穿裙装时，一律搭配肤色丝袜，无破洞。

④保持皮鞋光亮和清洁。为保证安全，鞋跟在 5 厘米以下。

⑤搭配丝巾时，丝巾结要齐于领口，丝巾下部不可低于衣襟。丝巾要保持干净平整，无污渍，蝴蝶结扣平整饱满。

3. 饰物

(1) 发饰

男士普遍不使用发饰。女士发饰的常见品种有发夹、发箍、头花、皮筋等。员工的头饰，其风格总体应当简洁、实用，色彩不宜过于鲜艳花俏，材质不宜过于贵重。

(2) 耳饰

男性员工在岗位上不宜佩戴任何耳饰。女士在工作岗位上，不适宜佩戴任何大的耳环或长的耳坠，只适宜佩戴小巧含蓄的耳钉或耳坠。耳钉或耳坠的色彩应与门店制服套装的色彩搭配协调。

(3) 颈饰

在工作岗位上，男性员工一般不宜佩戴项链。女性员工可以佩戴项链，但其款式应简洁精致，色彩和材质要与肤色及工作服装相协调。项链的款式应与自己的年龄相协调，与自己的体型相协调。例如，脖子细长的女士可以佩戴较短的项链，而体型丰满的高个子女士可佩戴较长的项链。

(4) 手饰

常见的手饰类型有手镯、手链、戒指等。员工在工作岗位上常有较多操作性工作，若佩戴手镯或手链上岗，可能会给工作带来不便，同时也会使手镯或手链受损。因此，员工工作时间内不宜佩戴手镯或手链。餐饮、食品加工等岗位上的员工，出于卫生要求，不允许佩戴戒指等手饰。

(5) 香水

香水是一种"看不见的饰品"。餐饮、食品加工等岗位，因其工作的特殊性，不允许员工使用香水。一般岗位的员工在使用香水时要注意选择清淡雅致的香型。在允许使用香水的工作场合使用香水时，必须控制香味的浓度。通常，顾客在与员工相距 0.5 米之内能闻到若有若无的淡淡香气，这样的香水用在员工身上是合乎礼仪的。如果员工周身散发出浓烈的香水味，则是缺乏修养的表现。若不能准确地把握香水的度，则以不用为好。

综上，门店员工在选择首饰时，一定要符合工作岗位的要求，"以少为佳，宁缺毋滥"，宁可不戴，不可错戴。另外，员工不宜在工作岗位佩戴鼻环、脐环等前卫、夸张的饰品。同时，各饰物之间在材质、款式和色彩上应相互呼应。

任务二 端庄大方的仪态

【任务导入】

某超市员工小王站在梯子上码放物品，由于这是一家会员店，所以物品大多不会拆箱销售，补货工作量很大。这时一名年纪较大的顾客走过来询问某品牌的麦片在哪里，站在梯子上的小王用手指了指 4～5 米远的位置说："在那边"。顾客按照他的指引走了过去，好一会儿也没有找到,于是只好返回再次向小王询问。

请问:如果你是小王,应该如何为顾客服务,应该注意仪态举止的哪些方面?

【任务分析】

当企业越来越注重员工的服务素质和技能培养时,仪态举止也被认为是提升服务品质和档次的一个重要依据。因为不经意的行为伤害或者怠慢了顾客,而导致顾客产生糟糕情绪的案例已不鲜见。因此,员工必须注意对自身服务意识和仪态细节的培养,才能使服务彰显规范和品质。

【知识导航】

仪态标准

仪态是人们在交往活动中所表现出来的各种姿态。连锁门店员工在工作岗位上和服务顾客的过程中,要把握以下仪态标准。

1. 文明大方

文明大方是要求员工要讲究礼貌、体现修养,能够给顾客带来美好的视觉享受。不要当着顾客的面擤鼻涕、掏耳朵、剔牙齿、修指甲,以及打哈欠、咳嗽、打喷嚏等,实在忍不住,要用手帕捂住口鼻,面朝一旁。这虽然是一些细节,但它们组合起来就构成了顾客对员工的总体印象。

2. 端庄自然

端庄自然是要求员工的仪态端庄大方、训练有素,但又不装腔作势或者矫揉造作。员工需要通过仪态服务体现修养和品质,仪态呈现出的应是自然的美感,而不是婀娜多姿或者刚硬有力。好的仪态是不惹人眼球的,但是能潜移默化带给人愉悦舒服的感受。

3. 优雅得体

优雅得体是要求员工的举止不仅文明自然,而且能够给顾客带来美的享受。大方职业的仪表,端庄自然的举止,热情文雅的服务语言都能给顾客带来享受。优雅得体并没有唯一的定势,它需要根据顾客的需求不断变化和调整,但无论怎样,顾客都欣赏并喜欢那些令人赏心悦目的服务举止。

4. 体现尊重

仪态敬人就是要求员工的仪态举止能够传达对顾客的尊重之情。讲究仪态的目的不是为了让顾客欣赏员工多么美丽,而是通过优雅得体的行为让顾客感到被尊重。

5. 男女有别

男性仪态举止要体现阳刚之美。"刚"是男性的气质,男性的举止动作也要有力度,因此男性的仪态要求和女性是不同的,要让其表现出男性的刚劲、强壮、英勇和威武之貌。

女性的仪态举止则强调优雅得体,不需要婀娜多姿,但要呈现出女性的端庄、温柔、轻盈、娴静之感,动作流畅、柔和。注意不能做作,员工应该呈现的是落落大方的举止风貌。

【技能培养】

技能一 站姿

站立是最常用的一种姿态,站立姿态应该端正、自然、亲切、稳重。

1.站姿的具体要求

身体站正、挺胸收腹、腰脊挺直,两肩自然打开并下沉;头要摆正,双目平视,面带微笑,但是要微收下颌,这是一种谦逊而且亲切的姿态;双臂自然下垂,两腿尽量并拢,两腿关节与髋关节舒展伸直,女性任何时候都不能分腿站立,身体重心放在两腿之间,肌肉略有收缩感。

①头部:抬头若悬,勿往前或下垂。

②下颌:下巴与地呈平行线,不宜高扬下颌或过分收下颌。

③脖子:脖子应伸直,与身体形成一条直线。

④肩膀:两肩宜平衡、勿高耸,两肩应自然打开并稍微往后。

⑤背脊:背脊立直。

⑥胸部:胸直挺,不宜勉强高耸。

⑦腹部:应收腹部、不可突出,保持肋骨上升的姿态。

⑧腰:保持腰部挺直,才能显得有精神。

⑨臀部:收缩臀部的肌肉并往前提,使臀部有结实感。

⑩脚部:身体重量平均分布于两脚,重心不能落在脚尖或是脚跟的任何一边上。

练习方法:将身体靠墙壁站立,让后脑勺、脊背、臀部、小腿和脚后跟成一条直线。后脑勺靠墙,下颌微微收回,把双腿绷直尽力贴靠在墙壁上。这时脚后跟抵住墙壁,可以尝试把手掌塞在腰和墙之间,如果刚好塞进去就是非常合适的站姿;如果塞进去空隙太大,可把手一直放在背后,然后屈腿慢慢下蹲,直到腰与墙壁之间的空隙刚好只可以放一只手,然后站直,寻找站立时挺拔的感觉。找到感觉后要经常练习,坚持不懈才能够有挺拔的身姿,好的仪态绝对不是一朝成就的。

2.女士站姿

员工在工作场合的站姿可以传达很多信息,比如工作的专业性、敬业意识、职业素养和专业操守。

(1)服务站姿

自然挺拔站立,双臂自然下垂,双手虎口相交叠放于身前(小腹的位置)。右手在上左手在下,手掌尽量舒展,两手交叠呈自然的弧度,不能僵硬地重叠放在一起。手指伸直但不要外翘,这样的站姿会传达给人一种拥有专业素养的感觉。

(2)交流站姿

挺拔站立,挺直的脊背会彰显女性的优美身材和端庄的气质。然后右手轻握左手放在腰际,手指可自然弯曲,这样的站姿看上去比较轻松自然,但又不过分随意。

当然,女士站姿不只手部位置会变化,脚的姿势也可以变化。

第一种是"八字步":双脚跟并拢,脚尖分开夹角为15～45度。

第二种是"丁字步":也就是在八字步基础上,将左脚跟放在右脚的1/2处,两脚之间的夹角为15～45度。身体的重心要放在前脚掌。

第三种是"3/4步":将左脚的脚跟靠拢在右脚的3/4处,当然也可以把右脚的脚跟靠拢在左脚的3/4处。这三种脚的姿势都可以采用,依据具体服务环境、服务情形决定。

3.男士站姿

(1)服务站姿

两脚跟相靠,脚尖展开45～60度角,身体重心主要支撑于脚掌、脚弓之上。两腿并拢直立,腿部肌肉收紧,大腿内侧夹紧,髋部上提。腹肌、臀大肌微收缩并上提,臀、腹部前后相夹,髋部两侧略向中间用力。脊柱、手背挺直,胸略向前上方提起。两肩放松下沉,气沉于胸腹之间,自然呼吸。两手臂放松,自然下垂于体侧。脖颈挺直,头向上顶。下颌微收,双目平视前方。

(2)交流站姿

动作要领是双脚平行不超过肩宽,腿部肌肉收紧,大腿内侧夹紧,髋部上提。腹肌、臀大肌微收缩并上提,臀、腹部前后相夹,髋部两侧略向中间用力。脊柱、后背挺直,胸略向前上方提起。两肩放松下沉,气沉于胸腹之间,自然呼吸。左手在腹前握住右手手腕靠近手掌的位置。

4.规避不得体行为

(1)不能倚靠在柱子、墙壁或是桌子旁

将身体倚靠在柱子、墙壁或是桌子旁,看上去非常的萎靡不振,似乎连自己的身体都支撑不住的样子,又如何能让顾客满意和信赖呢?除非身体情况不允许,否则不要借助外力站立,健康明朗的形象才符合顾客的期待。

(2)女性不能双腿分开站立

女性双腿分开站立的姿态给人的感觉绝不仅仅是大大咧咧、不拘小节,还是粗鲁、缺乏职业训练的。

(3)在站立的过程中不能抖动双腿或晃动上体

在站立过程中抖动双腿或晃动上体的动作千万不能在工作岗位中出现,这会让顾客感觉你是一个做事漫不经心的人,对工作不重视、不放在心上。

(4)减少不必要的小动作

站立的时候要控制无意识的小动作。很多女性员工在与人交谈时会不自觉地摆弄衣角、抚摩发梢,在工作场合则显得不够端庄和职业。另外,双手也不要抱在胸前,这种动作往往表示消极、抗议、防御等意思,很难让交谈对象感觉亲切放松。双手叉腰站立、摆弄手指等小动作也是不可取的。过多的小动作,会让人感到员工心不在焉,并让人心烦意乱。

(5)站立的时候不能驼背含胸

驼背含胸的姿态使人感觉萎靡不振,因此,站立时不要过于随便,驼背、塌腰、耸肩、两眼左右斜视、双腿弯曲或不停颤抖,都将影响站姿的美观。

技能二 走姿

1.走姿动作要领

走路时目光平视,头正颈直,挺胸收腹,两肩自然下垂前后摆动,要保持平稳,从腰部以下行动,双手要和谐摆动。行走时身体重心略向前倾,重心落在行进于前边的脚掌,腹部和臀部要向内提,由大腿带动小腿向前迈进,脚跟先接触地面,脚跟着地后将身体重心立刻前移至前脚掌,在行进中使身体的重心不断前移,行走轨迹为一条直线。

2.行走的训练方法

①要练习腰部力量。行走属于动态美,是全身协调性运动,在这其中腰部的控制力是至关重要的。练习时,双手固定于腰部,脚背绷直,踮脚正步行走。

②良好身姿还体现在背部。脊背是行进中最美妙的音符,因此要练习脊背和脖颈的优

雅。头顶上放一本书走路,保持脊背伸展和头正、颈直、目平。起步行走时,身体略前倾,身体的重心始终落于行进在前边的脚掌上,前边的脚落地、后边的脚离地的瞬间,膝盖要伸直,脚落下时再放松。

③要练习脚步,内八字和外八字是不可取的。可以在地上画一条直线或利用地板的缝隙练习,两脚内缘的着力点力求落在直线两侧,通过不断的练习,保持好行走的轨迹和稳定性。

④要进行全身的协调性训练,使行走中身体的每一个部分都能呈现出律动之美。步伐要矫健、轻盈,富有稳定的节奏感。

3. 行走礼仪

如果是两个人一起行走,行走的规则是以右为尊,以前为尊。和顾客或上级一同行走的时候,就应该站在他们的左侧,以示尊重。如果是一位男士和一位女士同行,那么就应该遵照男左女右的原则。如果三人同行,都是男性或都是女性,那么以中间的位置为尊,右边次之,然后是左边。

要保持良好的仪态,不能左顾右盼、四处张望或是推推搡搡、拉拉扯扯。不论多么熟悉的同事和顾客,在工作岗位也应保持职业人士的端庄仪态。如果工作过程中不小心碰到他人、踩到他人或绊倒他人的时候,要及时道歉,并给予必要的帮助。如果别人无意识地碰到自己或妨碍到自己,应小心提醒并予以体谅。

4. 不受欢迎的走姿

①要注意手臂的摆动,不能夹着手臂走动。用小臂带动大臂自然摆动,摆动手臂的时候,肩膀不要摇晃。不能把手抱在胸前或是倒背着双手走路。

②走路时脚步拖拉在地上。这是一种很消极的身体语言。在工作场合,这种消沉的姿态很容易传导给同事或顾客不良的感觉。同时也不能低着头或是耷拉着眼皮走路,这同样不是一种积极的感觉。在工作岗位上要始终表现出自信、练达和对工作的热情。

③走路时要因场地而及时调整脚步的轻重缓急,不能把地板踩得"咚咚"作响。无论遇到多么紧急的事情,也不能体现在脚步的重量上,可以用加快步伐频率的方法提速。

④女性不要岔开双腿走路,尽量走直线,速度要均匀,不能走得过快。

⑤在工作场合,如果见到坐轮椅的人或是小朋友,如果能蹲下来和他们讲话,对他们而言这就是尊重,没有什么比获得重视更令人欣慰的了。如果是一些涉及对方尊严和颜面的语言,或是顾客一些比较私密的信息,员工如果能够俯下身讲给坐着的人听,这对他人来说,就是一种体贴和关怀。

技能三　蹲姿

1. 蹲姿基本规范

在工作场合应该采取高低式蹲姿。具体动作:下蹲时左脚在前,右脚稍后,两脚平行,两腿靠紧向下蹲。左脚全脚着地,小腿基本垂直于地面,右脚脚跟提起,脚掌着地。右膝低于左膝,左膝内侧靠于左小腿内侧,形成左膝高右膝低的姿势,臀部向下,基本上以右腿支撑身体。工作需要下蹲捡拾物品时,则左手放在左膝上,右手拾取。一般而言,需拾取物品在身体哪一侧就用哪只手去捡。

2. 蹲姿练习方法

蹲姿的练习方法是在站姿的基础上，右脚后退一小步，两腿靠紧下蹲，保持脊背挺直下蹲，左腿高右腿低，再将左手放在左腿上，右手拾取地上的物品，然后小腿和脚用力平稳起身。

3. 蹲姿礼仪

①蹲下的时候，要目光先有所示意，千万不要唐突蹲下，令对方不知所措。在下蹲的时候动作应该保持一贯的频率，不能生硬下蹲。

②如果是拾捡物品，就要站在需拿取物品的旁边，然后屈膝下蹲。捡拿物品的时候不要低头弓背，下蹲的时候要保持腰部的控制力，不要弓下腰，这样上衣会自然上提。两腿应合力支撑身体，保持好身体的重心。

③在由蹲姿变为站姿的时候，不要用手撑着大腿站起，给人以疲惫拖沓的印象，而是轻松自然起身，即便需要腿部借力也应该从容地、隐蔽地撑腿用力，而不是用幅度较大的明显方式来借力。

④如果因为拾取物品等情况下蹲，待完成后应尽快起身，长时间蹲在地上是不雅观的，尤其是蹲在地上休息更是不可取的。

技能四　手势

在工作中经常会遇到为顾客指引方向、邀请入座或提醒小心地面湿滑等情形。在遇到这种情况时，单纯的语言表达往往不能准确地传达意思，需要借助手势来更直接、准确地表达服务内容，而且手势的合理运用会使服务更具有品质。

1. 手势的分类

（1）前摆式

五指并拢，手掌伸直，由身体一侧自下而上抬起，以肩关节为轴，到腰的高度再向身前左方摆去，小臂摆到距身体 15 厘米处，不超过躯干的位置时停止。目视顾客，面带微笑。

（2）斜摆式

将左手先从身体的一侧抬起，到高于腰部后，再从左侧下摆去，使大小臂成一条斜线，指尖指向地面或具体位置，手指伸直并拢，手、手腕与小臂成一条直线，掌心略微倾斜。

（3）横摆式

五指并拢，手掌自然伸直，手心向上，肘微弯曲，手掌、手腕和小臂成一条直线。开始做手势应将右臂从腹部之前抬起，以肘为轴向一旁摆出到腰部，并与身体正面成 45 度角时停止。头部和上身微向伸出手的一侧倾斜。另一只手自然下垂，手指伸直注视顾客，面带微笑。

（4）回摆式

五指并拢，手掌自然伸直，手心向上，肘微弯曲，手掌、手腕和小臂成一条直线。头部和上身微向伸出手的一侧倾斜。另一只手自然下垂，手指伸直。小臂的运行轨迹由身体一侧向胸前摆动。

2. 递接的手势

（1）基本原则

在递送物品时，要用双手递送，并且身体主动向前稳妥地递送到对方手中。递送的物品要方便对方拿取,把尖刃或是不便于接拿的一端朝向自己,将方便接拿的一侧朝向对方,确保其可以顺利、方便地接拿。接拿顾客递过来的物品时,应主动上前,稳妥接拿,姿态稳定,并且使用双手接物最为规范。

(2)具体要求

递送文件或单据给顾客时,用双手递交,具体方式是拇指在上四指在下稳妥捏拿住文件,注意用目光示意,而后面带微笑递送到对方手里。需要对方签字或着重阅读某个部分,应使用前伸式手势指示给对方,并用语言准确表达需对方配合的事项。

递送物品(笔、剪刀等)给顾客时,应尽量使用双手,并将物品的手柄或是易于对方接拿的一端朝向对方,将方便留给顾客。如果物品较为锋利或是尖锐,应在递送前用语言提醒,如"剪刀比较锋利,请小心"。

递送零碎物品(曲别针、大头针等)给顾客时,不能直接递给顾客,应把散碎小物品放在一张纸或可承载的物品上双手递给顾客。

接取顾客递送的物品时,应采用走上前或前倾身体表达出"主动"的意愿,然后用双手接取。

优雅规范的手势运用需要与目光和身体语汇相配合,应该面带微笑,身体略微前倾,以表示对顾客的尊重。

【项目训练】

1.训练目的

良好的仪容仪表礼仪在交流中可以给人留下深刻印象的基本职业素养。日常生活中,发型、着装、姿态对塑造形象起到非常重要的作用,因此门店员工要根据仪容仪态标准塑造职业形象。

2.训练步骤

①给每位同学发放检查考核表,如表1-1所示。

②各位同学对照考核标准进行自我检查。

③分组互相对照检查。

④教师对同学们进行抽查。

⑤鼓励同学对检查项目和标准进行讨论,并提出完善建议。

表1-1　门店员工仪容仪态考核表

项目	检查标准	良好	有待提高	没有完成
头发	头发整洁;无头屑、烫染;女生不留披肩发,无头饰,男生不留长发			
眼睛	无眼屎、不充血、眼镜端正、不佩戴有色眼镜			
耳朵	不佩戴耳环			
鼻子	鼻孔干净、不流鼻涕			
胡须	干净、整洁,不留长胡须、八字胡或其他怪状胡须			
嘴	牙齿干净、洁白,口中无异味			

项目	检查标准	良好	有待提高	没有完成
脸	面容洁净,女生淡妆			
脖子	脖子不佩戴项链或其他饰物			
手	双手洁净,指甲整齐,不涂指甲油,不戴除婚戒以外的戒指			
衬衣	衬衣保持洁净,扣上纽扣,不挽袖子			
领带	领带端正整洁,不歪不皱			
套装	套装整洁,背部无头发、头屑,上口袋不插笔。所有口袋不能因放置物品而鼓起来			
皮带	皮带高于肚脐,松紧适度,不可选用怪异的皮带头			
鞋袜	鞋袜搭配得当,鞋面洁净光亮,肤色短袜或长筒袜,袜子不能脱落或脱丝			
站姿	女士:双手虎口相交,自然叠放于身前,右手在上,左手在下;双脚跟并拢,脚尖分开夹角为15度(或将左脚放在右脚的1/2处,两脚之间的夹角为不超过45度);挺胸、收腹、腰直、肩平,目光注视前方,嘴微张,面带微笑 男士:双手自然交叉放在身前,左手在上,右手在下,两脚略分开些,与肩同宽,挺胸、收腹、腰直、肩平,目光注视前方,嘴微张,面带微笑			
走姿	上身向前倾,身体重心落在脚掌前部,两脚跟走在一条直线上,脚尖偏离重心10度;行走时,双肩平稳,目光平视,下颌微收,面带微笑。手臂伸直放松,手指自然弯曲,手臂自然摆动,前摆向里35度,后摆向后约15度,要保持平稳从腰部以下行动,双手半握拳和谐摆动。同时步行速度要适中,不要过快或过慢,女性的步幅为30厘米左右,男士的步幅为40厘米			
坐姿	身体重心垂直向下,腰部挺起,上体保持正直,头部保持平稳,两眼平视,下颌微收 男士:上身挺直,两腿分开,不超肩宽,两腿平行,两手自然放在腿上 女士:双腿并拢,两脚同时向左或向右放,两手相叠后放在左腿或右腿上,也可以双腿并拢,两脚交叉,置于一侧			
蹲姿	下蹲时,左脚在前,右脚在后向下蹲去,双腿合力支撑身体,避免滑到或摔倒,使头、胸、膝关节不在一个角度,从而使蹲姿显得优美。男性双腿微开,女性双腿并拢			

项目二 连锁门店初级岗位服务技巧修炼

【知识目标】

了解连锁门店初级岗位服务工作和服务技巧的重要性；

理解微笑的要素和规范化要求；

掌握目光的使用规则、注意事项和注视区域；

了解倾听的层次和服务语言的禁忌。

【素能目标】

能够运用真诚的微笑服务顾客；

能够运用合理的目光和注视，给予顾客反馈；

能够用心做到倾听，了解顾客需求；

能够合理运用语言，不断淬炼服务技巧。

任务一 表情修炼

【任务导入】

微笑在人类各种文化中的含义是基本相同的，是真正的世界语言，能超越文化而传播。微笑是人类最富魅力、最有价值的体态语言。微笑既是一种人际交往的技巧，也是一种礼节，它表现着友好、愉快、欢喜等情感，几乎在所有的商业服务都提供微笑服务，因此，微笑成了评价服务质量的重要标志。笑可以分为哈哈大笑、轻笑和微笑。微笑的具体要求有以下几种：

①"一度"微笑：只牵动嘴角肌，嘴角上扬，并不露出牙齿。

②"二度"微笑：嘴角肌、颧骨肌同时运动，适用于交谈进行中。

③"三度"微笑：嘴角肌、颧骨肌与其他笑肌同时运动，是一种会心的微笑，一般以露出"六到八颗牙齿"为宜。

请对照镜子，演练不同的微笑程度。在课前，同学们也可以分组进行对照演练，互相检查微笑的掌握程度。

【任务分析】

表情是指从面部的变化表达出来的心理活动和思想感情。一般表达信息是由视觉信号、声音信号、文字信号组成的，而其中视觉信号占55%、声音信号占38%，文字信号占7%，也就是说表情是所有语汇中不容忽视的一个部分。对于连锁门店员工而言，愉悦的表情无疑是最好的服务手段，远胜过苍白、重复的语言。视觉影响力在人际交往中是极具重要性的。表情对服务是会产生巨大影响的，并且是优质服务的重要组成部分。

【知识导航】

知识一　微笑的要素

1. 诚恳

虚假的笑容在绽露的一瞬间便会被识破。员工应该呈现的是职业的、诚恳的微笑,可以给同事带来愉快的感受,同时也可以为顾客营造轻松的交流气氛。诚恳的态度源于对自己工作的认可、喜欢和对顾客的宽容、友好。所以,诚恳是无法通过面部肌肉的训练来获得的,只能通过对自己内心情绪的调节来达到。

2. 纯净

在工作岗位与顾客交往中呈现的笑容应该是纯净的,发自内心的。大家都有作为顾客的经历,都曾感受到那些因企业规定而不得不笑的"微笑"。由此可见,笑的确是一门服务的基本技术,当一个员工的情绪和心境不够热情友好的时候,他的笑容很有可能表达出很多复杂的内容而令顾客不悦。

3. 完整

完整的微笑来自眉宇的配合、身体的配合和心情的配合,一张面孔的表情应是和谐和统一的才会令人感觉亲切。单纯的嘴部动作根本不能展现出一个生动的微笑,真正动人的微笑时遮住嘴部仍可以看到微笑的眼睛。所以微笑不是简单的露出八颗牙齿,不是单纯的嘴角提升,而是要发自内心,使语言亲切、身体谦恭,表情才能够自然动人。

4. 规范

微笑不但要亲切,带给顾客春天般愉悦舒心的感受,还要符合行业规范。

（1）保持应有的职业形象

微笑应该出现在一个仪容大方端庄,仪表整洁得体,精神热情饱满的人的脸上。微笑是一种服务,而不仅仅是一种表情。

（2）积极的身体语汇

微笑时要神态自然、热情适度,呈现出积极的身体语汇。员工歪歪斜斜、吊儿郎当站立时,即使看到顾客能够微笑,也一定是漫不经心、敷衍了事的笑容,无法打动人心。

（3）主动微笑

在与同事或顾客目光接触时、在你开口说话之前,首先献上微笑,创造友好热情的气氛和情境,且赢得满意的回报。如果顾客先冲你微笑,应该而且必须马上还以礼貌微笑。每个顾客最希望看到的是主动热情的微笑,它比冰冷的语言更有感染力。

（4）控制微笑时间

问候顾客,微笑的最佳时间长度,一不超过 7 秒钟为宜。时间过长会给人以傻笑的感觉,反而尽失微笑的美韵;时间过短则会给顾客敷衍了事的感觉。

（5）最佳启动

目光与他人接触的瞬间,要目视对方展开微笑。但微笑的启动与收拢都必须做到自然,切忌突然用力启动或突然收拢。

【案例分享】

飞机起飞前,一位乘客请空姐给他倒一杯水吃药,空姐很有礼貌地说:"先生,为了您的安全,请稍等片刻,等飞机进入平衡飞行后,我会立刻把水给您送过来,好吗?"

15分钟后,飞机已进入平衡飞行状态。突然,乘客服务铃急促地响了起来,空姐猛然意识到:糟了,由于太忙,她忘记给那位乘客倒水。当空姐来到客舱,看见按响服务铃的果然是刚才那位乘客,她小心翼翼地把水送到那位乘客眼前,微笑着说:"先生,实在对不起,由于我的疏忽,耽误了您吃药的时间,我感到非常抱歉。"这位乘客抬起左手,指着手表说道:"怎么回事,有你这样服务的吗? 你看看,都过了多久了?"空姐手里端着水,心里感到很委屈。无论她怎么解释,这位乘客都不肯原谅她的疏忽。

接下来的飞行途中,为了弥补自己的过失,每次去客舱给乘客服务时,空姐都会特意走到那位乘客面前,面带微笑地询问他是否需要水或者别的帮助。然而,那位乘客余怒未消,摆出不合作的样子,并不理会空姐。

临到目的地前,那位乘客要求空姐把留言本给他送过去,很显然,他要投诉这名空姐。此时空姐心里很委屈,但是仍然不失职业道德,显得非常有礼貌,而且面带微笑地说道:"先生,请允许我再次向您表示真诚的歉意,无论您提出什么意见,我都会欣然接受您的批评!"那位乘客脸色一紧,嘴巴准备说什么,可是没有开口,他接过留言本,开始在本子上写了起来。

等到飞机安全降落,所有的乘客陆续离开后,空姐本以为这下完了。不过没想到的是,等她打开留言本,却惊奇地发现,那位乘客在本子上写下的并不是投诉信,相反,这是一封热情洋溢的表扬信。

是什么使这位挑剔的乘客最终放弃了投诉呢? 在信中,空姐读到这样一句话:"在整个过程中,你表现出了真诚的歉意。特别是你的12次微笑深深打动了我,使我最终决定将投诉信写成表扬信! 你的服务质量很高,下次有机会,我还将乘坐你们的这趟航班。"

(来源:2002年10月18日《北京娱乐信报》)

知识二　目光的注意事项

在五官中,眼睛的传达力和表现力是最强的。目光可以传达出欣喜、关注、藐视、担忧、愤怒、惊奇、厌恶或是不安等多种情绪。作为一名连锁门店员工,目光的表达需要进行有效的训练和必要的规范。

1. 目光的注意事项

(1)注意视线接触的向度

视线的向度,其实就是目光的方向。顾客比较喜欢的是平视,这样交流也如目光的线路一样直接而顺畅。仰视和俯视都会使双方的心理产生差距。

(2)把握视线接触的长度

与顾客交流要注意目光接触时间的长短。目光长时间接触是对顾客的关怀,同样,他也会受到你良好情绪的感染。

(3)要控制视线接触的位置

一般来说,在短暂的交谈中应注视对方的眼睛。但如果交谈的时间较长,可以将目光迁回在眼睛和眉毛之间,或随着他的手势而移动视线。千万不要直接生硬的一直看着对方,通常这样的目光是审视的、挑剔的、刁难的意思。如果长时间地盯着对方一个地方看,可能还会造成误解,给对方造成压力。

(4)要善用目光的变化

一般与顾客目光接触的时间是相处时间的 1/3，每次看眼睛 3 秒左右，让对方感觉比较自然。在向顾客问候、致意、道别的时候都应面带微笑，用柔和的目光去注视对方，以示尊敬和礼貌。目光要柔和而不是单单注视，否则会让人感觉不友善。也不能从脚底看到头顶的反复打量对方。与顾客交流时，将目光柔和地投射到对方脸上，而不应在某一点凝聚。

2. 目光的使用规则

(1)尊重的态度

只有内心是尊重对方的，目光才可能是亲切友好的。生硬的目光反而是一种伤害。目光生成于内心，一个热爱生活和工作的人的目光才具有吸引力，才能够传情达意。

(2)要稳定住目光

员工千万不要上下打量别人或是眼珠转来转去。上下打量意味着挑剔和审察，没有人希望自己被别人这样看。注视别人时眼珠若是转来转去，会给人心里盘算坏主意的感觉，而且很难使人产生信赖感。

(3)目光和语言相统一

很多企业都注意使用礼貌用语，甚至制作企业"话术模板"，这样的确可以使服务变得规范和严谨，但如果忽略了目光甚至整个面部表情的配合，无论多么无懈可击的服务语言都会变成冷冰冰的，很难被顾客喜欢和接受。因此，要学会用目光配合语言，用目光提升语言的价值，使两者完美结合，以获得最好的服务效果。

3. 注视的区域

(1)谈判注视的区间范围

在接受和处理顾客投诉、异议时，一般注视顾客的区间范围为其眉心至双肩这个大三角范围。注视范围较为宽阔，可以避免产生咄咄逼人的感觉，能够营造宽松的交流氛围。目光过于紧凑或集中在双眼之间常常会使顾客感觉到压力，一种强势对待个体的压力。

(2)交流注视的区间范围

与顾客交流时，一般注视其两眼至鼻子这个倒三角范围。它可以营造一种平等、亲切和轻松的交往气氛，有利于双方的交流，既不会使顾客产生被怠慢的感觉，又可以使顾客感受到必要的尊重和关注。

(3)对熟悉顾客注视的区间范围

在与熟悉顾客交流时，一般注视其眉心至嘴部这个小型三角区域，这是具有亲密关系的人群注视范围。

【技能培养】

技能一　微笑训练

1. 模拟训练法

①轻合双唇。

②两手食指伸出(其余四指自然并拢)，指尖对接，放在嘴前 15～20 厘米处。

③让两食指尖以缓慢匀速分别向左右移动，使之拉开 5～10 厘米的距离。同时嘴唇随两食指移动速度而同步加大唇角的展开度，并在意念中形成美丽的微笑，并让微笑停留数秒钟。

④两食指再以缓慢匀速向中间靠拢,直至两食指相接;同时,微笑的唇角开始以两指移动的速度,同步缓缓收回。

⑤如此反复开合训练 20～30 次。

2. 情绪诱导法

情绪诱导就是设法寻求外界物的诱导、刺激,以求引起情绪的愉悦和兴奋,从而唤起微笑的方法。诸如,打开喜欢的书页、翻看使你高兴的照片、画册,回想过去幸福生活的片断,播放喜欢的、使自己快乐的音乐等,以期在欣赏和回忆中引发快乐和微笑。最好用手机摄录下来,然后进行对比训练。

3. 对镜微笑法

对镜微笑法是一种比较常见、易于见效的训练方法,具有随时随地、道具简单、颇有趣味等优点。长期坚持练习,对调节心情、保持微笑的生活状态有很好的帮助。

具体方法是:拿一面镜子,或端坐镜前,调整呼吸让其轻松、平静、自然、顺畅,之后展开微笑。首先让自己的心情愉悦起来,之后将嘴角微微翘起,面部肌肉随之舒展开来,同时注意眼神的配合,是面部肌肉放松、舒展,呈现愉悦的微笑表情。为了达到最佳的训练效果,应该在练习时穿着整齐、大方,女性可略化淡妆,衣着与整体形象常常会影响镜中人的心情,另外可以放一些轻快的音乐来配合训练。

4. 观摩欣赏法

这是几个人凑在一起,互相观摩、议论,互相交流,互相鼓励,互相分享开心微笑的一种方法。也可以平时留心观察他人的微笑,把精彩的"镜头"封存在记忆中,时时模仿。

5. 辅助训练法

辅助训练法的主要目的是训练面部及相关部位肌肉的活动灵活,使微笑起来更自然的一种间接训练方法。

(1)面部按摩

在面部轻涂一层护肤霜及面霜,从面庞的中央部分开始,向两边轻轻地按摩。一般10～15 分钟即可。主要目的是训练面部肌肉的活动、舒展,并有面部皮肤保养作用,以期有助于微笑的美丽。

(2)头颈部运动

一是站直或坐直,使颈部轻轻地左转－复位－右转－复位,再左转。如此反复多次。二是前后向位,即低头－复位－仰头,反复多次。三是轻缓地使颈部做旋转运动,反复多次。主要是使颈部肌肉活动灵活,对眼神训练和转体微笑有所助益。

(3)唱歌

唱歌可以使面部的肌肉群发生有节奏的运动,有益于促进面部血液循环和营养特的供应,增强面部组织细胞的活力,从而会使面容增色且富有弹性。经常唱歌对面部肌肉的活动和调节情绪都有好处。

【视野拓展】

三米微笑原则

沃尔玛百货有限公司是在山姆·沃尔顿所倡导的原则上建立起来的。这些原则已体现在同事每天的辛勤工作及待客服务中,成为沃尔玛独特的企业文化,使沃尔玛更具竞争力。

把服务顾客作为我们最重要的工作,沃尔玛公司尽其所能使顾客感到在沃尔玛连锁店和山姆会员商店购物是一种亲切、愉快的经历。

沃尔玛服务顾客的秘诀之一就是"三米微笑原则"。它是由沃尔玛百货有限公司的创始人山姆·沃尔顿先生传下来的。每当他巡店时,都会鼓励员工与他一起向顾客作出保证:"……我希望你们能够保证,每当你在三米以内遇到一位顾客时,你会看着他的眼睛与他打招呼,同时询问你能为他做些什么。"

这就是我们所说的"三米微笑原则",它是山姆先生从孩提时就得到了印证的原则。他总是雄心勃勃并喜欢竞争。还在他刚进入哥伦比亚州的密苏里大学时,他就下定决心要当上校学生会主席。

他曾说过:"我很早就懂得要成为一名校园领袖的秘诀之一就是:要首先向对面走来的路人打招呼……我总是直视前方并朝每一位向我走来的人打招呼。"

"如果我认识他们,我会叫他们的名字;但如果我不认识,我仍然会与他们说话。不久,我就成了学校里认识同学最多的人了。他们认识了我并视我为他们的朋友。我积极参与竞选每一个社团的领导职位。"

山姆先生不仅被当时学校里的所有社团选为领袖,他还将其一贯奉行的哲学带进了零售领域。你每天都可以从世界各地的沃尔玛员工身上看到这一哲学。

(来源:沃尔玛(中国)投资有限公司网站)

技能二 目光训练

1.眼神构成要素

(1)眼球转动方向

平视、斜视、仰视、俯视、白眼等。

(2)眼皮瞳孔开合大小

大开眼皮、大开瞳孔意味着开心、欢畅或惊讶;大开眼皮、小开瞳孔,则有愤怒、仇恨之意;小开眼皮、大开瞳孔,带有欣赏、快乐情绪;小开眼皮、小开瞳孔,常常会让人感觉到狡诈奸猾、斤斤计较。

(3)眼睛眨动速度快慢

眨动速度较快带有不解、调皮、幼稚、好奇之意;眨动速度相对较慢则含有深沉、稳当、可信、老练之意。

(4)目光集中程度

目光较为集中地注视他人,常给人以认真专注之感;目光常常分散、游离,则会让人有心思不定、心不在焉的感觉。

(5)目光持续长短

交流时目光长时间集中在别人身上,带有深情、喜欢、欣赏、重视、疑惑等含义;目光不能集中在对方身上,短暂接触即将目光移开,则带有轻视、讨厌、害怕、撒娇之意。

2.目光的训练方法

(1)视摆法

在家中可以利用钟表进行训练,在距钟表3～5米处坐定或站定,头与颈部不动,只把目光集中在摆心处,并随摆动而追视不舍。如果没有钟表,可以伸出一根食指至眼前,距眼睛约 20 厘米,高度约在眉心处,有节奏地向左右摆动,位置以不超过面部外缘为宜,眼睛追随食指的摆动有节奏地进行练习。

（2）扫描法

在室内两侧墙壁相同水平高度上（以自己眼睛的高度为宜）各取一点,站定在来两点连线后面 2～3 米处,使颈部轻度左右摆动,而目光要始终分别落在墙上那两个点上,这是训练转颈目视的简易方法。也可以直接在墙壁上选取两个对称的物品作为练习道具。

（3）对镜练习法

对镜练习的目的是将眼神综合定位,用不同的眼神表达欢迎、高兴、惊讶、遗憾、感叹、不舍等情感。在练习中注意观察细微的变化,如眼球的转动方向、瞳孔和眼皮的开合大小、眼皮眨动的速度、目光的集中程度和持续时间长短,在镜子中观察寻找积极向上、富有感染力的目光。

任务二　语言修炼

【任务导入】

韩女士想要买一台油烟机,由于家里的橱柜是已经用了几年的,所以,她选择抽油烟机时优先要考虑的是尺寸,而不是外观。

她走进超市的厨电区域时,某品牌的促销员热情地迎了过来,得知她打算购买油烟机后,就主动向她推荐了一款。其实她对品牌没有特别的要求,她觉得这几个国产品牌都是可以信得过的,便耐心听促销员对于该款抽油烟机的讲解。没想到产品介绍是如此漫长,其间促销员不仅拆下抽油烟机的部分零件让她观察,又拿来白纸和篮筐做吸附实验。她实在等不及了,几次插话问该抽油烟机的尺寸,都被对方打断了,让她继续听产品介绍。

十几分钟过去了,虽然韩女士对产品的功能特点有了了解,但是尺寸不合适也没办法购买,她再次询问尺寸时,促销员不耐烦地说:"我在给您介绍产品特点呢,您先等等,着什么急,一会儿我会给您拿资料的。"脸上带着急躁和嫌弃的表情,似乎他如此详细的讲解居然没打动韩女士让他很生气。

但更生气的显然是韩女士,她说:"你慢慢和其他人讲吧,我没工夫听,我是来买东西的,不是来上课的。"

【任务分析】

无论员工讲的多么专业,一味地讲解显然忽略了顾客的感受和需求。在讲解时被顾客提问,固然会让讲解的节奏被打断,但他显然从最初就没有掌握住服务的根本——关注顾客的需求,而不是自己讲解的能力。任何时候都不能对顾客的重复提问避而不答或说出不耐烦的话,这样只会让顾客远离。

【知识导航】

知识一　倾听的层次

1. 用脚倾听

用脚倾听是指不得不留下来倾听,不得不驻足倾听。此刻的倾听,无非是脚步的停留而已。员工的思绪早已游移,心不在焉,几乎不会回应说话的人,唯一能够证明他在听的只是因为并未走开而已。脑海里想着的是自己的事情,与面前顾客的表达无任何关联,表情漠然,几乎没有什么积极的反馈。自然,说话的顾客也会渐渐失去表达的兴趣,没有呼应的语言表达也就失去了意义。

2. 用脸倾听

用脸倾听是指员工内心对顾客的语言已经有了预判和自己的观点,此刻的倾听无非是为了印证一下内心的想法而已。因此在顾客表达时,仅会用目光做微微的呼应,以示倾听。目光所做的仅是注视,这是一种沟通的礼貌,并不会用目光去捕捉顾客的神态和了解顾客的真实想法。此时也会点头,但一定是敷衍地点头而已,并不意味着赞同或是欣赏。

3. 用嘴倾听

用嘴倾听是指员工确实在听并且能够做出适度的回应,但由于仅仅听出了顾客的表层意思,而没有关注到顾客的潜台词和真实想法,所以有时回应只是被动的、错误的或是无效的表达。

4. 用心倾听

用心倾听,是指员工具有情感地、积极主动地倾听,这不是一般的"听",而是用心去"听",这是一个优秀员工的典型特征。员工不单要关注顾客的语言,还要设身处地换位思考,去理解顾客的真实想法,并且能够积极配合顾客的表达,通过语言和表情来激发顾客的表达兴趣。要能够设身处地看待事物,吸收顾客的一切信息,包括顾客的表情、语速、语调、姿态等,然后将信息汇总后,引导和询问顾客,方式要巧妙,并且带着尊重和理解的情感主动倾听。这种方式由于配合了情感因素而使倾听更富有效率。表 2-1 是积极的倾听与消极的倾听的对照。

表 2-1 积极的倾听与消极的倾听对照表

积极的倾听	消极的倾听
顾客讲话时,脸上有专注的表情	顾客讲话时,没有任何表情
顾客讲话时,与其有目光交流	顾客讲话时,东张西望
顾客讲话时,能够暂停手边的工作	顾客讲话时,继续忙自己的事情
顾客讲话时,大脑快速捕捉有效信息,分析整理和反馈	顾客讲话时,想自己的事情
顾客所讲主题与你无关,保持倾听状态	顾客所讲主题与自己无关,立刻打断
顾客讲话时,有记录的习惯	顾客讲话时,把玩手中物品或做些百无聊赖的举动,转笔、整理头发等
顾客讲话时,在恰当的时机做出理解性判断	顾客讲话时,立刻粗暴做出反应和判断
不但听到顾客所讲的事实,还听到事实背后蕴含的潜台词	只听到顾客讲话的内容,大脑不加任何思索和分析
顾客讲话时,始终耐心倾听,不轻易打断对方,在充分了解事实后,会做出回应	顾客讲话时,极不耐烦,经常打断对方,并与之争论
对顾客表达中的信息进行筛选,对不正确的信息剔除,对有用的信息加以分析利用	听到的是顾客所讲的一切,不能区分有效信息和无效信息

知识二 服务语言的禁忌

礼貌用语可以帮助提升服务品质,也应该注意有些不恰当的语言同样会降低服务品质。在服务场合中,有些话是不能说的,因为它会伤害顾客,或者给服务增加不必要的麻烦。

1.不尊重对方的话

每个人都需要被他人尊重,因此在交谈时要格外注意,不尊重对方的话不能说。比如面对身体有缺陷或是外表欠佳、衣着寒酸的顾客,不能当面评价他们,同时还要尽力避免与之有关的评价,要用平等的目光看待他们。语言中对顾客的不尊重是最无法让人谅解的,如果只是针对事件本身表达不满,并不足以让顾客触动,而有些不尊重的语言对顾客构成心理的伤害才是无法容忍的。工作过程中,一些细小的语言就可能引发极大的不满,而解决的成本将远远高于你的想象。

2.不友好的话

既然明知有些话会使对方感到不快,就不要图一时痛快说出来。为逞一时的口舌之勇,最后失掉同事的信任或引起顾客的投诉是得不偿失的事情。经常换位思考,自己不愿意听到的话语,也就尽量不要再把这种话语说给别人听。员工在说话之前一定要斟酌,友好的语言往往代表的是一种工作精神和服务态度。

3.不耐烦的话

服务过程是琐碎、细微的,而有些服务过程也的确是员工难以控制和掌握的。在服务过程中即便顾客有些啰嗦或絮叨,也应该是巧妙地打断话题,而不是直接将不耐烦挂在脸上表现出来。有人愿意向你倾诉,说明他对你的信赖,尽量不要在他人说得兴致勃勃的时候粗暴地打断或制止,可以采用含蓄的方法表达想要结束谈话的意愿。

4.不客气的话

说话不能太直接、太生硬,不客气的语言是很伤人的,在讲话时一定要注意方式方法。要使别人喜欢你,首先你得改变对他人的态度,把精神放得轻松一点,表情自然,笑容可掬,这样别人就会对你产生喜爱的感觉了。

员工需要不断地练习、审视,把握好服务语言,不该说的不说,才能够把工作做得越来越好。员工在工作中应掌握语言艺术,自觉使用文明礼貌用语,不使用会引起顾客不快和不满的语言,言为心声,语言是人们心灵的表现。服务是一门从心灵出发的艺术,每个员工都应该精心磨炼自己的服务技术,成为一个专业人士。

【技能培养】

技能一 倾听的技巧

善于倾听顾客的想法才能快速捕捉到服务的机会,有效地倾听顾客的建议才能使服务符合顾客的期待,不断发展顾客和留住顾客。有效地倾听常常是人际沟通中的润滑剂,但是却被很多员工所忽略。事实上,缺乏有效的倾听,也是导致顾客投诉的重要原因。不是所有的倾听都有融洽彼此关系的作用。消极的倾听是麻木懈怠的,大脑根本不会配合运转,甚至充耳不闻。这两种状态,顾客是可以轻易识别出来的。

1.露出真诚的微笑

笑容能够鼓励顾客,激发对方的表达热情。试想一下,如果顾客与面带微笑的员工交流,心情也一定不错,谁能够对着一张真诚的笑脸发脾气呢?

2. 准备倾听的姿态

如果一边整理货品一边听顾客讲话,对顾客是一种极大的不礼貌,顾客的交谈也就完全失去了对象感,产生不悦情绪或是终止交谈都是有可能的。因此在与顾客交谈时,倾听的一个很重要的标志就是能够暂停手边的事项,至少能够在顾客最初开口时暂停一下,以示倾听,也表示顾客可以开口了。准备倾听的姿态其实也包括心理方面的准备和必要物品的准备,比如需要记录时,要准备好纸、笔等。

3. 身体适当地前倾

如何让顾客感觉到友好的倾听氛围,员工要在交流时将身体略微前倾,友好的交流氛围也就营造出来了。顾客受到这种积极的行为暗示,表达也会更加流畅。而把身体向后靠,傲慢和拒绝的感觉就会油然而生。在倾听顾客表达时身体略微前倾,能够让顾客有愿意交流的感觉。

4. 随身附和的音调

想要顾客知道员工在认真倾听,就需要根据顾客此时表达的内容做出适当的回应,比如,随声附和:"是这样,嗯,好的,是是。"

5. 热情友好的目光

在语言交流的同时目光语言也是非常重要的。顾客在表达时,员工需要用热情友好的目光注视顾客。交流时要视具体内容而定,不需要自始至终盯着顾客,而是尽量"散点柔视"。

6. 配合适当的点头

点头意味着听明白了,听到了,但是很多员工不敢点头,怕顾客认为点头就是同意。其实在交流时,点头是一种礼貌,只是向顾客表达你在倾听,并不会左右对事情的判断。顾客在讲话时都希望被人听到,并获得尊重、得到理解、听到反馈。

技能二 语言的艺术

1. 讲究礼貌

恰当使用礼貌用语会提升语言品质,同样的话语只要在前面加个"请"字,顾客受尊重的感觉就会油然而生。比如"这边走"和"请往这边走"两句话同样是为顾客指引方向,但顾客听来的感觉却是不尽相同的。

2. 恰到好处

服务不是展现个人语言能力的舞台,也不是彰显自己嘴皮功夫的时候,因此必须清楚:有些话可说,有些话最好不说,要把握语言交流的分寸。员工在工作中要确保自己的语言与服务有关,简明礼貌地表达服务内容即可,而把更多的空间留给顾客。

3. 音量适中

使用服务语言中,要声音柔和清晰,且音量适中。有些员工生性腼腆,说话的时候声音非常小,使得顾客听起来十分费劲,而且也有不愿为其服务之嫌。声音也是一种服务,讲究的就是声音洪亮。但现在随着顾客需求的不断变化,服务要求也在变化之中,在讲话时声音要始终,既要确保顾客可以听到,又要不妨碍其他顾客之间的交流;既要保护顾客的私密信息，又要达到服务的目的。

4. 语言规范

在为顾客提供服务时应尽量使用普通话，这是最规范、易懂、通行的交流语言。另外，表达要文雅、准确，不能使用一些比较粗俗的语言。

5. 及时周到

语言讲究时效性，在适当的时间用适当的语言是最有效果的，有的时候，错过了绝佳的时机再说，效果可能就要大打折扣。体现出服务品质的关键在于服务语言的及时周到。

①顾客来店有欢迎声。在顾客到来时有热情的欢迎声，这是创造良好"首因印象"的关键之一。"您好，欢迎光临"，会使顾客得到服务的感觉。

②顾客离店有道别声。顾客在离开时，要礼貌道别，不能让顾客有来时热情欢迎，走时无人搭理的感觉。为了让服务有善始善终的连贯性，最后的道别是很重要的。

③顾客帮忙或表扬有致谢声。对于顾客的帮忙、配合要表示感谢，顾客并无帮助的义务，如果他们做了要及时感谢，这样也会鼓励更多的顾客愿意配合员工共同营造轻松愉快的服务氛围。

④遇到顾客有问候声。在工作环境中遇顾客要有问候，顾客对服务的印象和评价并不仅仅来自与其有亲切接触的某个员工，而是他在接受服务过程中遇到和接触到的所有人员都会对最终印象的形成有决定作用。

⑤服务不周有道歉声。当发生一些服务不周或误会时，及时道歉是最为重要的事情。

⑥顾客呼唤有回应声。当听到顾客呼唤时，应该予以回应，顾客在接受服务过程中最易投诉的现象就是招呼不理。因此当顾客呼唤时要有回应的声音，哪怕在回应后无法立即服务，顾客也会理解。

技能三　语言的应用

1. 称谓语

在与顾客初次见面需要采用得体的称谓语。比如，女士、小姐、先生、夫人、太太、大姐、阿姨、师傅、老师、大哥等。

①在一般服务场合比较通用的称呼是"先生""小姐""女士"，这样的称呼听上去既有礼貌又能够被大多数人所接受。

②使用称谓语，符合对方的心理需求，让对方听来感觉亲切。比如有些老年人在门店，称呼他们"大爷"可能就比"先生"亲切，"先生"对于很多老年人来说感觉比较有距离感。

③具有针对性。如果有些顾客是熟悉的顾客，或从顾客的交谈中已经确知了对方的身份，如称呼其"老师""主任""李工"就比称呼"先生"更让对方感觉有针对性。

2. 问候语

热情亲切的问候往往是优质服务的开端。

问候语包括：您好、早上好、中午好、晚上好、国庆节快乐、中秋节快乐、圣诞快乐、新年好、元宵节快乐、欢迎光临等。

①问候语言可以单独使用，也可以组合使用。比如，可以问候顾客"先生您好"，也可以问候顾客"您好，新年快乐"。

②把握时机。问候语应该把握时机,在与顾客目光相对时开始问候,或者距顾客 1.5～3 米的时候进行问候最为合适。与顾客相距较远时,声音无法传递到顾客耳朵里,就不要大声呼喊问候,微笑点头示意也是非常好的打招呼的方式。

③配合肢体语汇。对顾客进行问候时要根据实际情形选择点头致意或是鞠躬致意两种方式进行问候,要有热情的目光和亲切的微笑,呈现一致性的问候。

3. 征询语

征询语就是征求意见的询问语。如在服务过程中需要询问顾客的意见。征询是为了体现对顾客的尊重,尊重顾客的想法,不能省略,也不能依据常规思维来做主为顾客直接服务。

在使用这类语言时需要注意以下几点:

①学会阅读顾客。关注顾客的表现,才能找到服务的机会。当一个顾客在货架上拿起商品后,用目光四处扫视,并且口腔不断发出声响的时候,员工就可以询问:"先生,有什么需要我帮忙的吗?"

②语言要委婉。及时判断顾客是需要何种帮助,也不要不加掩饰地直接询问。询问顾客有什么吩咐或需要什么帮助,更能掩盖顾客的尴尬。

③让征询语成为服务的基本步骤。忽略征询语,会给顾客服务工作带来很多不必要的麻烦和误会。比如,不知顾客是否确定需要,就擅自决定把商品放在顾客的购物车。

4. 指示语

在服务过程中,指示语是使用较为频繁的。比如,为顾客指引商品区域的方向。指示语在对顾客提供帮助时使用较多,应注意以下事项:

(1)语言礼貌

要在指示语的前面加上礼貌用语,如"往前走"与"请向前走"给顾客的心理感受会完全不同,尽管他们都是提醒顾客向前走,在顾客听来一个是命令,一个是提供服务。

(2)态度友善

顾客可以从语言的速度、音量、语调中感觉到员工的服务素养,因此在使用指示用语时要让顾客感觉到亲切的态度。

(3)手势配合

在为顾客做方向指引时,单纯的语言指示有时顾客仍找不到位置,必须配合手势,让指示更加清晰明确,同时可减少不必要的服务。可能的情形下应该引导顾客前往,如果不能离岗为顾客服务,也要使用前摆式、横摆式或直臂式手势为顾客明确指引方向。

5. 礼貌用语

(1)主动使用

员工应养成主动使用礼貌用语的习惯,普普通通的服务语言加上一个"请"字,听在耳朵里的感觉却是不同的。礼貌用语应该是员工主动而自觉的一种行为,养成这种习惯,员工自然也会被顾客喜欢。

(2)亲切真诚

礼貌用语使用的目的就是提高服务品质,让顾客有愉悦的服务感受,但冰冷不带任何感情色彩的语言,无论多么得体都不会打动顾客。因此,只有态度真诚、语言亲切才能体现礼貌用语的作用。

（3）"十字"礼貌用语

能够使人感到尊重的语言都属于礼貌用语的范畴,在工作中,最经常使用的词汇是:您好、请、谢谢、对不起、再见。这十个简单而普通的字眼,使用得当就会变得非常奇妙,它能够使平凡的服务行为大增光彩。

【项目训练】

1. 训练目的

善于倾听顾客的想法才能快速捕捉到服务的机会,有效地倾听顾客的建议才能使服务符合顾客的期待,不断发展顾客和留住顾客。有效地倾听常常是人际沟通中的润滑剂,但是却被很多员工所忽略。

2. 训练步骤

①给每位同学发放检查表,如表 2-2 所示。

表 2-2　倾听等级自检表

与人谈话时,你是否会……	A	B	C	D	E
你总是在说吗?					
在别人说话之前,你会假设别人说什么吗?					
在与别人说话时,你的心思四处游离吗?					
你趁他人说话喘气时,立即插话吗?					
你试图记录说话者所说的一切吗?					
对于你不喜欢的话题,你会听不进去吗?					
你对新颖的话题不感兴趣吗?					
噪音或其他东西会使你无法专心倾听对方说话吗?					
在谈话过程中你觉得很难控制你的情绪吗?					
你会因为时间压力而催促说话者加快速度或要求说话者只讲重点吗?					
别人的批评或不友善的话语会令你心乱如麻吗?					
你在和别人谈话时,有摆弄自己的头发、领带或饰品的习惯吗?					
你经常因人而听吗?					
在获得足够的信息之前,你就匆匆做结论吗?					
对于你听不懂的术语或其他内容你会要求对方解释清楚吗?					
为了节约时间,你会一边专心做自己的事情,一边听别人说话吗?					
你非常讨厌别人说自己的事情,而只希望别人听自己说话吗?					
你只注意说话者说话的细节,而完全不在意说话者想要传达的信息吗?					
你在倾听时,会忽视说话者的身体语言及语调吗?					
在听别人说话时,你会不停地看表吗?					
你不愿意倾听复杂或无聊(但可能很重要)的信息吗?					
你觉得听一个口舌不清的人说话很烦躁吗?					
当别人说话时,你注意力却集中在说话者的外表上吗?					
在谈话的最后你总能总结出说话者的意思吗?					

②各位同学对照考核标准进行自我检查。在每个问题的相应栏目内做标志(打"√")然后加计总分,评估自己究竟属于哪一种倾听类型的人。

③同学们进行得分和心得分享

④鼓励同学对检查项目和标准进行讨论,并提出完善建议。

你的回答可以有五种选择且每一种选择有一个相应的分值。A＝几乎总是、B＝经常、C＝偶尔、D＝很少、E＝从来没有)请对自己进行客观、真实的评估。A＝5分、B＝4分、C＝3分、D＝2分、E＝0分,请把每一题的得分加起来,现在来看看你的得分吧。

得分在 10～30 分之间的人,为优秀的听众。

得分在 31～57 分之间的人,为好的听众,不过还要进一步提高。

得分在 58～75 分之间的人,为一般听众,要好好努力加油啊!

得分在 76～99 分之间的人,为倾听差的听众,但是,只要努力改善,你还是很有机会成为一名优秀听众的。

得分在 100～120 分之间的人,为有严重问题的听众。培养良好的倾听技巧已经是一件迫在眉睫的事情了,赶快行动起来吧! 别让倾听障碍成为你成为优秀员工的拦路虎。

项目三　连锁门店初级岗位职业道德养成

【知识目标】

了解传统职业道德规范的主要要素；

理解社会主义核心价值观在职业道德中的体现；

熟悉基础性、发展性和成就型职业道德的主要意蕴；

理解连锁门店初级岗位职业道德对员工成长和价值实现的重要性。

【素能目标】

能够做到公忠爱国，勇担使命；遵守法纪，笃行诚信；

能够做到恪尽职守，爱岗敬业；仁爱公道，宽容协作；

能够做到节俭自律，廉洁高效；拼搏创新，奉献社会；

能够坚守道德底线，不断完善自我品质，快速成长。

任务一　认知职业道德规范

【任务导入】

社会主义职业道德规范批判地继承了古今中外优秀职业道德的丰富遗产，并按照社会主义职业活动的特点和规律，不断地完善、丰富和发展职业道德规范形式。在社会主义经济、政治、文化和社会事业发展的过程中，人们对于社会主义职业道德规范的认识，也是随着职业实践的推进而不断深化和拓展。在新中国成立以后，随着我国社会主义制度的建立和不断巩固，特别是在改革开放之后，社会主义市场经济体制建设步伐日益加快和社会分工日趋细化，基于实际的需要，人们对于社会主义职业道德规范的理论思考和总结也相应地加大了力度，并先后于20世纪90年代以及21世纪初期，形成了以"爱岗敬业、诚实守信、办事公道、服务群众、奉献社会"为内容的社会主义职业道德的基本要求，以及以"爱国守法、明礼诚信、团结友善、勤俭自强、敬业奉献"为核心的社会主义公民的基本道德规范。在中国特色社会主义新时代，社会主义职业道德的基本要求以及我国社会主义公民的基本道德规范相互补充，相辅相成，由此共同构成了社会主义职业道德的基本规范。

请问，中国特色社会主义新时代的职业道德规范，有哪些鲜明的时代特征？

【任务分析】

社会主义职业道德是人类职业道德发展历程的新阶段。社会主义职业道德规范既体现了社会历史发展的积淀和中华民族的职业道德传统，又包容了新时代的呼唤和现实国情的具体要求，从而彰显出极为鲜明的时代特征。

【知识导航】

知识一　职业道德规范

1. 职业道德的内涵

职业道德与人们的职业生活紧密地联系在一起,它是从职业活动中引申出来的。

所谓职业道德,就是指从事一定职业的人们在职业生活中所应遵循的道德规范以及与之相适应的道德观念、情操和品质。职业道德是同人们的职业活动紧密联系的。由于从事某种特定职业的人们,有着共同的劳动方式,受到共同的职业训练,因而,往往具有共同的职业理想、兴趣、爱好、习惯和心理特征,结成某种特殊的关系,形成特殊的职业责任和职业纪律,从而产生特殊的行为规范和道德要求。要正确理解职业道德的含义,须把握以下几点:

①在内容方面,职业道德总是要鲜明地表达职业义务、职业责任以及职业行为上的道德准则。它不是一般地反映社会道德和阶级道德的要求,而是要反映职业、行业以至产业特殊利益的要求;它不是在一般意义上的社会实践基础上形成的,而是在特定的职业实践的基础上形成的。因而它往往表现为某一职业特有的道德传统和道德习惯,表现为从事某职业的人们所特有的道德心理和道德品质,甚至造成从事不同职业的人们在道德品貌上的差异。

②在表现形式方面,职业道德往往比较具体、灵活、多样。它总是从本职业的实际出发,采用制度、守则、公约、承诺、誓言、条例,甚至标语口号之类的形式,这些灵活的形式既易于为从业人员所接受和实行,又易于形成一种职业的道德习惯。

③从调节的范围来看,职业道德一方面是用来调节从业人员内部关系,加强职业、行业内部人员的凝聚力;另一方面,它也是用来调节从业人员与其服务对象之间的关系,用来塑造职业从业人员的形象。

④从产生的效果来看,职业道德既能使一定的社会或阶级的道德原则和规范的职业化,又使个人道德品质成熟化。职业道德虽然是在特定的职业生活中形成的,但它绝不是离开阶级道德或社会道德而独立存在的道德类型。

2. 职业道德的内容

职业道德由 3 个部分组成,即职业道德活动、职业道德意识和职业道德规范。职业道德活动是指从业者在职业生活中进行的,可以用善恶观念评价的群体活动和个体活动。职业道德意识是指在职业道德活动中形成的并影响职业道德的各种具有善恶评价的思想观念和理论体系。职业道德规范是评价和指导人们职业生活行为的准则、要求和善恶标准。

这 3 个方面既相互区别又相互联系。职业道德行为与活动是在一定职业道德意识指导下产生的,而职业道德意识的产生正是人们通过一定的职业道德活动(实践)而形成的。职业道德规范是职业道德活动和职业道德意识的统一。

3. 职业道德的特征

职业道德作为职业生活领域特殊的行为调节手段,具有自己本身的特点。

(1)行业性

职业道德是与各行各业的职业活动联系在一起的,它所规范的是该行业从业人员的职业行为,因而职业道德具有行业性。营业员的职业道德强调公平买卖,童叟无欺,顾客第一,信誉第一等。一般来说,职业道德的行业性主要反映在两个方面:一是他们同所服务的对象之间的关系;二是职业内部人与人之间的关系。各行各业的道德规范对其他行业和本行业在职业活动之外的行为活动可能是不适用的。行业性是职业道德最显著的特点。同时我们也应看到,在我国现阶段,各行各业的职业活动都是为建设中国特色社会主义这个共同目标服务,社会主义各行各业又有共同的职业道德要求。因此,在职业道德规范的内容上,各行各业都有特殊的共同遵守的职业道德规范。

(2)继承性

职业道德不是在一般社会实践的意义上形成的。人们的职业生活总是一代接一代连续不断地进行,一定的社会职业道德是在继承历代职业道德的主要内容和基本要求的基础上发展起来的,所以,职业道德具有明显的继承性。这种继承性常常表现为某一职业的人们所特有的道德心理和道德品质,表现为世代相传的职业传统,比较稳定的职业心理、职业习惯和职业语言等。

(3)适用性

各种职业道德规范,是人们在长期职业活动中总结、概括、提炼出来的,规定了各职业和行业的人们应该怎么做,不应该怎么做,怎样做是道德的,怎么样做是不道德的。随着社会的发展,各种职业新情况的出现,职业道德的内容也会发展变化,必须对该职业提出新的要求,补充新的内容。职业道德大多数根据本职业的特点和要求,采用一些简便易行、简明适用的形式,如公约、条例、守则、规程、须知等,作出具体而明确的规定,有很强的实用性和针对性,既生动活泼,易于为广大从业人员理解、接受、掌握和施行,又易于为社会道德所认可。

(4)纪律性

纪律是一种行为规范,但它是介于法律和道德之间的一种特殊的规范。它既要求人们能自觉遵守,又带有一定的强制性。就前者而言,它具有道德色彩;就后者而言,又带有一定的法律色彩。就是说,一方面遵守纪律是一种美德,另一方面,遵守纪律又带有强制性,具有法令的要求。因此,职业道德有时又以制度、章程、条例的形式表达,让从业人员认识到职业道德又具有纪律的规范性。

知识二　传统职业道德规范

作为世界四大文明古国之一,我国的文化历史绵长而悠久。中华民族逐渐形成了璀璨浩瀚的文化传统和厚重而敦实的道德血脉。在中国传统道德文化的长河之中,形成了较为完整而全面的职业道德规范体系。具体说来,这些职业道德规范的主要内容大致可以归纳为以下几个方面:

1. 爱国主义

中华民族酷爱自由,自古以来便拥有鲜明的民族自尊心、自信心和民族自豪感,其热爱祖国山河,捍卫国家的统一和团结,奋起抵御外侮的光辉传统蜚声世界。在中国长期的传统社会历史发展过程之中,中国人民不屈不挠、再接再厉的斗争精神代代相传,曾经先后出现了"精忠报国"的岳飞、"人生自古谁无死,留取丹心照汗青"的文天祥,以及"苟利国家生死以,岂因祸福趋避之"的林则徐等流芳千古的民族英雄和爱国志士,并谱写出震彻寰宇的爱国壮歌。

2. 勇担责任

在传统社会,每当国家衰亡,民族危机出现的时候,都会出现一批仁人志士。他们"位卑未敢忘忧国",时刻心系祖国和民族的安危,时刻忧思人民的苦难,时刻尝试着以自己的实际行动为人们谋福利,拯救人民于水火之中。他们国而忘家,公而忘私,克己奉公,两袖清风。像"鞠躬尽瘁,死而后已"的诸葛亮、"先天下之忧而忧,后天下之乐而乐"的范仲淹,以及"天下兴亡,匹夫有责"的顾炎武等人都已经成为炎黄子孙们世代敬仰的道德偶像。

3.追求诚信

中华民族在处理人际关系时,向来推崇彬彬有礼的风度和诚实守信的品质,珍视"言必信,行必果"的人生信条。坚决反对粗鄙无理、蛮横霸道的行事风格和言而无信、毫无信誉的处事特点,大力提倡刚正不阿、正直无私的人格风范和"己所不欲,勿施于人"的为人原则。这种以正直公正、一诺千金为核心的立身行事、待人接物的基本准则,一直到现在仍然是所应领会和践行的职业道德重要规范。

4.崇尚和谐

中国传统道德文化认为,万事万物的和谐与顺畅皆源于"仁爱"精神的普及与"和合"意识的渗透。因此,追求仁爱中和可以使人们逐渐达到忠孝仁义、明荣知耻的道德境界,进而修身、齐家、治国、平天下。如果能够将仁爱精神贯彻到万物,则可以使天地运行、万物生育符合自身规律。即通常所说的"致中和,天地位焉,万物育焉",从而最终达到万物与我同生、共存、和美发展的"天人合一"的道德境界,最终实现人生价值。

任务二　职业道德养成

【任务导入】

小苗是一家超市的收银员。收银员的工资不高,一个月只有两三千。但是小苗却发现她在做这个工作的同时还有另一种赚钱的方式。就是在支付宝上有一个扫码赚赏金的活动。她发现很多收银员也在玩这个,把自己的二维码打印出来,然后客户在结账的时候顺便推荐给他们。每次能领的红包金额不定,少的几毛钱,多的还有几十块的。而且这个活动对他们和客户来说是双赢,客户可以领红包抵扣,她们也可以得到佣金。所以,超市也不反对收银员做这个活动,每个收银员都在推荐。于是,小苗就开始了这个赚钱之路。

小苗努力肯干,口才又好。每次客户来她都会耐心地讲解这个活动的好处。"能赚这么多钱,都是因为我口才好,每次我都会认真地向每一位顾客介绍,我的收入也是所有人中最高的……"小苗说近半年来,她陆陆续续地通过这个活动赚了29000元,近30000元的收入对小苗来说十分可观。她也是店里收入最高的人,心里当然十分高兴。但是没想到,11月23号下午两点多,小苗突然收到主管发来的通知,说是一律停止"支付宝扫红包"活动。小苗觉得很郁闷,不理解为什么不能再继续做这个活动了,她感觉主管是因为眼红她的收入才故意这么说的。

小苗想去找主管问个清楚,她问主管为什么,主管说没有为什么。结果两人就不欢而散了。同天下午5点多,她又收到主管发来的信息说,打她电话没接,叫她明天不用来上班了。小苗觉得十分的生气,于是找来媒体曝光,要讨个说法。媒体找到超市了解情况,超市负责人解释说,这个通知是针对所有的超市员工,并不是针对小苗一个人,她说接到顾客的投诉,因为顾客需要扫描再支付,有的顾客还不会使用,增加了后面顾客的排队时长,于是才做出这样的决定。而对于开除小苗,负责人说可能是主管和她在沟通的时候两人存在误会,主管认为小苗态度很差,不想来上班才这么说。

（来源:2018 年 11 月 26 日腾讯网）

请思考:

如果你是超市负责人的话,你怎样协调这件事情呢?

【任务分析】

随着社会分工活动的不断深化,从事不同职业的人们在社会地位和利益分配上也相应地出现了分化,这影响了人们职业道德观念和评价职业道德标准的确立,进而推动各具风格的、具有鲜明职业特色的道德规范和道德传统的形成。员工与其服务的企业之间是一种对立统一的关系。这种关系,一方面体现为员工与企业之间利益的一致性,即一方在获得利益的同时,另一方也得到了相应的利益,双方实现了共赢。另一方面,在特定情况之下,二者的利益也有可能出现对立。对这种矛盾的不同态度,使员工的职业道德行为呈现出不同的特点,从而体现着不同的道德境界。

【技能培养】

技能一　基础性职业道德规范

1.公忠爱国,勇担使命

公忠爱国,勇担使命是爱国主义精神在社会主义职业领域中的具体体现,是连锁门店员工职业道德规范的基础。

（1）公忠爱国,勇担使命的道德意蕴

祖国是人们在共同的领域中,长期生息活动而形成的社会共同体。人们在长期的共同社会生活过程中,形成了共同的历史、共同的语言、共同的民族文化传统、共同的风尚和共同的社会心理。爱祖国,就是热爱自己的国土,热爱自己的民族,热爱自己国家的历史文化传统,这就是爱国主义。爱国是一种崇高而神圣的感情,是每一个有祖国的人都应该具备的道德素养,也是中华民族之所以生生不息的生命之源、情感归宿和奋斗的动力,是中华民族传统美德中极其重要的内容。古往今来,有多少志士仁人,用他们的热血和生命,在历史舞台上演出了一幕幕可歌可泣的爱国壮剧。这种"先天下之忧而忧,后天下之乐而乐"的精神,是中华民族自立自强的生命力和希望所在,也是中华民族亘古不变的精神支柱和永恒的时代主题。

公忠爱国的道德情感是在各族人民的社会实践中逐步产生和发展的。人们在共同的生活、劳动过程中逐步形成了本民族的文化习俗,产生了一种对自己的乡土和亲人的热爱之情。这种感情经过总结、概括和提高,才形成一种具有政治、思想和道德色彩的爱国情怀。这种爱国主义情感,可以对人们的思想和行为产生重大的影响,使得人们能够积极自觉地承担起历史和时代赋予自己的光荣使命,同自己的祖国同呼吸、共命运,为祖国的繁荣昌盛而高兴,为祖国的危难而奋起,将祖国的前途与命运同个人的生死荣辱紧密联系在一起,在为祖国做贡献的过程中,实现自己的职业道德追求。

（2）公忠爱国,勇担使命的基本要求

①能够将爱国的意识、行为与个人的自我职业发展有机地统一起来,在勇于承担历史

赋予自己庄严的历史使命的过程之中,使个体的全面发展融入到中华民族伟大复兴的历史进程之中。从社会主义道德的角度说,爱国主义作为一种价值观念,它的价值取向着重的是祖国和民族这些客体。同时,在促进客体发展的过程中,这种对于祖国的热爱,又会反过来指向行为个体自身,即肯定和发展自我,并努力通过提高自身素质来实现报效祖国的志向。

②能够始终把祖国的利益、尊严和荣誉放在高于一切的位置,愿意为祖国的安定、稳定发展和繁荣兴旺贡献自己的青春、热血;愿意将热爱国家、建设国家、保卫国家与维护国家的尊严,保守国家的机密,敢于同一切危害国家利益和安全的行为作斗争结合起来,把对国家的一切义务和责任看成是自己的天职。

③能够为维护国家的主权,完成国家的统一大业而努力奋斗。中华民族历来有为祖国的独立和统一而英勇奋斗的光荣传统,坚决反对任何国家和势力对于祖国的颠覆和分裂。在实现祖国伟大统一的历史进程之中,勇于承担历史赋予的庄严使命,为维护国家主权、完成祖国的统一大业而努力,是每一个公民、每一个炎黄子孙应有的道德情操和民族气节,也是每一个员工应该承担的基本道德责任。

2. 遵守法纪,笃行诚信

遵守法纪,笃行诚信是市场经济的法治精神和中国传统诚信观念在社会主义职业生活中的体现,也是连锁门店员工基础性的职业道德规范。

(1)遵守法纪,笃行诚信的道德意蕴

现代社会是法治社会,每个公民都必须具有很强的法制意识,有必备的法律知识,自觉维护法律的权威,认真执行各项法令、法规和各种规章制度。职业纪律运用范围相对较小,一般来说,它是指在特定的职业活动范围内,从事某种职业的人们所必须共同接受、共同遵守的行为规范,是评价职业活动状况的基本行为尺度。在社会主义市场经济条件下,要进行正常的经济生活,就必须建立一定的秩序和规则,而规则和秩序本身,则是由国家法律和各行各业中的纪律要求所保证的。全体公民都应当维护法律确定的最基本的政治秩序和社会秩序,尽法律所规定的一个公民应尽的义务。从职业道德角度来说,连锁门店员工应将法纪内化于心,进而成为员工内心的道德戒律,成为诚信做人的基本动力源泉。

诚信做人,一是要诚实,真实无欺,既不自欺,也不欺人。对自己,要真心诚意,光明磊落;对他人,要开诚布公,不隐瞒,不欺骗,说老实话,办老实事,做老实人。二是要守信,信守诺言,讲信誉,重信用,忠实履行自己承担的义务。诚实和守信是统一的,守信以诚实为基础,离开诚实就无所谓守信。诚信做人,既是对中华民族传统美德的弘扬,又是对社会主义职业道德的正确反映。能否做到诚信为人,也是能否赢得别人尊重和友善的前提。

(2)遵守法纪,笃行诚信的基本要求

①学法纪、知法纪。连锁门店员工要以认真、积极和负责任的态度来学习、了解、遵守宪法和各项法律法规以及各行各业的规章制度为主要内容的行为规则体系,尤其要关注与连锁行业有关的法律和纪律,掌握其基本内容和具体要求,领会其精神实质,做到严格遵守制度和纪律。

②守法纪、用法纪和护法纪。连锁门店员工要严格遵守各项法纪,不做违法乱纪的事情;坚持以科学的态度对待各项法纪,善于运用法纪来维护自己的合法利益,并能够通过合理合法的途径提出改进法律和纪律的意见或建议;与此同时,还要敢于同各种违法违纪现象和不正之风作斗争。

③真心待人，诚实无欺。连锁门店员工要踏踏实实地进入自己的职业角色，并按照自己所实际承担的职业身份的具体要求来待人接物，真正做到实事求是，不说空话；诚实劳动，合法经营；服务质量至上，信誉第一，以实际行动树立企业的良好形象。

④讲求信用，信守合同。连锁门店员工服务时要做到言而有信，说到做到，不轻易承诺，有诺必践。注重维护连锁行业及从业者的信誉。在订立合同、执行合同的全部过程之中，要注重信誉，讲究信用，做到立约以诚，履约以实，违约赔偿。

技能二　发展性职业道德规范

连锁门店员工应把个人职业素质的培养和团队的全面发展有机结合，实现个人职业道德进步与团队的精神风貌改善的良性互动与相互促进。

1. 恪尽职守，爱岗敬业

（1）恪尽职守，爱岗敬业的道德意蕴

每个人无论在什么岗位上，只要能够积极工作，忘我地献出自己的力量，都是可以赢得荣誉的。三百六十行，行行出状元。任何朝三暮四、见异思迁、不安心工作的思想和行为，都是错误的。历史上早就有关于"凡百事之成也，必有敬之，其败也，必有慢之"的古训，以及"鞠躬尽瘁，死而后已"的职业箴言。恪尽职守，爱岗敬业是连锁门店员工对待职业应有的道德定位，也是其根本性的职业道德规范。

恪尽职守，是指员工在工作中要端正服务态度，忠于自己的职责，有强烈的职业责任感，对工作极端地负责任；敢于坚持正确的原则和规范，细心谨慎，一切从大局出发，任劳任怨，艰苦奋斗，兢兢业业，埋头苦干。

爱岗敬业，是指员工要对于自己所从事的行业及职业抱持理性的认识，确立尊重和恭敬的态度，在日常工作中，要安心本职，一丝不苟，勤奋努力，精益求精，尽心尽力、尽职尽责。

总体上说，恪尽职守与爱岗敬业是紧密联系在一起的。恪尽职守，是爱岗敬业的前提，没有对于本职工作的认识、理解、认可和忠诚，就不可能树立起对于它的热爱之情。另一方面，爱岗敬业，则是恪尽职守从单纯的行为层面向情感层面的进一步升华，是员工对于本职工作的认识的深化和内化。

（2）恪尽职守，爱岗敬业的基本要求

①立足本职，坚守岗位。在中国特色社会主义新时代，每个岗位都承担着一定的社会职能，都是从业人员在社会分工中所扮演的一个公共角色。随着整个社会范围的职业化程度的不断提高，越来越要求人们恪尽职守。连锁门店员工在恪尽职守，坚守岗位的过程之中，才有可能在平凡的岗位上不断地充实和提高自己，逐渐收获成功的喜悦，成就非凡的人生。

②乐业自强，挑战自我。在现实的职业生活中，当连锁门店员工面对着职业理想与职业现实之间的巨大落差的时候，要及时树立乐业自强的态度，积极调整心态，悦纳所从事的职业，并在不断地战胜自我的过程中，迎接并战胜职业中遇到的各种挑战。

③精业勤奋，勇于创新。社会主义职业道德要求每一个员工都要努力学习科学知识，掌握技术，精通业务，以适应职业工作的需要。连锁门店员工要以强烈的时代责任感，以严谨求实、精益求精的科学态度，去努力学习并掌握物联网、大数据、人工智能等新技术在零售中的应用，不断提高职业素养、增强业务技术能力，奋力开拓连锁零售新局面，在不断进取中适应形势发展，逐步实现职业理想。

【案例分享】

最美司机吴斌

2012年5月29日11时10分,杭州长运客运二公司司机吴斌驾驶杭州长运浙A19115大型客车从无锡返回杭州,车上载有24名乘客。11时40分左右,行驶至锡宜高速公路宜兴方向130千米阳山路段时(江苏境内),突然一块铁块从对面车道迎面飞来,击碎挡风玻璃之后,砸向吴斌的腹部和手臂。监控画面记录下了当时突发的一幕,时间共1分16秒。被击中的一瞬间,在巨大的疼痛面前,吴斌本能地用右手捂了一下腹部,看上去很痛苦,但他没有紧急刹车或猛打方向盘,而是紧紧握住方向盘,缓缓踩下刹车,稳稳地停下车,拉好手刹,打起双闪灯,以一名职业驾驶员的高度敬业精神,完成了一系列完整的安全停车措施。最后,他解开安全带,以惊人的毅力从驾驶室挣扎着站起来,回头还对受到惊吓的乘客说:"别乱跑,注意安全。"然后打开车门,安全疏散乘客。耗尽了最后一丝力气的吴斌,倒在了座位上。

在生命的最后时刻,他没有把宝贵的第一时间留给自己联系救护车,而是留给了车上的24名旅客;在生命的最后时刻,他用顽强的意志和崇高的职业精神,使车上的24名乘客安然无恙。他以一名职业驾驶员的高度敬业精神,用自己76秒的坚守和生命完成了保证乘客安全的神圣使命和英雄壮举。6月1日凌晨,吴斌经抢救无效去世,享年48岁。

事后得知,他腹部和手臂受伤,飞来的铁片导致肝脏破裂及肋骨多处骨折、肺肠挫伤,出血量达到几千毫升,而吴斌在身受致命伤的情况下,能有这样的英勇行为,与他平时加强品德修养和职业素养是密不可分的。客运是承载生命的事业,吴斌虽然是一名普通驾驶员,但他始终认为,把每天平凡的工作做好,就是不平凡。

回顾吴斌在杭州长运的职业生涯,他一直视手中的方向盘为"生命线",始终把旅客的安危放在首位。他积极参加公司的各项技术培训和安全教育,刻苦钻研驾驶技术和保养知识,熟练掌握各种应急技能,并认真做好每次出车的准备工作,养成了良好的职业素养。他驾驶客车已经安全行驶100多万公里,相当于绕地球近30圈,却从来没有发生过一起交通事故和旅客投诉。作为一名窗口服务者,他始终把车厢作为自己的"家园",以诚待客、以心交心,助人为乐、拾金不昧,赢得了旅客和同事无数赞誉。

(来源:2013年9月6日中国文明网)

2. 仁爱公道,宽容协作

仁爱公道,宽容协作是在恪尽职守、爱岗敬业的基础上更进一步的职业道德要求,也是连锁门店员工发展性职业道德规范的重要内容和基本特征。

(1)仁爱公道,宽容协作的道德意蕴

仁爱是中华民族最优秀的传统美德,反映了个体对他人的同情、关心和爱护。员工要设身处地为他人着想,爱人如己,助人为乐,使得人与人之间的关系和谐融洽,社会平和安定。公道就是在处理人与人的关系时,要公平,一视同仁,不厚此薄彼,不讲亲疏贵贱,不论尊卑上下,一律按原则办事,努力做到合情、合理、合法;要正直,对人对事胸怀坦荡,富有正义感和激情,疾恶如仇,为维护正义而不计个人得失,敢于和邪恶势力作斗争。

员工具备仁爱公道的道德品质,要做到推己及人,先人后己,办事公道和为人正派,进而培养宽容协作的道德意识和道德习惯,从而建立和谐的上下级关系、同事关系。一般来说,宽容协作是在处理人与人之间以及群体与群体之间的关系时,要心胸宽广,与人为善,为了实现共同的利益和目标,互相帮助、互相支持、团结协作、共同发展。

(2)仁爱公道,宽容协作的基本要求

①坚持真理,光明磊落。对于真理的坚持,就是对于实事求是原则的坚持,就是想问题、办事情要合乎公理,合乎正义。连锁门店员工在实际的职业实践过程中,要不断坚定自己的信仰、志向,锤炼自己的意志、品质,襟怀坦白,行为正派,努力确立高尚的人生追求和健康向上的生活情趣,做到不仁之事不为、不义之财不取、不正之风不染、不法之行不干。

②坚持原则,公私分明。连锁门店员工应努力做到遇事从客观事实出发,按照规章制度对待所有的人和事,不唯上,不从众,在大是大非面前立场坚定,在腐朽思想文化面前自觉抵制。在处理个人利益和集体利益关系问题时,自觉服从大局,努力将坚持原则的坚定性与实施策略的灵活性,以理服人与以德感人有机结合起来,在日常职业实践中将个人需要与国家的需要统一起来。

③顾全大局,团结协作。连锁门店员工应该识大体,顾大局,正确处理个人与集体的关系,以个人利益服从集体利益,以局部利益服从全局利益。同时,同事之间要互相尊重,互相学习,取长补短,共同前进;团结合作,互相帮助,彼此配合,加强联系,走团结互助、协调合作、共同发展的道路。

技能三　成就性职业道德规范

连锁门店员工对基础性职业道德的践行和对发展性职业道德规范的坚守,根本目标就在于能够最终实现自身的职业道德理想,即人生价值的实现与社会整体利益增长的统一。连锁门店员工真正自觉地将个人的职业追求与社会发展的现实需要有机结合起来的时候,其良好的职业道德素养才能被社会所真正地认可和接受,职业道德理想及其人生追求才能最终实现。

1. 节俭自律,廉洁高效

节俭自律,廉洁高效是连锁门店员工成就型职业道德规范的重要组成部分,也是其发展性职业道德规范的自然延伸,以及实现人生道德理想的根本保障和重要体现。

(1)节俭自律,廉洁高效的道德内涵

节俭自律指员工爱惜和节制、有意识地节省使用企业财物及社会资源的道德行为。节俭自律是中华民族的优良传统,中国人民自古以来就以勤劳勇敢而又节俭朴素著称于世。从社会主义职业道德的角度来说,节俭自律不仅是优秀传统,也是最终成就人生理想的道德根基。廉洁高效,指在职业实践中能正确处理好个人利益和国家、人民利益的关系,以国家、人民的利益为最高利益,急人民所急,想人民所想;不以权谋私,不利用职务和工作的便利接受馈赠,中饱私囊,以高度的责任心来实现高度专业化的工作效率和业绩,并以丰硕的职业成果来彰显存在价值,塑造良好的行业形象。

(2)节俭自律,廉洁高效的基本要求

①严于律己,克己奉公。严于律己,克己奉公是连锁门店员工节俭自律的首要因素。对自己的言行举止从严要求,对于自身的物质欲望进行一定程度的节制,节省俭朴,爱惜公共财物和社会财富以及个人的生活用品,以实际行动践行"俭以养德"的道德信条。

②俭而有度,合理消费。提倡树立适度而又有节制、合理的消费观念。这种合理的消费观,既不是禁欲主义,也不是享乐主义,而是在促进社会生产发展基础上的物质需求与精神

需求的和谐统一。

③清正廉洁,勤政高效。践行廉洁高效的职业道德规范,要求连锁门店员工在职业实践中真正做到公私分明。不以权谋私;身正为范,不取不义之财;求真务实,注重实效。牢固树立廉洁奉公,务求实效的职业道德观念,奉公守法、严于律己,身先士卒、率先垂范,以实际的职业作为,自觉地提升职业道德素养。

2. 拼搏创新,奉献社会

拼搏创新、奉献社会是连锁门店员工职业道德规范的核心内容,是连锁门店员工成就性职业道德规范的重要标志,是连锁门店员工作为个体最终实现职业道德理想和人生价值追求的表征。

(1)拼搏创新,奉献社会的道德内涵

拼搏创新反映了员工承担各种义务的根本态度,是个人义务感、责任心的实际表现。具备这种品质的人富有创造精神和开拓精神,敢于走前人没有走过的路,做前人没有做过的事,勇于向困难挑战、向消极势力挑战。他们有高度的敏感性,不受成见的束缚,勇于提出、支持并实行革新的主张。奉献社会,就是全心全意为社会做贡献,愿意为他人、为社会献出自己的力量。奉献社会的精神既是一种崇高的思想境界、高尚的道德情操,又是一种基于对事业对工作全身心投入的表现。

(2)拼搏创新,奉献社会的基本要求

①开拓意识和创新精神。连锁门店员工要自强不息,勤勤恳恳地工作、劳动和学习,不怕困难,刻苦钻研技术、业务和学识,并力求精益求精,而且还要学会并坚持用超前的眼光去改革和发展本职工作,在任何条件下始终坚持理想和信念,不在任何困难和挫折面前妥协退让,要坚韧、顽强、锲而不舍,能以坚强的自制力控制自己的各种欲望、情感,使之服从于自己追求的目标。

②服务意识和奉献精神。每个人都应具有良好的服务意识和奉献精神。从职业活动的本质来看,各行各业的职业活动都是直接或间接地为满足人民群众的物质和文化需要而进行的服务,因此离不开服务意识与奉献精神。

③锤炼服务的能力和奉献的品质。连锁门店员工锤炼自己的服务能力及奉献品质,并在实际职业实践过程中,积极自觉地为社会做贡献。奉献社会并不意味着不要个人的正当利益,相反,自觉奉献社会的人,才能够真正找到个人幸福的支点。个人幸福离不开行业发展、社会进步和祖国繁荣。幸福来自创新和创造,幸福来自拼搏和奉献。

【项目训练】

"一团火"精神光耀神州

张秉贵(1918—1987),北京市百货大楼原售货员,"100位新中国成立以来感动中国人物"之一,是"一团火"精神的奠基人。他是百货大楼一名普通的售货员,却在平凡的工作岗位上,谱写了一段不平凡的商业传奇。30余年来,他始终用一团火的热情,全心全意为顾客服务,刻苦练就了令人称奇的"一抓准""一口清"的服务技能,被消费者亲切地誉为"燕京第九景"。1987年,张秉贵同志因病故去,但由他开创的"一团火"精神却在每一位王府井人心中代代相传。

张秉贵1918年出生于北京,11岁时便到纺织厂当了童工,17岁到北京一家杂货店当学徒。旧社会的苦难经历,让张秉贵不堪回首。20世纪50年代初,新中国百废待兴,即将开业的北京百货大楼招聘营业员，尽管规定只招25岁以下的年轻人，但已经36岁的张秉贵因有"多年的经商经验"而被破格录取。他做梦也没想到能当上"新中国第一店"的售货员，在宽敞明亮的柜台前体面地为顾客服务，他感到无比光荣，因此更坚定了为人民服务的信念。

从这一信念出发，他1955年11月到百货大楼站柜台，30多年的时间接待顾客近400万人次，没有跟顾客红过一次脸，吵过一次嘴，没有怠慢过任何一个人。北京百货大楼当时是全国最大的商业中心，客流量大，加之物资相对匮乏，顾客通常要排长队。张秉贵便下决心苦练售货技术和心算法，练就了令人称奇的"一抓准""一口清"技艺。"一抓准"，就是一把就能抓准分量，顾客要半斤，他一手便能抓出5两；"一口清"则是非常神奇的算账速度。遇到顾客分斤分两买几种甚至一二十种糖果，他也能一边称糖一边用心算计算，经常是顾客要买多少的话音刚落，他就同时报出了应付的钱数。

后来他又发明了"接一问二联系三"的工作方法，即在接待一个顾客时，便问第二个顾客买什么，同时和第三个顾客打好招呼，做好准备。他在问、拿、称、包、算、收六个环节上不断摸索，接待一个顾客的时间从三四分钟减为一分钟。他不仅技术过硬，而且注重仪表，坚持每周理发，每天刮胡子、换衬衣、擦皮鞋。

张秉贵还注意研究顾客的不同爱好和购买动机，揣摩他们的心理，为了精通商品知识，每逢公休日别人都在家休息的时候，张秉贵却蹬起自行车，来到工厂、医院和研究单位，仔细了解糖果知识。由于熟悉顾客和商品的特点，张秉贵甚至可以针对一些特殊的顾客推荐商品：对于消化不良的顾客，他介绍柠檬糖或咖啡糖；对于肝病患者则介绍水果糖；对于嗓子不好的顾客，他便建议买薄荷糖……张秉贵通过眼神、语言、动作、表情、步伐、姿态等动作调动各个器官的功能，商业服务业的简单操作，被他升华为艺术境界，被喻为"燕京第九景"。

张秉贵把为人民服务的信念与本职工作密切联系起来，"站柜台不单是经济工作，也是政治工作；不单是买与卖的关系，还是相互服务的关系。""一个营业员服务态度不好，外地人会说你那个城市服务态度不好，港澳同胞会感到祖国不温暖，外国人会说中华人民共和国不文明。我们真是工作平凡，岗位光荣，责任重大！"

在百货大楼的30多年，张秉贵腰板挺直地站三尺柜台，接待了几百万顾客。他将自己的柜台服务经验，编写成《张秉贵柜台服务艺术》，并到各单位表演、讲课，听众达10多万人次。张秉贵用自己心中的"一团火"，温暖着每一个顾客的心。他是中共十一大代表，第五、六届全国人大代表。1957年，张秉贵被评为北京市劳动模范。1978年，他被北京市授予特级售货员称号。1979年被国务院授予全国劳动模范称号。1987年，张秉贵同志因病医治无效，在北京不幸去世，享年69岁。1988年，北京市百货大楼在大门广场处为其竖立半身铜像至今，陈云同志亲笔为其题词："一团火"精神光耀神州。

（来源：2011年5月16日新华社）

请思考：

1."一团火"精神的内核以及实质有哪些？

2.在社会主义新时代，门店员工应当如何传承和发扬"一团火"精神？

第二部分 连锁门店初级岗位专业能力操作实务

项目四　收银员操作实务

【知识目标】

了解连锁门店收银员的主要工作职责；

熟悉收银员的每日工作流程；

了解并熟悉收银员规范用语和行为禁忌；

理解并体会收银工作的重要性。

【素能目标】

能够正确操作收银设备进行收款；

能够做好现金管理并能够正确识别现金真伪；

能够结合门店标准，规范地做好现金收银服务；

能够正确处理顾客投诉和妥善处理各类突发事件。

任务一　认知岗位要求

【任务导入】

现代社会的生活节奏越来越快，为了适应这种需求，越来越多的门店在不断改变，以满足顾客快速结账的需求。目前开展自助收银的场所和方式越来越多，除了人工收银可以有多种支付方式外，一些超市也开设了包括支持支付宝、微信、储蓄卡、信用卡等付款方式的自助收银机；小程序扫码支付再确认离场的扫码支付机，甚至从进店开始到结账离店可以由一个 App 完成。除了引入自助收银机外，越来越多超市或者百货也在尝试更加便捷的扫码支付方式。客村地铁站旁的沃尔玛超市收银区有一片"扫码购"专用通道，在购买物品较少的情况下，只需先扫描"扫码购"的二维码进入微信小程序，然后通过小程序扫描商品的条形码，就能在手机上显示该商品的信息，结账后和旁边工作人员确认，最后对着一个电子屏幕上的扫描框扫描一下确认码，即可完成整个付款过程。购买 1 至 3 件较小物品过程很快，才不到 1 分钟，但如果所购物品较多则这个过程还是不算太方便。

也有超市希望能够增加与顾客的黏性，让顾客购物的过程在自己的 App 内完成。记者体验后发现，这种购物结账方式更适合居住在某家超市附近的市民，经常购物的话不仅方便，还可以参与到商场满减活动，购物更划算。比如，卜蜂莲花很早就尝试让顾客下载手机 App，购物后扫描对应产品的条形码，然后通过微信或银联方式进行支付。由于不少顾客觉得专门下载一个超市的 App 并不常用，卜蜂莲花也及时转变思路，推出其微信小程序，只要扫描小程序，即可自助用手机扫描商品、手机支付、自助打印小票，最后工作人员检查小票和货物即放行。

尽管自助收银逐渐在普及，但不会完全取代人工收银。比如，在盒马鲜生，尽管超市内大部分收银区域都打出"自助收银"，但目前每个自助收银屏幕前还是安排有工作人员协助，另外还有工作人员不断在场内举牌提醒消费者，需要现金支付的可以跟他走。某超市自助结账区有顾客购买的生鲜物品条形码有问题,扫描不成功,结果还是需要回到人工收银通道排队结账。为了节省顾客的时间,很多超市的人工收银台工作人员除了收银外,还兼帮顾客购买的生鲜产品称重,这个也是自助收银机或者扫码支付暂时无法完成的工作。另外,自助收银对于商家来说,也有一定的风险,还是会有个别顾客故意"漏扫"或者直接不扫码离场。尽管超市出口有感应装置,但仍可能有"漏网之鱼"。

(来源:2018 年 5 月 3 日广州日报大洋网)

请思考:

如果你是收银员的话,你是如何看待自助收银取代收银员这个话题呢?

【任务分析】

现在无人收银除了在个别无人商店能直接感应物品外,超市或者百货内还是要自己将每一件商品进行扫码支付,未来的大趋势还是应该向人脸识别、自动感应商品离场自动扣款等更加方便的场景应用发展。但预计相当长一段时间内,自助收银和人工收银将会并行存在,并且越来越专业。虽然很多人会更倾向于自助收银,但对于老人家或者不懂操作的顾客来说,超市和百货商店还是应该增加智慧零售的应用,着力改善购物舒适度。

【知识导航】

知识一 收银员职责

1. 结算账款

收银员日常最主要的工作是为顾客结算账款。

(1)准备收银

由于收银工作的特殊性,收银员必须在收银前准备相关的各种设备与用具。

(2)账款结算

为顾客结算账款是收银员的最主要职责。随着支付手段的多样化和便捷化,收银员应该全面掌握各种结账方式。

(3)结账防伪作业

在收银工作中,认识现金、掌握识别假币及其处理的方法与技巧,是收银员必备的知识。能够准确辨认各种商业票据及信用卡的真伪,也是收银员必须掌握的基本技能。

2. 现金管理

虽然移动支付和自助收银越来越普遍,但收银员由于其工作岗位的需要,每天还会有现金接触,处理现金也是其工作的中心所在。因此,管理现金是收银员的一项重要任务。收银员的现金管理包括以下两个方面的内容:

(1)管理备用金

领取备用金是管理现金的第一个环节,并且这一环节还会随着实际收银工作的进行贯穿在工作过程中。

(2)管理现金

管理现金是收银员工作中的一项主要内容,它要求收银员做的工作有很多,主要涉及现金保管、清点及大钞预交及使用安全警报设备等。

3.顾客服务

收银员是门店的对外形象。从某种程度上说,收银员素质的高低,决定着顾客的多少,决定着顾客是否忠诚,决定着企业的生存和发展。收银员的顾客服务,具体如下:

(1)咨询服务

收银员应对门店的基本情况有一个全面的了解。比如,整个门店的布局、商品的分布等,以便在顾客询问时,能够准确回答顾客问题,做好导向服务。

(2)促销推广

收银员在推广促销活动中,除正常收银作业以外,应特别注意做好宣传和告知工作。比如加1元换购、得到优惠或赠品的条件、有关注意事项及促销活动的类型等。

(3)退换货处理

在日常收银工作中,收银员经常会遇到顾客退换货的情况。因此,收银员应该掌握处理退换货的基本知识、流程及相关注意事项。

知识二　每日工作流程

1.营业前

①清洁、整理收银作业区:收银台、包装台、收银机,收银柜台四周的地板、垃圾桶、购物篮、手推车放置处。

②整理、补充必要的物品:各种型号的购物袋、包装纸,各式记录本及表单,胶带、胶台,干净抹布,剪刀,便条纸,笔,订书机,订书钉,发票,空白收银条,装钱布袋,"暂停收款"牌等。

③补充收银台前面货架上的商品。

④准备好放在收银机抽屉中的定额零用钱:各种面额的纸币及各种面额的硬币。

⑤检验收银机:发票存根联及收银联的装置是否正确、号码是否相同,日期是否正确,机内的程序设定和各项统计数值是否正确或归零。

⑥收银员服装、仪容的检查:制服是否整洁,并合乎规定,是否佩戴识别证。

⑦熟记并确认当日特价品、变更售价商品、促销活动以及重要商品所在位置。

⑧早会礼仪训练。

2.营业中

①招呼顾客。

②为顾客结算商品款。

③帮助顾客将商品装袋。

④特殊收银作业处理:赠品兑换或赠送,现金抵用券或折价券的折现,点券或印花的赠送,折扣的处理。

⑤没有顾客结算付款时:整理及补充收银员各项必备物品,整理购物提篮、推车,整理及补充收银台前头货架上的商品,兑换零钱,整理退货,擦拭收银柜台,整理环境。

⑥收银台的抽查作业。

⑦处理顾客遗弃的小票。

⑧保持收银台及周围环境的清洁。

⑨协助、指导新人及兼职人员。

⑩顾客询问及周围环境的清洁。

⑪收银员交班结算业务。

3. 营业后

①整理作废小票以及各种点券。

②结算营业总额。

③整理收银台及周围环境。

④关闭收银机电源并盖上防尘套。

⑤擦拭购物推车、提篮,并放到固定位置上。

⑥协助现场人员处理善后工作。

知识三　规范用语

由于顾客需求的多样性和复杂性,难免会有难以满足的情况出现。因此,收银员应熟练掌握一些应对策略。

1. 规范示例

①暂时离开收银台时,应说:"请您稍等一下。"

②重新回到收银台时,应说:"真对不起,让您久等了。"

③自己疏忽或没有解决办法时,应说:"真抱歉"或"对不起"。

④提供意见让顾客决定时,应说:"若是您喜欢的话,请您……"

⑤要希望顾客接纳自己的意见时,应说:"实在抱歉,请问您……"

⑥当提出几种意见请问顾客时,应说:"您的意思怎么样呢?"

⑦遇到顾客抱怨时,仔细倾听顾客的意见并予以记录,如果问题严重,不要立即下结论,而应请主管出面向顾客解说,其用语为:"是的,我明白您的意思,我会将您的建议呈报领导并尽快改善。"

⑧顾客要求包装商品时,应告诉顾客(微笑):"请您先在收银台结账,再麻烦您到前面的服务台(同时打手势,手心朝上),有专人为您包装。"

⑨当顾客询问特价商品情况时,先应口述数种特价品,同时拿宣传单给顾客,并告诉顾客:"这里有详细的内容,请您慢慢参考选购。"

⑩顾客不知要到何处结账时,应该说:"欢迎光临,请您到这里来结账好吗?"(以手势指示结账台,并轻轻点头示意。)

⑪有多位顾客等待结账(一定要冷静,而且还要热情,保持微笑),必须说"您好,请稍等,我马上为您结账。"

2. 行为禁忌

①埋头打收银机,不说一句话,脸上没有任何表情。

②未用双手将零钱及小票交给顾客,而且直接放在收银台上。

③收银员互相聊天、嬉笑,当顾客走近时也不加理会。

④当顾客询问时,只告诉对方"等一下",即离开不知去向。

⑤在顾客面前批评或取笑其他顾客。

⑥当顾客在收银台等候结账时,突然告诉顾客:"这台机不结账了,请到别台机去,"即关机离开,让顾客重新排队等候结账。

任务二　技能操作实务

【任务导入】

让收银员找零钱继而又要求不找零钱,如此反复,目的却是为了骗取钱物。最近,丰泽公安分局北峰派出所民警提醒,目前出现一种新的诈骗操作手法,主要针对小型超市、商店、水果店等,需要引起警惕。8月16日下午,中骏西湖1号小区一家便利店老板向北峰派出所报案称,当天下午10多分钟里,先后有3名男子进入该店,以购物"找零钱"的手法骗走300元的钱物。这究竟是怎么一回事?结合便利店收银员章小姐的讲述和店内拍到的监控视频,还原了事件的整个经过。

下午2点40分,一名身穿白色T恤的中年男子,进来挑选了一瓶饮料,价格3.6元。买单时,这名男子拿了一张100元递给收银员章小姐。正当章小姐在钱柜里翻找零钱时,中年男子从裤兜里掏出一把零钱说:"我有零钱,你把100元给我吧。"章小姐依言将100元递了过去,男子接过100元,又瞅了瞅自己手上的零钱:"我的零钱好像不够,你还是找我零钱吧。"

监控显示,男子一边将100元装回口袋,一边又指着钱柜里的零钱,让章小姐继续找零钱。章小姐被来回地找不找零钱绕晕了,注意力始终在点算零钱上,忘记几秒钟前她已经将100元还给男子了。最后,章小姐找给了该男子96.4元。

过了几分钟,又有两名中年男子一前一后进店,以相同的手法操作。一名男子买了矿泉水和烤肠价格共12.10元,在反复要不要找零钱间,男子取回100元,还让收银员找零87.9元。另外一名男子,买了一瓶牛奶价格12元,在找回88元零钱的同时,骗回100元。

下午章小姐点算时,发现账目不对,便调看了监控视频。章小姐回忆,3人口音都是类似的,很可能是同伙。民警介绍,3名男子操作手法相同,都是买东西未付款还骗了钱,涉嫌诈骗。

(来源:2016年8月18日晋江新闻网)

请思考:

如果你是收银员的话,你该如何应对这样的诈骗行为呢?

【任务分析】

收银员的收款程序应为先接受顾客交付的款项或单据,待结算完毕后将需要付给顾客的所有手续材料一次付清。收银员在收款找零时,一定要坚持唱收唱付,而且声音要洪亮。吐字要清楚,唱得顾客有反应。如"收您十元。"(收款时唱收)"你买的东西一共是三元八角,找您六元两角,请点一下。"(找零时唱付)不得先付出后收取,避免跑账。收银员不得同时处理两笔账务,以免混淆,给顾客与自己带来不必要的麻烦。

【技能培养】

技能一 收银机基本操作

1. 打开收银机

(1)打开收银机的步骤

开启电源。检查开关接触等情况,确认无误后开启电源开关,并检查其工作指示音是否正常。不间断电源用于在店外电力故障时继续提供电源,以保护设备及数据不受毁损。

开启显示器和票据打印机等外设的开关。待工作指示音正常后,开启收银员显示器和票据打印机等外设的开关。听到条形码扫描器通电指示音,同时系统将自动执行管理软件,直至进入相应的待机界面。

(2)处理打开收银机时的故障

处理网络故障。对于使用联网设备的收银机,如果系统在执行完检测网络后提示"网络故障",应按如下顺序检查:

①检查确认后台管理系统所在的主机是否已经开启,并已进入后台管理。

②检测网络接头是否连接在收银机主机背面的网线接口上,并确认接触是否良好。

③如果有使用交换机或集线器进行网络连接,请确认交换机或集线器是否已通电,并确认其背面所有的接头是否均已接上并接触良好。

④检测后台 PC 机背面的网线接口上是否接有网络接头,并且接触良好。

处理打印机错误。如果系统检测时出现打印机错误,应按如下步骤处理:

首先,确认打印机电源线连接良好,且电源开关已开启。

其次,确认打印数据线已连接到主机背后接口,且两端均接触良好。

最后,检查微型票据打印机的收银纸是否已装好,如果是点阵式微型票据打印机要检查色带是否需要更换,且打印机盖关闭良好。

(3)登录销售系统

收银员登录步骤如下:

①打开收银机后,首先选择进入 POS 机销售系统。

②在"员工登录"窗口中,输入正确的员工编号,按 Enter 键。

③输入登录密码,然后按 Enter 键,如果密码正确即可进入系统。

④系统进入销售操作界面。

处理登录失败:

①如果收银员在输入员工编号及密码时出现错误,系统会要求重新输入,此时应仔细核对编号与密码,并重新输入。

②如果发现输入无误,但是仍然无法登录的话,应该立即找收银主管,重新领取新的上机号码。

③如果连续三次输入错误,则会自动退出系统。

2. 扫描商品

随着连锁企业门店的发展,经营规模的扩大,商品种类的丰富,原始的手工结算商品的方法已经无法满足现代商业发展的需要。及时出现的信息通信及处理技术,成为现代连锁企业门店的主要结算手段。

扫描的步骤如下：

①收银员必须熟悉一般商品的条形码粘贴部位，迅速、准确地把商品的条形码面对扫描机。

②对于条形码有褶皱或不平整的，应将条形码摊平，然后再进行扫描。

③扫描器受到条形码信号时，会发出"嘀"的一声响，表示商品信息已输入 POS 机。此时 POS 机屏幕中会显示商品的编号、名称、单位和单价等信息。

④对已扫入条形码的商品，收银员应以扫描器为界限统一放置于收银台出口一侧，防止重复扫描现象的发生。

⑤如果顾客购买多个同一商品，可在扫描后直接输入商品数量；而顾客购买不同商品时，可以直接进入下一个商品的扫描。

⑥收银员扫描时应扫描一件商品看一下屏幕，以避免错扫描或漏扫描现象的发生。

⑦对于顾客临时决定不要的商品，收银员应将商品放在收银台指定区域，等待理货员整理。

⑧对于扫描器无法识别的商品，可采用手动录入商品编号的方式。

⑨收银员成功扫描商品后，要向顾客正确报出商品的价格。

3. 处理例外

凡是收银员经过多次机器扫描及手工录入都不能成功的，称为例外。

（1）例外处理的原则，如表 4 - 1 所示。

表 4 - 1　例外处理的原则

人员	处理原则
收银员	收银员必须将条形码例外商品向当班收银主管报告
	对顾客说"对不起"，先将无例外商品进行结账，并请顾客稍做等候
	当条形码问题处理后，优先将例外商品结账
收银主管	接到条形码例外报告后，第一时间直接处理或派人处理
	以简单、快速、直接的方式联系楼层人员处理
	接到正确的条形码后，迅速反馈给收银员，并向等候的顾客道歉
	将例外记录当日反馈给管理人员，并每周制作汇总报告

（2）例外的处理，如表 4 - 2 所示。

表 4 - 2　例外的处理

常见例外	可能原因	解决措施
扫描器故障	连接扫描和收银机的线路松脱	重新连接扫描器和收银机的线路
	扫描器端口死住	断掉扫描器电源，重新连接，对端口进行复位
	收银机端口部分死住	对收银机端口进行复位
条形码毁损	条形码损坏，有污渍、磨损	在同样商品中找到正确的商品条形码
	生鲜条形码印刷不完整、不清楚	生鲜条形码重新计价印刷

常见例外	可能原因	解决措施
条形码无效	编码错误	核实商品的售价,按正确的价格售卖
	条形码重复使用、假码	找出正确的条形码,用手工方式结账
多种条形码	商品的包装改变,如买一送一	核实正确的条形码;确认属于赠品,只扫描正常商品的条形码,并由主管跟进所有错误的条形码,将其完全覆盖
	促销装商品的赠品条形码有效	
无条形码	商品本身无条形码,自制的条形码脱落	找出正确的条形码,手工录入
	商品的条形码丢失	找到剩余商品的条形码,手工录入

（3）扫描商品时应注意的其他问题

①收银员应该尽量采用扫描条形码的方式将待付款商品信息扫入系统中,除非特殊原因条形码无法扫入时,方可采用手工输入编码的方法,以避免手工输入时所产生的错误。

②对贴有店内码的商品,收银员在扫入店内码后,应核对电脑显示的品种与实物是否一致,防止错码、串码商品售出。对既印刷了国际条形码又贴有店内码的商品,在扫条形码时,应以店内码为准。

③如果发现条形码扫描不出,或扫描出来的商品名称、规格与实物有差异的,收银员要及时登记并反馈给相应的商品部门,尤其是生鲜食品及糖果的称重码,一定要核对商品的名称、型号、重量和价格。

④对于两种以上不同单品捆绑促销的商品,扫描时必须分别扫入条形码。

⑤针对促销装的商品（即赠品）与商品捆绑式售卖,收银员要注意分清商品和赠品,避免错扫描了价值低的赠品,而把商品漏扫。

⑥赠品不需要扫描,赠品的标识是产品本身的外包装有明确的"非卖品""试用装"或"赠品"等标识。

⑦对于"买二赠一"的商品采用捆绑式售卖时,收银员应把绑在一起的两件商品分别扫描,不能只扫描一件商品,变成"买一赠二"。

⑧因无库存扫不出的商品,收银员应耐心向顾客解释,并及时通知商品部门进行处理。

⑨对于已付款商品,如家电、精品、酒类等专柜销售的部分商品,在其所在专柜收银机已经付款,且商品有收银小票凭证并符合特定的包装,不再需要扫描。

⑩如果商品原包装被拆开,在扫描商品前要检查包装中的商品是否与外包装相符,有无调换商品或夹带其他商品。

此外,对于整箱的商品,收银员要注意核对价格,分清包装箱上的条码是单品的价格,还是整箱商品价格,以免弄错,造成商品流失;对于带着孩子一起购物的顾客,在扫描完顾客购物篮（车）中的商品后,收银员还要看一下儿童手中是否有未结算的食品、玩具或文具等,以免发生商品的流失,给门店带来损失;对于顾客在结账时因种种原因不想要但已经扫描的商品,收银员必须请收银主管将商品删除。

4. 手动录入

对于一些无法扫描的商品,收银员应该对商品信息实行手动录入。

收银员按"单品"键,收银机会打开一个"输入货号"的窗口。

收银员输入商品的代码。一般商品都是有条形码的,商品的代码即条形码。而个别没有条形码的商品,一般也会有内部码,此时可输入商品的门店内部码。

①输入商品代码后,确认无误按"ENTER"键。

②如果存在此商品信息,则会显示出该商品的名称、单价等信息。

③收银员核对商品信息是否与实物一致。

④确认该商品存在且与实物相符后,可以在"数量"栏中输入销售数量。如果不输入数量,就默认为"1",如要修改前面商品的数量,可使用箭头键,将光标移动到需要修改的明细上,直接修改。

⑤如果没有此商品或商品条形码、代码错误,则 POS 机将不显示该商品的名称等信息,并且光标会一直停留在"货号"栏中。

⑥如果发现商品信息与实物不符,按下"DELETE"键删除此商品。

⑦对于通过手动录入商品代码仍无法得到商品信息的商品,收银员应与核价员联系,及时获取最新条码信息。

5. 商品消磁处理

电子商品防盗系统是利用声电、声磁原理所设计的专门用于门店防盗的设备,通过放置在门店、超市等门店的出入口或收银通道外的检测系统,以及粘贴在商品上的防盗软标签,当有未经收银员处理的标签通过系统时,系统会发出报警,以提醒员工进行处理。

(1)消磁操作步骤

①对于使用软标签的商品,收银员在扫描商品后,将其放置于消磁板上消磁。放置时应注意将带有磁性的标签面对消磁板。

②当听到"嘀"的声音时,表示消磁成功。

③对于使用硬标签的商品,收银员应将硬标签突出的一端插入取钉器中,然后将硬标签取下。

④收银员应准确了解所有带磁性软标签的商品,对商品进行快速、准确的消磁。

⑤回收的硬标签,收银员应统一放置,待交班时上交。

⑥对于一些体积庞大,不容易搬运的商品,可以使用手持式消磁器对其进行消磁。在对硬标签进行消磁时,要特别注意,不要损坏商品。

(2)处理例外

①已结账商品在经过出入口的防盗门时引起警报,称为消磁例外。妥善处理消磁例外是收银员及收银主管的职责之一。处理消磁例外的原则,如表4-3所示。

表4-3 商品消磁例外处理的原则

人员	处理原则
收银员	对顾客表示歉意,说"对不起"
	对返回的已结账未消磁的商品进行确认,确认后立即进行消磁处理
	寻找未消磁的原因,并对例外商品进行记录
收银主管	接到报告后,提醒收银员收银时应认真工作并做记录,以便吸取教训
	现场处理因未消磁引起的顾客投诉问题

②处理常见消磁例外。如表 4 - 4 所示。

表 4 - 4　商品消磁例外处理的措施

常见例外	可能原因	解决措施
漏消磁	商品未经过消磁程序	商品必须经过消磁程序,特别是硬标签的商品类别,应予以熟记
		重新消磁
消磁无效	商品消磁的方法不正确或超出消磁的空间	结合消磁指南,掌握正确的消磁方法;特别对软标签的类别商品应予以熟记,反复多次消磁,直到有消磁提示音为止
		重新消磁

(3)消磁时应注意的事项

①只有正在进行扫描收款的当班收银员才能对商品进行消磁。

②只有在顾客购买付款的过程中才可以消磁,保证所有付款后的商品正确消磁,未付款商品不能消磁。

③收银员应避免将商品和包装袋压在消磁板电源线上,这样做容易造成消磁板与电源线接触不良而导致消磁板断电。

④收银员应特别注意对体积小、价格较高商品的消磁,如巧克力、高中档内衣、化妆品和洗涤品等。在对商品进行消磁时应尽量降低商品的高度,并将商品的正反面分别消磁。

⑤特别注意不要将防盗硬标签的钢钉丢弃在地板上,以免对顾客造成人身伤害。

⑥消磁系统出现故障时,收银员应第一时间报告收银主管,请求帮助,在系统未恢复正常工作前,应暂停收银程序。

⑦收银员每天收银结束工作后应关闭消磁板电源。

6. 结算账款

(1)现金结算

①唱收应收金额。扫描完顾客所有的商品后,按下"结账"键,POS 机屏幕上会弹出一个小屏幕,上面显示应收顾客的金额,收银员应向顾客唱收:"应收您＊＊元。"

②接受顾客的现金。顾客付款时,用双手接过顾客手中的现金,并向顾客说:"收您＊＊元"。然后操作收银机,按"现金"键,并用数字键输入顾客所付的金额,然后按"ENTER"键。如果钱箱无法正常打开,可能是钱箱与主机的连线没有接好,如果连线没有问题的话应检查钱箱的导轨是否变形或卡死。

③唱找零。POS 机屏幕显示出"找零"金额,打印机开始打印购物小票,钱箱也会同时打开。收银员放入收到的钱款,并从钱箱中找零,然后双手将找零及购物小票交给顾客,并唱找零钱:"找您＊＊元"。

用手撕扯打印的购物小票时,应沿着撕纸器方向斜撕。

如果打印机不能正常打印,则处理程序如下:

第一步,如果打印机不走纸,应首先检查收银机屏幕,看屏幕上是否显示"打印关闭"的信息。如果显示关闭,则表示收银机打印功能被关闭了,此时只需要按一下键盘上的"打印"键,打开打印功能即可。

第二步,如果在按"走纸"时,听到有齿轮滑动的声音,则有可能是打印机齿轮打滑,这时需要请维修人员更换齿轮。

第三步，如果打印购物小票时，打印出的是白纸，则可能是打印纸装反了或者是色带已经老化脱色了，此时应该更换色带。

第四步，如果打印纸用完了，应提前更换打印纸。更换打印纸时，应从打印口撕断剩下的打印纸，然后按"进纸"键，让打印纸在打印机内自动走完。然后再将新的打印纸放进纸口，按"进纸"键，让打印纸自动进入打印机。

④关闭钱箱。为顾客找零后，收银员要关闭钱箱。钱箱关闭后，会自动锁定，POS机屏幕也会进入正常业务的操作界面。此时如果钱箱无法关上，应首先检查是否有东西卡住了钱箱，或钱箱的导轨变形。

（2）银行卡结算账户

使用银行卡结账的流程如下：

①把银行卡放在刷卡机的槽口刷卡，磁条方向正确，匀速划过刷卡机。

②收银员输入消费金额，在输入消费金额时，要仔细核对输入金额与顾客实际消费金额是否一致。

③请持卡人输入密码，收银员应及时提示持卡人输入所持银行卡的密码。

若首次输入错误，请持卡人再输入一次，请输入密码的次数不得超过三次，若三次后密码输入仍不正确，这张银行卡将无法正常进行交易。如果持卡人在三次之内正确输入了密码，那么本次交易成功。

④交易成功后，刷卡机会自动打印出一式两联的签购单。收银员双手将签购单和笔交给顾客，请顾客在签购单上签名。

⑤核对顾客签名，无误后将顾客联交给顾客，然后按"银行卡"键，弹开钱箱，将门店联和银行联放入，关闭钱箱。

（3）支付宝结算账户

①当面付。商家可通过以下方式进行收款。提升商家收银效率，资金实时到账。第一，商家通过扫描线下买家支付宝钱包中的条码、二维码等方式完成支付；第二，线下买家通过使用支付宝钱包扫一扫功能，扫描商家的二维码等方式完成支付，如图4-1和图4-2所示。

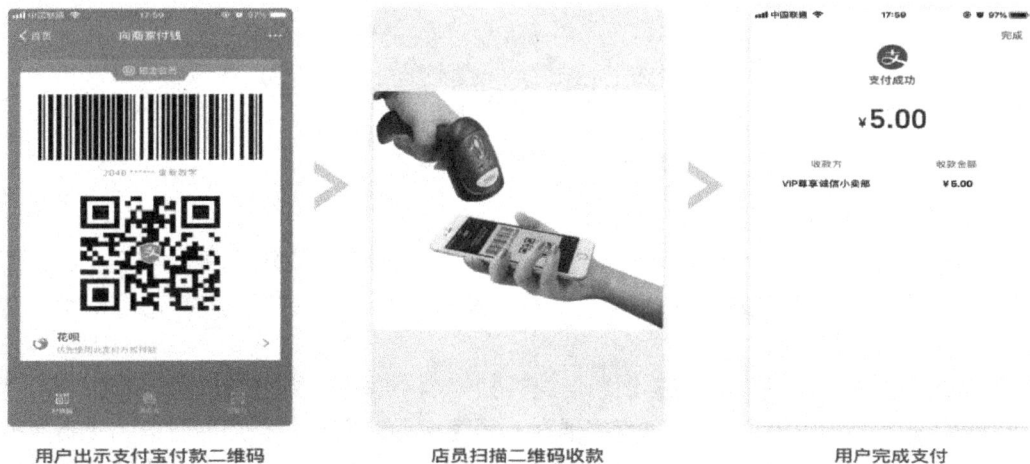

用户出示支付宝付款二维码　　　店员扫描二维码收款　　　用户完成支付

图4-1　扫描买家支付宝支付流程

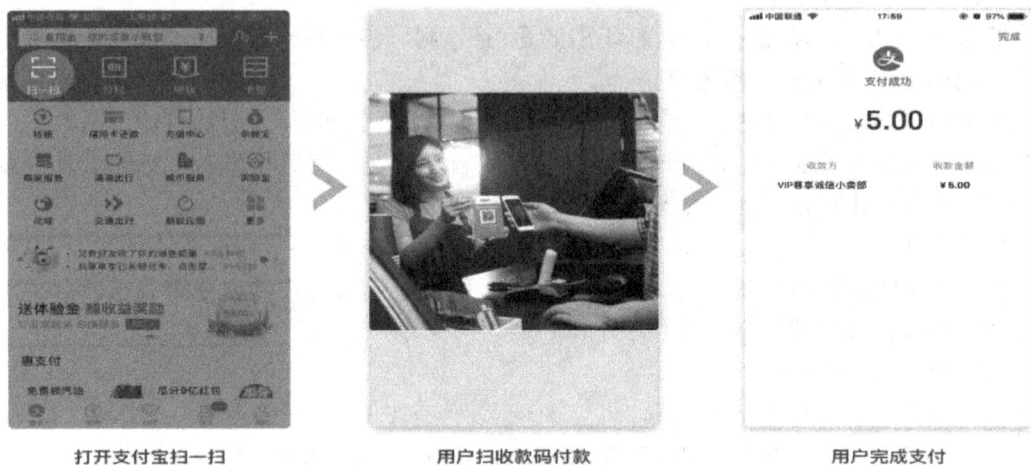

打开支付宝扫一扫　　　　　用户扫收款码付款　　　　　用户完成支付

图 4 - 2　扫描卖家二维码支付流程

②刷脸付。当不便使用手机或没有手机时,用户亦可"刷脸"完成——通过线下支付机读取脸部完成自助结账等支付行为,快捷安全方便,如图 4 - 3 所示。

自助结账等支付场景,选择刷脸支付　　　　　用户刷脸支付　　　　　用户完成支付

图 4 - 3　支付宝刷脸付流程

(4)微信结算账户

①门店款台微信支付付款码。微信支付付款码,主流款台收银方式,取代现金支付。用户支付成功后,默认关注商家公众号,成为公众号粉丝,为一切的数据化和精准营销带来基础,如图 4 - 4 所示。

②扫码购。用户扫描商品,直接调用商家的扫码购小程序,并定位到所属门店信息,直接帮用户将该商品加入购物车,用户直接通过小程序调起微信支付自助购买商品。出店前给收银员/自助核验机器核验离开。扫码购减少了用户排队买单的时间,在店内商品货架前完成一系列的商品支付行为,提升了门店的收银效率,如图 4 - 5 所示。

门店款台收银　　　出示付款条码　　　收银员扫描扣款　　　支付完成+默认关注

图 4-4　微信支付流程

进入小程序　　　自助扫描商品　　　完成支付+核验

图 4-5　扫码购小程序支付流程

③人脸免密支付。用户体验流程:用户选购商品后,自助在人脸免密支付机器上,进行扫描商品,支付时选择微信人脸支付,输入手机号进行身份验证,即可完成支付,直接离场。人脸免密支付是解放人工收银和手机使用不方便情况下的一种自助买单方式,解决了在手机没电、人工收银通道排长队的问题,提升了收银效率。通过科技化的 AI 人脸识别技术,对用户进行身份认证,目前也是用户最喜欢尝试的一种科技感智能付款方式,如图 4-6 所示。

7. 关闭收银机

(1)退出销售系统

营业结束后,需关闭收银机时,收银员应先退出操作系统。操作如下:

①在收银员准备退出销售系统前,必须先完成收银工作,不得在收银中途退出操作系统。

自助机器　　　　识别人脸　　　　首次授权　　　手机比对完成支付

图4-6　微信人脸免密支付流程

②利用光标移动找到"退出"选项并选择。对于已经定义了"退出"功能键的收银机，直接按"退出"键。

③系统会提示"是否真的退出？请选择是/否"。按"确认"键选择"是"退出操作系统；按"取消"键选择"否"，会返回销售界面。

④如果无法顺利退出系统，应立即与收银机管理人员联系。

（2）关闭收银机

关闭收银机应遵循如下步骤：退出收银系统后，不能立即关闭电源，而应等屏幕提示"现在可以安全关机了"时再关闭电源。

【视野拓展】

支付宝刷脸付

支付宝刷脸付是基于人工智能、生物识别、3D传感、大数据风控技术，最新实现的新型支付方式。用户在无须打开手机的情况下，凭借"刷脸"完成支付。刷脸付的使用，有效提升用户的消费体验，提高了商家的收银效率。

1. 产品特点

金融级安全性：支付宝的刷脸付设备配备3D红外深度摄像头，在进行人脸识别前，会通过软硬件结合的方法进行活体检测，来判断采集到的人脸是否是照片、视频或者软件模拟生成的，能有效避免各种人脸伪造带来的身份冒用情况。

金融级准确性：支付宝将线上积累多年的金融级人脸识别技术应用到线下的扫脸支付设备中，并为刷脸付的商用做了很多独创的优化，目前识别的准确率为99.99%。

动态手机号方案：基于金融级的智能风控技术，支付宝刷脸付能够准确判断支付的安全等级，并由此来判断是否需要用户输入手机号进行再度确认，安全等级高的就无须输入手机号。

2. 产品价值

根据统计，刷脸付整个过程耗时不超过10秒，免去了排队结账等环节，大大节约了用户时间。同时，用户不必记住那么多复杂、烦琐的密码，降低用户使用成本和使用难度，尤其是对老年人等群体非常友好。

对商家而言，这种全流程自助的"无人超市"式体验，可以为商家提高经营效率和信息化水平，实现商业升级。

3.刷脸付产品形态

刷脸付是"刷脸付"和"当面付"两个产品的完美结合,"刷脸付"产品用于核实当前用户的支付宝实名账户,"当面付"产品用于从当前用户的支付宝实名账户中完成扣款。"刷脸付"产品提供多种交互方式用于认证当前用户的支付宝实名账户的本人身份。

(1)1∶1人脸比对—用户提供支付宝实名账户绑定的手机号

用户刷脸后,输入支付宝账号绑定的手机号进行二次校验,确认当前用户是否为该实名账号的本人。支付宝刷脸付采用安全智能决策系统,根据用户在不同场景下刷脸的风险级别,要求用户输入支付宝账号对应的11位手机号或者后4位手机号甚至不需要输入手机号,用于核实当前用户的支付宝账号身份。常见的应用场景:如在超市便利店中的自助收银机,快餐店中的自助点餐结算机,医院中的挂号缴费一体机等。

用户在设备上选择刷脸付后,只需要根据屏幕提示,完成人脸识别和输入手机号验证,即可成功付款完成交易。具体来说,用户进入支付环节,选择"刷脸支付"方式;采集符合质量要求的人脸并完成活体检测;用户输入支付宝绑定的手机号。根据支付宝刷脸付后台强大的安全风险智能决策系统,用户在不同场景下使用刷脸支付,要求输入的手机号位数可能会不同。从用户的感知角度,对于偶尔光顾某家门店使用刷脸支付的用户来说,通常需要输入11位手机号。对于经常光顾门店使用刷脸支付的用户,通常只需要输入后4位手机号甚至不需要输入手机号,即跳过手机号输入界面,直接进入支付确认页面(手机号输入位数的判定逻辑由刷脸系统自动决定)

如果当前用户被确认为手机号对应的支付宝账号的本人,则展示确认支付页面。

点击确认支付后,根据订单金额完成支付宝账号的扣款操作,如图4-7所示。

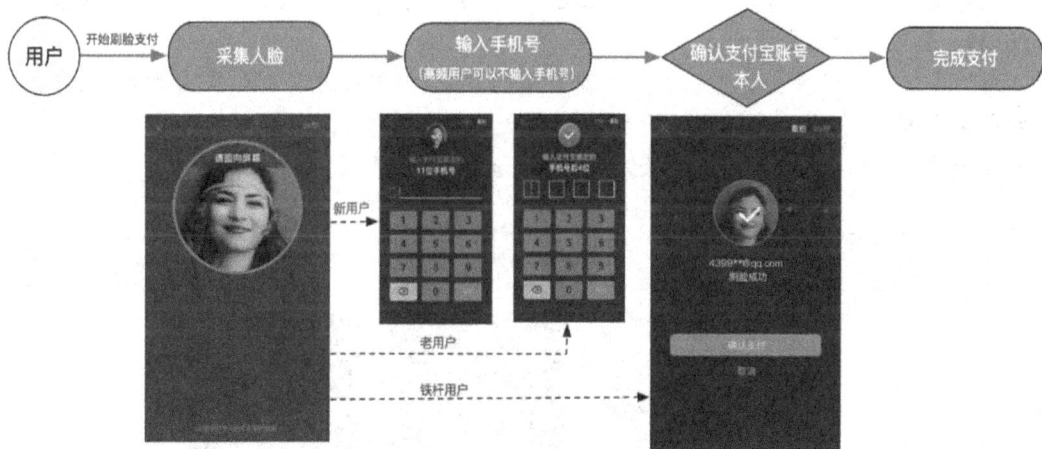

图4-7　支付宝绑定手机刷脸支付流程

(2)1∶1人脸比对—用户提供姓名和身份证号

通过姓名和身份证号找出关联的支付宝实名账号,确认当前用户是否为该账号的本人。对于非支付宝实名用户,将无法认证通过完成支付。适用于酒店、客运、医院等场景,监管需要用户刷身份证核验身份。商户拿到用户姓名和身份证号后,可以传入刷脸接口,通过人脸识别确认当前操作用户是否为该身份的本人和真人,不需要输入手机号码辅助验证。在认证成功后,有很多场景需要结合支付完成缴费。为此,刷脸支付产品支持用户输入姓名和身份证号,采集人脸后,查询该身份信息是否有对应的支付宝实名账号存在,如果存在,则进一步完成人脸比对,成功后可完成该支付宝账户中的扣款。

用户通过读卡器刷身份证件或者直接在界面上输入姓名和身份证号。设备开始采集人脸;确认输入的姓名和身份证号是否存在支付宝实名账号,如果存在,则进行人脸比对,否则,返回认证失败。如果人脸比对通过,确认为支付宝实名账号的本人身份,则调用当面付完成支付,如图4-8所示。

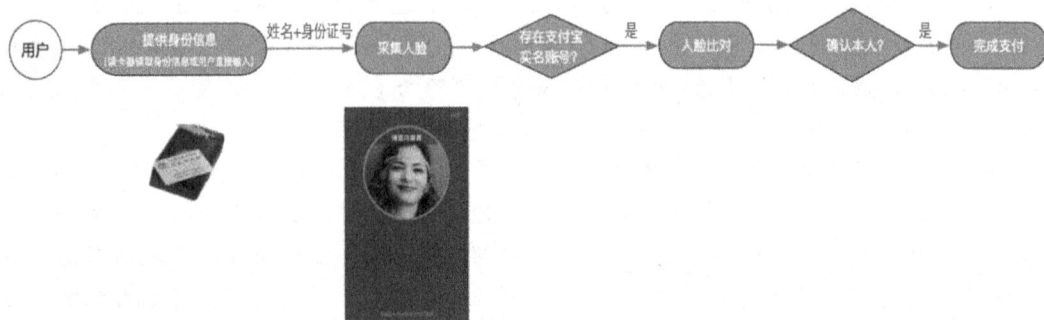

图4-8 支付宝身份证号刷脸使用流程

(3)1∶1人脸比对——用户在刷脸前提供手机号

通常商户的会员在自助结算前都需要提供手机号,用来识别会员身份。商户的会员系统和流程可以与刷脸付完美结合,为商户会员提供更加流畅的支付体验。具体来说,用户在提供会员手机号之后,选择"刷脸支付",人脸采集成功后,用户不需要输入手机号,会员手机号会被自动填充,从而完成刷脸付。也就是说,从用户感知来看,提供手机号用于登录会员系统,然后通过刷脸完成支付。

用户在设备上使用会员手机号登录商户系统,生成订单后选择刷脸支付方式,用户只需要完成人脸识别,在输入手机号页面自动填充会员登录的手机号,用户可以直接提交,也可以修改后提交,确认后即可成功付款完成交易,如图4-9所示。

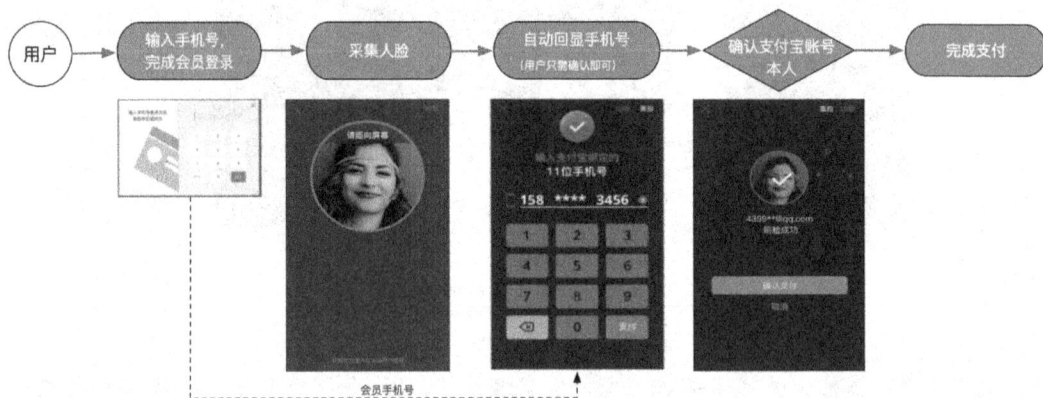

图4-9 支付宝手机号刷脸付用户使用流程

(来源:2019年10月30日支付宝网站)

技能二　现金管理

1.人民币防伪识别

假币是指依照人民币纸张、图案、水印、安全线等原样,利用各种手段非法制作的伪币。收银员可通过看裁切和粘贴痕迹、检查水印、检查对印图案、检查面额数字、触摸凹凸图案等方法识别。假币具体识别方法参见中国人民银行官方宣传资料。

2.领取备用金

收银员上岗前,必须领取并设置收银机起始备用金,并将之放在收银机的钱箱内。每台收银机的起始备用金相同,其目的是使所有的收银机在收银时可顺利为顾客找零。

(1)统一领取

①收银员上岗前要统一领取备用金。收银员必须本人亲自去领,不得代理,以防出现问题,分不清责任。如果收银员本人确实有事,暂时不能领,收银主管可以帮助保存,等待该收银员办完事情后,到收银主管处领取。

②企业的财务部门一般会根据不同的销售情况,为收银员准备合适的备用金。

③备用金应该包括各种面值的纸币及硬币。其金额可以根据营业规律来决定。比如节假日和平日相比,备零就应该更加充分,以免在客流量较大时,零钱短缺,这样会影响收银速度,从而影响企业效益。

(2)现场清点

收银员在领取备用金后,应该当面清点,如发现不对,当场解决,以免出现问题后,难以说清。

(3)核对签收

收银员清点完备用金,确认无误后,应该在备用金领取单上签字。

(4)放入钱箱

收银员清点并签收后,才可以领走备用金,并将其放入收银机的钱箱中,且按照不同面值把零钱放在不同的现金盘内,整理清楚。

(5)填写表单

收款室的员工给每台收银机准备好零钱后,还应有专人负责复核备用金的种类及金额是否正确。并填制备用金登记表,以明确责任。

3.兑零作业

兑零即营业时间为收银机提供的兑换零钱,其目的是保证每一台收银机在营业时间都有足够的零钱。

(1)发出兑零请求

当收银员发现零钱不够时,可以通过按铃的方式通知收银主管,发出兑零请求,但不可大声喧哗。

(2)了解兑零要求

收银主管在收到兑零请求后,应及时了解收银人员的实际要求,兑换包括不同币种以及不同面值的现金。

(3)打开钱箱

兑零的收银员应打开钱箱,并找出要求兑零的金额。

(4)现场交换现金

双方一定要同时交换现金,以免发生遗忘,产生收银的长短款现象。

（5）双方核实确认

兑换后，双方务必要当场核实，确认现金数量、金额是否正确，以免事后发生差错，难以分清责任。

（6）关闭钱箱

双方核实确认无误后，关闭钱箱。

4.大钞预交

预交大钞是指收银员在收银过程中将100元现金大钞提前交到现金办公室。这样可以减少收银机中现金的数量，防止偷窃、抢劫，保证资金安全，并空出钱箱便于操作。

（1）暂停收银

收银员准备上交大钞时，应先暂停收银工作。将"暂停收银"牌放在收银台上，并提醒后面排队的顾客到其他收银台结账。

（2）填写现金缴款单

根据收到的现金中100元或50元面值钞票的数量，确认要上交的大钞金额，并填写一式两联的现金缴款单，然后在缴款单的"交款人"处签字。

（3）抽取大钞

从钱箱中取出相应数量的现金大钞，放入专用的预交大钞现金袋中，并把袋口封好。

（4）上交现金办公室

将现金交到现金办公室，由财务人员清点、核实后，在现金交款单的"收款人"处签字。收银人员取走第一联，第二联留在现金室备查。

（5）恢复收银

完成上交大钞的工作后，收银员应回收银台继续工作。收银员回到收银台时，应遵照如下步骤：

①告知其他收银人员。收银员回到收银台后，应及时通知附近的同事，以便协调工作。

②解锁收银机屏幕。收银员输入自己的上机密码后屏幕解锁。

③打开收银通道。取下链条，打开收银通道。

④收起"暂停收银"牌。将放置在收银台上的"暂停收银"牌放到收银台的柜子中。

⑤恢复收银。收银员开始收银后，应主动招呼在周围收银台排队的顾客，可以到自己这里结账。

5.保管现金

（1）保管现金的范围

从收银员开始操作收银机起，到结账为止，其间的种种现金进出情况，都属于现金保管的范围。

（2）保管现金的目的

保管现金的目的是最终要求在结账时，收银机结出的总营业款与实收金额相等。

（3）收银纪律

①收银员在工作时身上不可携带现金，以免引起不必要的误解和可能产生的挪用公款现象。

②收银员在进行收银工作时，不可擅自离开收银台，以免造成现金遗失，或引起等候结算的顾客的不满与抱怨。

③收银员不可任意打开收银机抽屉查看数字和清点现金。随意打开抽屉会引人注目，引发不安全因素，也会使人对收银员产生营私舞弊的怀疑。

（4）收取现金管理

①确认现金金额时要做到唱收唱付。

②防止假钞，减少损失。

③操作收银机要做到又快又好，避免错误，减少损失。

（5）现金损失处理

①现金损失在现金管理规定限额以内的，签呈报告，由企业承担损失。

②现金损失超过限额部分，则由当事人负责赔偿。

6. 收银款的清缴

每班结束后，收银员要立即到指定的金融室或收银办公室上缴当天所收货款。也就是这里所说的收银款的清缴。

（1）填单

①收银员将自己所收的货款分别按 100 元、50 元、20 元、10 元、5 元、1 元、5 角、1 角叠放，把同面额的人民币放在一起，认真清点后填写"收银员收现汇总单"。

②只收现金的收银员填现金明细表。

③填单时要细心和准确，单据填写完毕后要仔细核对并签字。

（2）缴款

收银款的清缴应遵循以下要求：

①收缴营业款由收款室人员、收银主管、防损指定人员共同负责。

②依次收缴营业款时，收银员得到收银主管交款许可后，方可将收银暂停牌挂起来，迅速将营业款（连同写有姓名、台号、日期的纸条）装入钱袋，并确认钱箱内无遗留款后，钱袋交给收银主管（缴款单上交收款室收款员）。仔细检查钱箱以免遗留款。

③收银员未经收银主管许可，不得擅自交款或清点营业款。

④收银员在上缴营业款完毕后，应将所有电脑退至请输入密码状态。晚班下班后应对所有银行卡进行结账。

⑤晚班收银员需要待顾客全部离场后方可退出销售状态，并按规定关机，锁好办公用品，交出"收银专用章"、盖好防护罩，准备参加例会下班。

⑥当商品结算完毕后，如顾客要求改用其他方式付款或更换其他商品时，应委婉地向顾客表示歉意，收银台结算完毕，一般不能再更换，如需要更换须到服务台办理。

技能三　POS 机操作

1. POS 机各功能操作方法

（1）消费

指门店在出售商品或提供服务时，通过 POS 机终端渠道完成消费者用卡付款的过程。

交易流程：

①审卡：对不符合审卡要求的卡片应拒绝受理，对卡片有效性难以判断的，收银员应联系收单机构。

②按提示刷卡（也可直接手工输入卡号）。

③按提示输入金额。

④持卡人按提示输入密码(如没有密码,可直接按"确认"键)。

⑤交易成功后,POS机自动打印两联签购单,请持卡人在签购单上的签字栏内签名;核对POS机签购单上的签名是否与银行卡背面签名条签名一致;并核对签购单上打印的卡号是否与卡面卡号一致后,商户将签名联留存备查,将另一联交付客户。

(2)撤销

指因人为的原因而撤销已完成的消费。

交易流程:

①提示输入主管操作员密码,按"确认"键。

②提示输入原交易凭证号,按"确认"键。

③屏幕显示原交易后,提示刷卡或直接输入卡号。

④持卡人按提示输入密码(如没有密码,可直接按"确认"键)。

⑤交易成功后,POS机自动打印两联签购单,请持卡人在签购单上的签字栏内签名;核对签购单上的签名是否与银行卡背面签名条签名一致;并核对签购单上打印的卡号是否与卡面卡号一致后,商户将签名联留存备查,将另一联交付客户。

(3)退货

退货交易用来撤销POS机终端非当天或非当批的消费交易。

交易流程:

①提示输入主管操作员密码,按"确认"键。

②提示刷卡或直接输入卡号。

③输入卡有效期(注:年、月均必须是两位数),如无有效期请直接按"确认"键。

④提示输入原交易参考号(12位数字,前0可不输),按"确认"键。

⑤提示输入原交易日期(注:月、日均必须是两位数),如01月01日,直接输入"0101"。

⑥提示输入退货金额。

⑦交易成功后,POS机自动打印两联签购单,该签购单上的交易类型为退货。请持卡人在签购单上的签名栏内签名;核对签购单上的签名是否与卡背面签名条签名一致;并核对签购单上打印的卡号是否与卡面卡号一致后,将签名联留存备查,将另一联交付客户。

2.商品条形码特点

条形码是一组宽度不同,反射率不同的编码符号。它由平行相邻的线条按一定规定组合而成。使用条形码技术以后,商品首先按照编码规则,将其类别、生产国家、生产厂商、商品名称、规格、价格等信息转化为条形码信息,并印制在商品上。当扫描条形码符号时,根据光电转换原理,条和空的宽度就变成了电流波,电流波被译码器译出,转换为计算机的可读数据,再由计算机对这些基本数据进行加工处理,从而输出商品管理信息。

(1)操作简单,输入速度快

①用条形码阅读器在条形码表面轻轻滑过,甚至可以在一定距离内对准条形码照射一下,既将条形码所包含的信息收录电脑。

②键盘输入销售信息,每分钟大约输入5~8种商品,使用条形码,每分钟可输入60~100种商品,提高效率约10倍。

③在使用条形码输入,可极大的减轻收银员的劳动强度。

(2)输入准确,可靠性高

条形码技术中广泛采用输入校验技术,使输入的数据有很高的准确性。键盘录入数据时,出错率为千分之一。利用光学字符识别技术,出错率为万分之一,而采用条形码扫描录入方式,误码率仅为百万分之一。

(3)条形码印刷与阅读设备比较简单,价格较低

一般的条形码阅读器在千元以下,专用的条形码打印机价格也只有数千元。

(4)便于企业商品管理

①使用统一的国际编码和统一内部码,可加强对各内部单位尤其是异地单位的商品管理。为商品的统一购进、配送带来方便。

②用扫描阅读器扫过条形码标签,计算机就可自动进行阅读识别,并自动累计进行汇总结算输出总金额。

③对商品销售的信息进行分类和汇总。

3. 商品条形码码制

条形码码制表示特定的编码规则,而编码规则又是由特定的编码组织制定。目前零售企业广泛使用的是国际物品编码协会制定的国际通用商品条形码和美国统一编码协会制定的通用商品条形码。

(1)EAN 数字码

EAN 条形码是通用商品条形码,共有两种,即 13 位标准码和 8 位缩短码。它们均由左侧空白区、起始符、左侧数据符、中间分隔符、右侧数据符、校验符、终止符及右侧空白区构成。

(2)内部条形码

目前有部分商品的生产厂家还没有通用商品条形码。如果企业使用条形码进行商品的销售和管理,对于这些没有通用商品条形码的商品就必须建立自己企业的内部条形码。企业在考虑使用内部条形码时应遵循 EAN 编码规则。

(3)特别内部条形码

水果蔬菜等生鲜商品,是以随即称重量销售或是分小包装形式出售的。一般使用条形码电子秤称重,并打印条形码。因此,必须采用带有价格的特别内部条形码。

4. 条形码扫描仪

(1)台式扫描仪

①保证扫描仪的位置摆放正确。

②接通电源后,绿色指示灯亮,内置马达高速旋转,听到连续的嘟声,并产生垂直向上,纵横交错的激光网,表示扫描仪已正常工作。

③扫描商品条码时,应注意条码是否有断码、变色、模糊等现象。若商品条码正常,并将商品条码朝下,顺箭头方向扫入。听到"嘟"一声响,表示条码信息已被正确输入。

④扫描仪待机时,应用盖板遮住扫描窗口。

⑤如果出现扫描仪面板上红灯亮,扫商品时听不见"嘟"一声响,或扫条码后无商品资料显示等现象,应立即通知主管。

⑥平常注意避光避灰尘,保持扫描窗口表面的清洁。

⑦非工作时间需切断电源。

（2）手持扫描仪

①开机前，先检查一下设备连接端子，是否插在正确位置。

②如有异常现象（如扫描仪亮红灯、开机或扫条码无"嘟"的一声、商品信息无法输入等），须及时与主管联系。

③接通电源后，扫描仪绿色指示灯亮，听到"嘟"一声响，即表示扫描仪处于待机状态。

④使用时应注意条码是否有断码、变色、模糊等现象。

⑤商品扫描时，手握扫描仪手柄，将扫描窗口对准商品条码，商品条码与扫描仪之间的距离不超过 30 厘米。

⑥当扫描仪发出"嘟"的声响，表示商品条码已被识别输入。

⑦待机时，需小心放置于托架上，当收银台关闭时，要切断手持扫描仪的电源。

⑧平常要保持扫描仪表面清洁，轻拿轻放、严禁摔碰。

技能四　银行卡识别

1. 常用银行卡分类

（1）信用卡

信用卡是指先消费后还款、有透支功能的银行卡，分为贷记卡和准贷记卡。

贷记卡：国际标准的信用卡。是指发卡银行给予持卡人一定的信用额度，持卡人可在信用额度内先消费、后还款，非现金消费并设有免息还款期，允许按最低还款额还款，信用额度可循环使用的信用卡。

准贷记卡：准贷记卡是指持卡人须先按发卡银行要求交存一定金额的备用金，当备用金账户余额不足支付时，可在发卡银行规定的信用额度内透支，但透支即时计息、不设免息还款期的信用卡。

（2）借记卡

借记卡是指先存款后消费、没有透支功能的银行卡，分为转账卡（储蓄卡）、专用卡、储值卡。

转账卡：转账卡是实时扣账的借记卡。具有转账结算、存取现金和消费功能，不具备透支功能。

专用卡：专用卡是具有专门用途，在特定区域使用的借记卡。具有转账结算、存取现金功能。

储值卡：储值卡是发卡银行根据持卡人要求将其资金转至卡内储存，交易时直接从卡内扣款的预付钱包式借记卡。

2. 受卡流程

（1）验卡

验明持卡人所持信用卡的颜色、图案和标识与相应发卡银行卡是否相符。

核对信用卡的有效期，失效卡应拒绝受理。识别卡片是否有打孔、剪角、作废、损毁等现象，如出现以上异常，应立即拒绝受理。

检查卡背面的签名栏是否有涂改痕迹及是否有签名，若卡片背面的签名栏没有任何签名，应建议客户先签字；若卡背面签名是中文，应与卡面凸印的中文拼音相符。如果发现明显不符，应立即拒绝受理。

核对卡片凸印卡号前四位数字和平面印刷的数字是否一致,如不一致,应拒绝受理。

（2）核对交易要素

正常交易完成后,要详细核对交易凭证明细（卡号、金额、交易类型等）与实际交易是否相符。

（3）核对签名

POS成功交易完成,打印出签购单,或手工压印签购单后,收银员要立即请持卡人在签购单上签名,并与卡背的签名进行核对。

需要注意的是,签购单必须由持卡人本人当面亲自签名予以确认,收银员刷卡完毕后不得立即将卡片交还给持卡人,应一直持有卡片,待核对签名完毕后才能将卡片予以交还。如果难以辨认签名,收银员可通过收单机构联系发卡机构,对持卡人身份进行确认。

3. 识别伪造卡

（1）观察卡片

①看塑料底片。真卡表面光滑,颜色不易脱落,底片有防伪标志;伪卡表面粗糙,颜色易脱落,底片一般无保安设计。

②看印刷。真卡颜色鲜明,字样清晰,卡面条纹清查整齐;伪卡字样模糊,颜色过深或过浅,卡面条纹不整齐,有如贴在白卡上。

③看签名栏。真卡有发卡银行的商标;伪卡无公司商标,即全白色或有涂改痕迹,且签名不流畅。

④姓名栏。真卡卡号大写英文字母整齐有序;伪卡压印号与英文字母不整齐或大小有别,其中涂改卡旧卡号在卡面隐约可见。

⑤看标示。防伪标志,卡组织标志等。

⑥看卡号。银行卡各卡种分别对应的卡号开头数字。银行标识代码（BIN）的第一位为发卡行业标识号。"4"字开头的银行卡属于Visa,以"5"字开头的属于MasterCard,以"62""60"开头的属于银联。一般情况下伪卡卡号和发卡组织会明显的不一致。

（2）如何识别伪卡

①检查凸印卡号的前四位数字是否与下方平面印刷的微型四位数字一致,如不一致,可判定为假卡或伪卡。

②不法分子利用银行卡作案时往往有一些特征,收银员要学会观察持卡人的异常行为,提高警惕,以减少风险损失,严厉打击不法之徒。

（3）常见的异常行为

①持卡人穿着打扮与言行举止存在疑点。

②购物或消费时非常随便,对所购商品本身不感兴趣,不在意商品的规格、品质及价格,只希望尽快刷卡完成交易,急于成交。

③购买价值较高、易于变现和携带的商品。

④刷卡时屏幕显示的卡号与卡面卡号不一致,刷卡时神情比较紧张,在收银员操作时不停催促,且故意分散收银员的注意力。

⑤卡片并非从钱包取出而是由口袋掏出;消费时持有多张银行卡,当一张卡无法刷卡获取授权后,不要求进行重复尝试,而是立即换刷其他卡片。或者单笔刷卡不成功立即要求将金额降低,反复多次试刷。

⑥刷卡未能取得授权要求分单压卡进行支付。

⑦在签单过程中神色慌张,左顾右盼;在签字时要求看卡背面的签名或签字很慢。

技能五　收银服务

1.收银服务 4S

作为收银员,收银工作中一定要遵循 4S 服务。所谓收银服务 4S,即迅速(Swift)、微笑(Smile)、诚恳(Sincerity)、利落(Shrewd)。

(1)迅速(Swift)

迅速是以迅速的动作表现活力。收银员在工作岗位上,就应全神贯注,眼看四方,察言观色,把握顾客购买心理,急事急办,先易后难,处理好每笔生意。门店也要尽一切可能为顾客提供方便,包括备足商品,保证不脱销断档,商品陈列要便于顾客比较,售货方式要便于顾客挑选。总之,既要使顾客满意,又要最大限度地减少顾客等候的时间。

(2)微笑(Smile)

微笑就是以笑容表现开朗、感谢的心。收银员的脸上要带着笑容。收银员不应该把个人的烦恼带到工作中去,更不可把顾客当成"出气筒"。应多站在顾客的角度考虑问题,对顾客多一份体谅,少一份抱怨,在任何情况下都不要与顾客发生冲突。收银员的微笑服务,不仅是职业道德的体现,也是维护企业形象应尽的义务。

(3)诚恳(Sincerity)

诚恳就是以真诚不虚伪的态度工作,要以一种诚恳感谢的心态接待顾客。若缺乏这种心态,在迎送顾客时,就必定显得虚伪。

(4)利落(Shrewd)

利落就是以灵活巧妙的工作方式来获得顾客的信赖。利落,就是要迎合顾客的要求和心理,把事情做得有板有眼、漂亮、干脆。工作繁忙时,要做到耳目灵敏、服务动作迅速准确,以缩短每笔交易所费的时间,为更多的顾客服务。

2.收银服务基本要求

(1)上岗时间不得擅自离机

如确实需要离开时必须要将"暂停收款"牌放在收银台上,用链条将收银通道拦住,将现金全部放入收银机的抽屉里并锁定,钥匙必须随身带走或交收银主管保管,将离开收银台的原因和回来的时间告诉临近的收银员。离开收银机前,如还有顾客等候结算,不可立即离开,应以礼貌的态度请后来的顾客到其他的收银台结账。

(2)不得为自己的亲朋好友收银

这样做可以避免不必要的误会和可能产生的不道德行为,如收银员利用收银职务的方便,以低于原价的收款登录至收银机,以企业利益来满足自己私利,或可能产生内外勾结的"偷盗"现象。

(3)收银台不得放置私人物品

收银台不可放置任何的私人物品。因为收银台上随时都有顾客退货的商品和临时决定不购买的商品,如私人物品也放在收银台上,容易与这些商品混淆,造成他人误会。

(4)在营业期间不可看报与谈笑

收银员在营业期间不可看报与谈笑,要随时注意收银台前和视线所见的门店内的情况,以防止和避免不利于门店的异常发生。

(5)随时答复顾客询问

收银员要熟悉商品的位置、变价商品和特价商品,以及有关的经营状况,以便顾客提问时随时作出解答。

(6)交接班要提前

中午交接班时,要求接班人员提前15分钟到岗,由上午班员工清点备用金给下午班员工,办好交接手续。

(7)缴款要按规定时间进行

①上午班的员工到财务室按营业款额,如数填制好"缴款单"由出纳收款。

②下午班的收银员,在门店打烊关门后方可清理钱箱,在"签退"后将钱箱抽出来,检查是否有票据夹在里层,将最后一笔交易号记下来交电脑室核查。

③晚班收银员将缴款单连同营业款用箱子(或袋子)上锁或封口,将备用金另装封口并留好本人名字和日期,由收银主管及防损员在收银交接本上签名后方可离开。

【视野拓展】

服务不佳的常见表现

收银是整个购物环节的最后一道程序,如果收银员不注重服务技巧和细节,就会改变顾客愉悦的购物心情,继而产生不满甚至投诉。因此以下10个方面,需要收银人员引起重视。

①忌带情绪上岗,上机前一定要调整好心情,要热情微笑服务。可面对整容镜练习,切不可绷着脸无精打采面对顾客,甚至将不良情绪发泄到顾客身上。

②收银时当顾客发现电脑价与标价不符时,首先要向顾客道歉,及时通知相关人员马上查实处理,请顾客稍等,禁忌对顾客说:"不关我的事,你去找服务台。"

③如果顾客是用婴儿车推着孩子,忌太明显的弯着腰勾着头去检查车子,这样顾客很反感,要很自然的假装去亲近孩子,迅速检查车内是否有商品,并说:"你的宝宝好可爱呀!"这样做不但顾客不会觉得反感,反而会觉得很亲切。

④当顾客产生误解生气时,切忌为自己辩解,甚至指责顾客的不对,对顾客微笑回复:"非常抱歉,让你生气了。"要礼貌的给顾客解释,并迅速帮助顾客解决问题,如自己解决不了要通知领班处理。

⑤禁忌硬性促销商品。当顾客对你的促销商品不感兴趣而拒绝了你时,请不要强求顾客购买,这样会让顾客很厌烦,影响顾客的情绪。

⑥当顾客买了散装大米或易碎商品,要求多套一个购物袋时,不要固执的坚持不给,禁忌对顾客讲公司规定不允许多拿或多浪费之类的话,要礼貌的对顾客说:"请支持环保,此购物袋能够承受商品的重量。"当顾客强行索取时,要灵活处理,不可去顶撞顾客。

⑦零钱是困扰每位收银员的难题,我们要主动向顾客索要零钱,当顾客说没有时,我们要快捷的结算,切忌还缠着顾客说:"我看到你有零钱。"或许顾客要留着零钱坐车呢。

⑧当发现顾客使用小面额的假币时,要礼貌的对顾客说,"您好,请换一张(个),好吗?"切忌直接对顾客说:"你这钱是假的,换一张(个)。"如果是发现顾客使用百元假币时,礼貌的要求更换后仍拿出假币,此时就要马上通知防损员到场处理。

⑨当提货卡余额不足5元时,按公司规定要回收卡,在结算时一定要提醒顾客一次性消费完,切忌在顾客不知情的情况下将卡收回再告之公司规定,这种行为很容易激怒顾客。

⑩自己台前没有顾客方可下机。

（来源:2016年5月3日　中国零售网）

3. 收银找零差错的处理

收银找零的差错发生的原因有两种可能：一是收银员在工作时精力不集中，情绪不正常，没有坚持唱收唱付；二是顾客计算错误。不管什么原因，如果差错发生了，收银员必须首先自检，即使是顾客的错，也要得理让人，切忌同顾客发生争吵。

（1）处理方法

收银找零差错的处理方法，具体如下：

询问：收银员态度要冷静，言语要温和，向顾客问明付款和找款的数额、票面颜色、版面大小、新旧程度及付款时的情节。

回忆：收银员要沉着冷静地回忆交易过程，查找钱款发生差错的可能和原因，同时与顾客所说的情况对照，弄清事情真相。

检查：根据询问和回忆的结果，检查销售小票，或者请主管一起共同清点收银机内的现钞。如果是自己错了，应立即补对钱款，并向顾客致歉；如果是顾客错了，千万不要责怪顾客，而应主动地说一声"没关系"。

调查：通过回忆、检查仍未解决时，收银员可向周围的目击者做调查，请他们帮助回忆、证实。

盘点：在情况允许的情况下，进行商品盘点。如当时无法盘点，可让顾客委托一名当班营业员做监点人，留待晚上盘点，次日再将盘点结果告诉顾客。

请示：收银员可请顾客到办公室同领导一起研究解决的办法。

查出原因后：如属收银员责任，应向顾客道歉；如属顾客责任，不应多加指责，弄清问题即可；如一时分不清责任，应虚心听取各方意见，尽快查清并回复顾客："请您待我们查清后通知您"。

（2）发生纠纷时的用语

发生纠纷时应谨慎用语，以下是一些常用语言：

①您别着急，双方回忆一下。我记得刚才收您的是××张×元的人民币，找您××元钱，请您回忆一下。

②今天较忙，双方都有疏忽的可能。请您将地址留下，我们结账时查一查，一定将结果通知您。

③实在对不起。由于我们工作马虎，造成差错，这是多收您的××元钱，请原谅。

④对不起，请您稍候，我们马上结账，尽快将结果告诉您。

⑤对不起，让您久等了，经过核实，我们没有少找您的钱，请原谅。

4. 特殊情况处理

（1）顾客携带现金不足的处理

①如顾客携带现金不够，不足以支付所选的商品时，可建议顾客办理相当于不足部分的商品退货。此时应将已打好的结算清单收回，重打减项的商品结算单给顾客。

②如顾客愿意回去拿钱来补足时，必须保留与不足部分等值的商品。与顾客支付的现金等值的商品可以完成结算后让顾客先行拿走。

③如顾客因现金不足，临时决定不购买时，也不可恶言相向，其作废结算单的处理程序与上项相同。

(2)当发生结账错误时

当发生结账错误时,应做以下处理:

①马上向顾客致歉并立即纠正。

②如发生结账价格多打时,应客气地询问顾客是否愿意再购买其他的商品,如顾客不愿意,应将收银结算单作废重新结算。

③如收银结算单已经打出,应立即将打错的收银结算单收回,重新打一张正确的结算单给顾客。

④请顾客在作废的结算单上签名,并在作废结算单记录本上登记,并请值班组长签名作证。

(3)价格发生错误时

①收银员应熟悉商品价格,以便尽早发现错误的标价。同时,在收银时,经常会有不能扫进 POS 机的商品,若熟记商品条码和价格就不会浪费顾客太多时间。

②发现商品价格标错,应立即通知当班经理或领班。

③如发现商品的标签价格低于正确价格时,应向顾客委婉解释。

④若顾客坚持依照标签上的价格支付,则应尊重顾客的意愿,可协调至服务台处理。

⑤若同一商品上有两张标签时,应以低价登录,但若顾客所购数量很大,或差价在一定的数额以上时,应先查证清楚具体原因。

技能六　商品包装与退换货

1. 商品装袋

(1)正确选择购物袋

如果顾客要求购买购物袋,一定要正确选择购物袋。事先最好问明顾客需要哪种尺寸的袋子,并且告知对方该袋的价格。

(2)将商品分类装袋

商品分类是非常重要的,正确科学地分类装袋,不仅能提高服务水平,增加顾客满意度,还能体现尊重顾客、注重健康的理念。一般分类的要求如下:

①生鲜类食品(含冷冻食品)不与干货食品、百货食品混合装袋。

②生鲜食品中的熟食、面包等即食商品不与其他生鲜食品混装。

③生鲜生食品中,海鲜类不与其他生食品混装,避免串味。

④化学剂类(洗发水、香皂、肥皂、洗衣粉、各类清洁剂、杀虫剂等)不与食品、百货类混装。

⑤服装、内衣等贴身纺织品,一般不与食品类混装,避免污染。

⑥其他比较专业的、特殊的商品一般不混装,如机油、油漆等。

⑦装袋后达到易提、稳定、承重合适。

(3)装袋技巧

掌握正确的装袋技巧,做到又快又好,既避免重复装袋,又达到充分使用购物袋、节约成本、使顾客满意的效果。

①考虑商品易碎程度,易碎商品能分开装最好,不能分开的则放在购物袋的最上方。

②考虑商品的强度,将饮料类、罐装类、酒类商品放在购物袋的底部或侧部。

③考虑商品的轻重,重的商品放下面,轻的商品放上面。

④考虑商品的总重量不能超出购物袋的极限,商品的总体积不能超出购物袋,如果让顾客感觉不方便提取或有可能超重,最好分开装或多套一个购物袋。

(4)例外处理措施

当出现例外情况时,请按以下方法处理:

①商品过重:向顾客说明,询问是否需要多购购物袋来分装或套装。

②不能装袋:向顾客解释所购物品太大,不能装袋,并提示顾客可以到服务台捆扎。

③袋子破裂:若是顾客自带购物袋破裂,询问顾客是否需要购买购物袋,若回答是,则取购物袋,并在收银机上按购物程序操作;若是超市当时卖给顾客的购物袋破裂,则应去掉破裂袋子,重新拿一个购物袋来包装,破裂购物袋按报损处理。

2. 商品退换

(1)商品退换规定

收银员要熟悉商品退换规则,配合营业员认真贯彻执行,同时注意向顾客做好宣传、解释工作。

①顾客购买商品付款后。发现有质量问题或不满意,提出退换货时,只要商品保持原质原样,即原包装完好,不损、不缺、不污,不会影响二次销售,那么在规定的期限内应予以办理(特殊商品除外)。

②家用电器在"三包"(即包退、包换、包修)有效期内。符合换货条件的,而顾客不愿调换而愿退货的,可予以退货,但对已使用过的商品要按规定收取折旧费。比如,商品自售出 7 日内,发生性能故障的,消费者可选择退货、换货或修理;商品自售出 15 日内,发生性能故障的,消费者可选择换货或修理,换货时可免费调换同型号,同规格的商品。

③不实行"三包",但属可实行收费修理的范围。比如,顾客因使用、维护、保管不当造成损坏的商品;无三包凭证及有效发票的商品;三包证型号与修理商品型号不符或者涂改的商品;因不可抗力造成损害的商品;已标明处理品、特价字样的商品;门店明显表明不予退换的商品。

3. 退货服务

(1)接待顾客

一般情况下,退货操作应在指定收银台或服务台处理。当顾客携带商品要求退货时,收银员也应对顾客表示欢迎。收银员应该细心、平静地倾听顾客陈述有关退货的原因。

(2)审核退货条件

收银员要结合企业政策、国家法律以及顾客服务的准则,灵活处理,如不能满足顾客的要求而顾客依然坚持的话,应请上一级管理层处理。

①审核退货商品的条件。

②明确退货批准权限。

(3)协商处理方案

收银员与顾客协商解决方案,即提出解决方法,一般情况下应尽量让顾客选择换货。如顾客坚持要求退货,收银员经审核符合退货条件的,应同意其退货。

(4)办理退货手续

办理退货手续有三个步骤:

①填写退货单。对于审核后认定为可以退货的商品，应由顾客填写"退货单"。

②收银员要复印顾客的购物小票或发票，以备查。

③依据退货批准权限找相关责任人签字，得到退货认可。退货一般应由收银主管以上人员在退货单上签字认可。

（5）操作收银机处理退货

操作收银机处理退货的流程，具体如下：

①调整授权。一般系统不允许收银员直接进行退货操作，因此收银员在处理退货商品时，应先通知收银主管，请收银主管授权调整到允许退货的档位。

②输入商品信息。当收银机可退货后，收银员按收银机上的"退货"键，进入退货界面。然后通过扫描或手动录入的方法输入商品信息。

对于通过抵用券、打折等方式购买的商品，在进行退货处理，进入退货界面后，操作方式与销售时相同。系统会自动将商品数量及金额记录为负数，并认为该笔交易为退货。

③退还现金。按"结账"键，钱箱会自动打开，打印机自动打印退货凭证。收银员应将现金及退货凭证交给顾客，然后关闭钱箱。如果使用支付宝、微信或其他收款方式，钱款会原路退回。

（6）退还现金

收银员在钱箱打开后应将现金退还给顾客。收银员在处理退还现金时应根据顾客购物时采用的不同支付方式予以处理。

①抵用券结账退货。如果顾客购物时使用的是抵用券，在退货时必须退抵用券，不得退现金。

②支票结账退货。用支票购买的商品，需要做退货时，必须请收银主管填写资金审批单，到企业财务处开支票退还给顾客。

③银行卡结账退货。通过银行卡结账的顾客在退货时，只能通过银行划账的形式将钱划到顾客的银行卡中，不得退现金。

（7）处理退回商品

①处理退回商品。收银员将原始凭证、退货单、退货POS凭条一起装订备查，和退货商品一起放入退货商品区，并将退货单贴在商品上。收银员将所有退货单统计成一份"退货统计表"，以便详细了解当天退货商品的件数及金额。当天营业结束前，收银员应通知有退货商品的主管。到客服部领取当日的退货，主管检查退货商品并在顾客退货单汇总表上签字确认。

②处理退货票据。收银员凭借收取的退货单据，由收银主管打印相应金额的负票，粘贴在退货单上，并于下班时与营业款一并上交现金办公室。每天营业结束时，收银员填写"退货单汇总表"，一式两联，将第一联退货单与相应的"顾客退货单"核对后，于交接班时上交现金办公室，第二联留存。对于退回的商品，收银员应将小票收回并作废。

4. 受理顾客换货

（1）接待顾客

①听取顾客的陈述。收银员要热情接待顾客，并认真听取顾客陈述的抱怨和要求。

②初步判断是否符合换货标准。结合企业政策、国家法律以及顾客服务的准则，灵活处理。

（2）审查换货条件

①收银员审核顾客是否有本门店的购物小票或发票及购买时间，并确定所购商品是否

属于不可退换商品。

②对于要求换货的顾客,收银员也应该对商品进行检查。

③双方同意调换同种商品或同类商品甚至不同商品。

5. 办理换货手续

(1)填写换货单

①填写换货单。确认顾客所换商品符合换货标准后,可填写"换货单"。

②复印票证。收银员复印顾客的购物小票或发票,以备查。

(2)领导审核

①收银员将顾客填写好的"换货单"报请相关领导签字审核。

②相关领导审核同意后,由收银员为顾客办理换货手续。

(3)为顾客换货

顾客办理换货手续后,可到店内选择更换的商品,然后到收银台结账。

(4)结账

①换货结账时,顾客将"换货单"交收银员。

②收银员将换货的商品按正常程序结账,打印小票并收回"换货单"。

③在收银机现场做换货程序,"换货单"中的一联与收银小票或发票的复印件订在一起,实行多退少补现金法,并将换货交易号码填写在"换货单"的商品联上。

④收银员在换货商品的购物小票上标注"换货"字样。

⑤对于换回的商品,收银员按照退货处理,在收银机上的操作与退货相同。

6. 处理换回商品

(1)处理换回商品

①将换货商品放在换货商品区,并将"换货单"的一联贴在商品上。

②当班换货人员将"换货单"做"每日换货统计表",可以详细了解当天换货商品的件数及金额。

③当天营业结束前通知有换货商品的部组主管到客服部领取当日的换货,将换货商品与第三联顾客"换货单"一同交予部组,部组主管检查换货商品并在"顾客换货单汇总表"上签字确认。

(2)处理换货票据

①收银员收取的换货单据,由收银主管打印相应金额的负票,粘贴在第二联"换货单"上,并于下班时与营业款一并上交现金办公室。

②下班前填写"换货单汇总表",一式两联,第一联"换货单"与相应的"换货单"核对后,于交接班时上交现金办公室,第二联留存。

技能七 顾客投诉处理

1. 顾客投诉接待

收银员在日常工作中,应尽量避免与顾客发生摩擦,减少顾客投诉的概率。但顾客一旦投诉,收银员则要认真处理,同时填写顾客投诉处理表。

(1)接待当面投诉

在遇到顾客前来投诉时,收银员最好将投诉的顾客请到会客室或门店的办公室,以免影响其他的顾客。

（2）接待电话投诉

①倾听顾客的抱怨，站在对方的立场考虑，同时利用声音及话语来表示对顾客不满情绪的支持。

②了解并记录投诉事件的基本信息，包括投诉的时间、投诉人基本情况、投诉问题和期望解决方法等。

③如果能够当时处理的，立即告知顾客处理结果；如果处理问题需要时间的，请顾客留下联系方式，以备日后和顾客联系。

④问题解决后，及时向顾客反馈相关信息。

2.投诉处理要求

收银员在接到顾客投诉时，应灵活掌握，见机行事，以求尽快妥善解决。

（1）妥协

妥协原则即收银员无条件地把顾客的过错包容下来，借助必要的让步，维护顾客的尊严和利益。收银员与顾客的交际活动是纯事务性的、短暂的，收银员要热情接待顾客，让顾客满意是本职工作的需要，一切活动都要以"顾客至上"为宗旨。因此，收银员不必计较顾客的态度，挑剔顾客的言行，即使有矛盾也要有理让三分，绝对不要与顾客为敌。

（2）主动

主动原则即收银员在异议的产生、形成和发展过程中，主动创造条件，促使矛盾转化。如果在服务过程中出了差错，收银员若能够及时改正，顾客就会感到满意，甚至成为门店忠诚的顾客。

（3）善意

善意原则即收银员在服务过程中，认真理解和善于评估顾客的内心世界，以体贴、尊重顾客的气度和言行来防止矛盾的激化。这个原则十分有助于缓解因语言或行为方面的误会而引起的异议。收银员要善待顾客，处处为顾客着想，以善解人意的表现，淡化顾客的不满心理。即使是顾客的错，也要以善意的态度解决问题。

（4）分隔

分隔原则即收银员在处理顾客异议时，理智地容忍顾客的偏激情绪，并及时地脱离冲突现场。这是在异议难以解决并将要激化的情况下，权宜采用的原则。

（5）补救

马有失蹄，人有失言，谁也无法保证自己从来不说错话，收银员也是如此。失言如不及时纠正，说不定会伤和气或引起误解。这时如果能友好地添上几句话，和前面的失言连起来，形成一种新的解释，就会达到更好的效果。

3.投诉处理技巧

一般来说，正确处理投诉应掌握以下5个方面的技巧。

（1）真诚倾听顾客的抱怨

应把抱怨的顾客看成是最亲切的顾客。如果拒绝了顾客的抱怨，企业很可能会失去一位顾客，同时，也将失去更多的潜在顾客。在倾听顾客抱怨时，收银员应以谦恭的态度倾听，并认真仔细地加以记录。在倾听的过程中，除了要了解事件的来龙去脉之外，还要设法让顾客恢复平静。如果倾听过程进行得很顺利的话，矛盾就容易解决多了。

（2）仔细分析顾客意图

想要解决顾客提出的问题，必须先调查清楚，正确分析顾客的行为和动机。如果能找出正确的原因，做出正确的判断，找到解决这个问题的答案，就不难处理了。收银员在分析判断的过程中，应注意从说话的口气、态度、表情等方面体现出对顾客的同情，善于站在顾客立场看待问题，重视顾客的意见，表达理解顾客的意思，耐心地向顾客解释存在的误会，诚恳地询问解决矛盾的方法。

（3）正面引导顾客言行

易动怒发火的顾客在矛盾面前往往失去客观性、公正性和自省能力，收银员只有克制感情、保持镇定，才能把解决矛盾的主动权掌握在自己的手中。

（4）主动转移顾客视线

有些顾客在购买行为中，表现为反感型或傲慢型，其往往对收银员抱有不信任态度，收银员如果没有思想准备和适当的转移，往往容易产生矛盾。对于顾客不够友善的行为，应掌握分寸，有的要认真对待，加以转化，有的则可转移视线一笑置之，从而避免矛盾。

如果发现顾客对自己确有某种偏见时，在恰当的气氛里，向对方提出意外的建议，把对方的思路岔开，让他去想别的事情，冲淡原来的激动情绪。只有设法转移有对立情绪的顾客的视线，才能创造条件，将矛盾向有利方向转化。

（5）及时处理顾客意见

对投诉的顾客，收银员要热情友好，更要及时处理和解决其所投诉的问题，设法消除顾客不满意的因素。在核实情况、查明原因的基础上，尽快提出解决的办法。如果是属商品质量的问题，门店应按有关规定，先负责退换，再同生产厂家协商解决；如果是收银员的过失，应主动向顾客赔礼道歉，赔偿顾客的损失；如果责任在顾客身上，则应实事求是地向顾客耐心解释，并拿出有力的证据说明责任不在企业，引导顾客自己作出结论。

4. 投诉处理步骤

收银员在了解了顾客的投诉后，应简单总结出顾客投诉的原因，并得到顾客的确认。顾客的投诉主要针对商品质量和服务两方面的问题。

（1）商品投诉

对商品的投诉，主要包括以下 5 个方面：

①价格，主要是价格与计价不符或价格比其他门店高。

②质量，主要是商品质量存在问题。

③可能是过期商品。

④商品标志与宣传不符。

⑤缺货。

（2）服务投诉

①收银员态度不好，板着脸，没有笑容，包装商品不细心。

②收银员收银速度太慢，不熟悉收银流程，浪费顾客大量时间。

③收银员扫描商品出现问题，多收或找错顾客的钱。

④收银员漏消磁，导致商品出门时引起警报。

⑤顾客想让收银员兑换零钱，但收银员不同意。

对于收银员能够解决的，应立即告知顾客。对于收银员不能解决的问题，应及时与相关人员沟通，请相关部门解决。

（3）处理商品质量投诉

①如果发现门店价格与市场价格脱离的，应立即改正过来，并赔偿顾客损失。

②如果商品质量发生问题，应向顾客诚恳道歉，并赔偿顾客损失。

③如果商品过期，诚恳道歉的同时赔偿顾客损失。

④对商品标志与宣传不符的，要向顾客诚恳道歉，如果是顾客理解存在偏差的，要向顾客耐心解释，如果情况属实的，对给顾客造成的损失进行赔偿。

⑤对于缺货的情况，应该向顾客表示感谢，并真诚道歉。

（4）处理服务投诉

①对顾客提出的问题表示感谢。

②安抚顾客，如果属于收银员的错误态度则表示道歉，如涉及企业的有关规定和政策，则耐心地向顾客解释，请顾客理解企业的制度和收银员的工作。

③如问题需要立即解决，收银员应明确表示会跟进此事，避免再次发生类似事件。

④如果问题需要逐渐解决，希望顾客给予一定的谅解，并表示会尽力做好工作。

⑤如果顾客愿意，留下顾客的联系电话，待问题处理后将结果告知顾客。

⑥将问题反映给相关的管理人员。

（5）应注意的问题

①认识每一位提出抱怨及投诉的顾客，当顾客再次来店时，应以热诚的态度主动向对方打招呼。

②处理顾客投诉时，不可在中途离开时间过长，让顾客久等。

③如有"顾客投诉记录表"，应请顾客填写，对于表内的各项记载，尤其是姓名、住址、联系电话以及投诉内容，必须请顾客确认。

④处理完毕，必须以书面方式通知顾客，并确定每一个投诉内容均得到解决及答复。

⑤如有必要，事后应该亲自到顾客住处去访问、道歉、解决问题。

⑥由消费者协会移转的投诉事件，在处理结束之后要与消费者协会联系，以便让对方知晓整个事件的处理过程。

（6）达成协议

在解决方案提出后，收银员要与投诉顾客交流沟通，看顾客是否能够接受解决方案。如能够接受，该投诉案件可以结束。如果顾客不满意，询问顾客的意见，结合顾客意见再重新制订解决方案，直至顾客满意为止。收银员按照与顾客达成的协议处理顾客的投诉。

（7）感谢顾客

对于投诉的顾客，都可以看作是在给企业提出意见，因此，待问题解决后，收银员应该向顾客表示感谢。

技能八　突发事件处理

1.突发事件处理要求

（1）预防为主，计划为先

做好日常的安全方面工作，消除隐患，减少紧急事件的发生。

（2）处理迅速、准确、有重点

发生紧急事件后，首先应该保持镇静，有序组织事件的处理，安排事情要责任分明，岗位明确,反应迅速,一切行动听从指挥,随时调整策略以应对情况的变化。

(3)以人为先,减少伤亡,降低损失

人的生命是最珍贵的,因此所有的救援工作首要任务是保全和抢救人的生命,其次才是财物损失的减少。

2.各类突发事件的处理要领

(1)电脑断电出现故障的收银处理

结账过程中电脑突然出故障,无法正常工作,顾客发出抱怨时,收银员应做如下处理:

①个别机台断电。收银员应首先向顾客道歉,请求谅解,然后安排顾客到其他收银台结账,立即请主管通知负责电脑维修的专业人员到场检修。

②大范围电脑出故障。收银员要劝导顾客稍等一会儿,冷静对待。并请收银主管马上通知值班经理处理。

(2)门店突然遭遇停电的收银处理

如遇突然停电,收银员应做如下处理:

①不要慌,迅速将POS机的钱箱锁好(千万不要忘记关闭电源,以防突然恢复供电时烧坏设备、引起事故),将隔离链拉上。可疏导顾客到应急收银台结款。

②听从主管和值班经理的指挥,疏导门店内的顾客离场。

(3)顾客在收银台附近突然发病晕倒

如遇顾客在收银台附近突发急病晕倒,在确定其没有家属或朋友陪伴的情况下:

①收银员应立即通报值班经理并疏导围观人群,在不清楚病情的时候千万不要立即搬动病人,因为患心脏病、脑血栓等病的人不宜随便搬动。

②要听从领导指挥通知其家属或拨打120请医护人员来处理。

(4)顾客在收银台处意外受伤

如遇顾客在收银台处意外摔伤或被设备及商品碰、砸、划伤:

①首先发现的员工应立即上前保护顾客。

②招呼其他同事予以支持,一边疏导围观的顾客,一边尽快通知主管和客服部。

③可能会涉及伤害责任纠纷的,还应保护好现场。

(5)灭火器使用技能

收银员平时要积极参加门店组织的消防安全培训,熟知消火栓、灭火器的种类和存放地点,熟知安全出口,熟知一旦发生火情疏散顾客的方法和途径,常用的灭火器有泡沫灭火器、二氧化碳灭火器、干粉灭火器等。

①泡沫灭火器。泡沫灭火器主要适用于扑救各种油类火灾及木材、纤维、橡胶等固体可燃物火灾,可扑救竹、木、棉、纸等引起的初期火灾。泡沫灭火器有三种:手提式泡沫灭火器、推车式泡沫灭火器和空气泡沫灭火器。

手提式泡沫灭火器的使用方法:

第一步:轻轻取下灭火器。

第二步:手提筒体上部的提环,迅速奔赴火场,应注意不得使灭火器过分倾斜,更不可横拿或颠倒,以免两种药剂混合而提前喷出。

第三步:在距离着火点10米左右停下,将筒体颠倒过来。

第四步:上下摇晃灭火器。

第五步:右手抓筒耳,左手抓筒底边缘,把喷嘴朝向燃烧区,站在离火源10米远的地方喷射,并不断前进,围着火焰喷射,直至把火扑灭。

第六步:灭火后,把灭火器卧放在地上,喷嘴朝下。

②二氧化碳灭火器。二氧化碳灭火器适用于各种易燃、可燃液体、可燃气体火灾;可扑救仪器仪表、图书档案、工艺器具和低压电器设备等的初期火灾。

二氧化碳灭火器有两种,一种是手提式的,一种是推车式的。手提式二氧化碳灭火器的使用方法如下:

第一步:用右手握住压把。

第二步:用右手提着灭火器到现场。

第三步:除掉铅封。

第四步:站在距火源5米的地方,左手拿着喇叭筒,右手用力压下压把。

③干粉灭火器。干粉灭火器适用于扑救各种易燃、可燃液体和易燃、可燃气体火灾及电气设备火灾。

干粉灭火器也有两种形式,一种是手提式的,一种是推车式的。手提式干粉灭火器的使用方法如下:

第一步:右手握着压把,左手托着灭火器底部,轻轻地取下灭火器。

第二步:右手提着灭火器到现场。

第三步:除掉铅封。

第四步:左手握着喷管,右手提着压把。

第五步:在距离火焰2米的地方,右手用力压下压把,左手拿着喷管左右摆动,喷射干粉覆盖整个燃烧区。

(6)火灾报警的要领

一旦发生较大的火情时,要听从上级指挥,及时报警,首先向周围的人报警,同时迅速向消防队报警,拨打电话"119"。拨通后,要沉着、冷静,一定要讲清楚以下几点:

①起火地点和单位名称(什么路、什么街、什么巷、门牌号、什么交叉道口),周围的明显标志是什么。

②着火部位在建筑物的什么位置,哪个楼层。

③燃烧的是什么东西。

④火势的大小。

⑤有无人员被困。

⑥要留下自己的姓名和联系电话,方便及时联系,要派人到路口接应,给消防人员带路,以保证在最短的时间内将大火扑灭。

(7)火灾处理要领

①清理收银现场。发生火灾时,收银人员应将钱箱锁好,关闭收银机电源。立即携带现金、支票撤离到安全区域,避免财产的损失。要保护重要文件、软件、设备,迅速撤离到安全区域。

②疏散顾客。对于发现比较早,火势易于控制的火灾,应及时协同防损员进行灭火或疏散顾客。对于火势较大的火灾,应立即疏散顾客,以保护顾客的安全为第一要务。收银员应了解本门店的安全通道位置。发生火灾时,收银人员要保持冷静,指导收银台附近的顾客前往最近的安全通道。组织顾客,有序撤离火灾现场,避免出现拥挤的情况。

(8)发生恶性突发事件的收银处理

发生恶性突发事件时,收银员必须做好以下几个方面的工作:

①牢记防损部门电话,发现可疑人、可疑物及时报告,对可疑物不可随意翻看和挪动。

②如遇打架、爆炸等恶性突发事件,收银员要立即锁好钱箱,将POS机设置成收银暂停状态,在主管和防损人员组织下,协助维持秩序,保护现场。

3.促销高峰风险防范

促销高峰时期,收银处通常非常忙碌而忘记做好防损工作,因而给门店带来损失,所以,收银员在面临促销高峰时应做好以下事项:

①熟记促销产品及其价格,尤其是要了解促销装的商品,如促销是买二赠一,还是买一赠二。比如说是买二赠一,本应把绑在一起的两件商品分别扫描,但若沟通不及时,收银员错扫成"买一赠二",就会造成损失。

②促销高峰时期,顾客往往排着长队结算,这时收银员要提高收银速度,但也不要一味地低着头苦干,要不时地抬起头安慰顾客:"请不要着急,我尽量加快速度。"并提醒顾客:"为了节省时间,请您把会员卡及零钱准备好。";也可以提醒顾客到附近自助收银台结账。

【项目训练】

1.训练目的

收银员的工作不仅仅关系到门店营业收入的准确性,还往往是整个连锁门店的一项综合性工作。收银员在其整个收银作业的过程中,除了结算货款外,还包括了对顾客的礼仪态度,还要向顾客提供各种商品和服务的信息、解答顾客的提问、做好商品损耗的预防,以及现金作业的管理、促销活动的推广、安全管理等各项工作。

2.训练步骤

(1)给每位同学发放训练表,如表4-5所示。

(2)各位同学对照考核标准进行自我检查,审视自己在实操过程中是否达到了训练要点的要求。

(3)同学们进行心得分享。

(4)鼓励同学对训练项目和要点进行讨论,并提出完善建议。

表4-5 收银员技能操作训练表

标准	具体要求	训练要点
接待服务重在细节	做好接待工作	关键在于细节,必须一丝不苟地做好接待服务的各个环节,并随时做好恭候顾客光临的准备
	其他工作	除了接待服务外,在无顾客临柜时,可以小范围地清洁卫生,整理收银用品,核对账目等工作
形体端正印象第一	制服要整洁、挺括	按季节着规定的制服,始终保持整洁,无污渍、缺扣、脱线,行走和站立时扣子应扣起,保持平整
	按标准坐姿端坐	上身自然挺直,挺胸,双膝自然并拢,双肩自然平正放松,两臂自然弯曲,双手放在双腿上或收银台面上,掌心向下。女员工坐椅子的2/3,脊背轻靠椅背。精神饱满,表情自然,面带微笑,双目平视

续表

标准	具体要求	训练要点
一声您好 微笑示意	顾客临柜,立刻停止手中与接待无关的工作,主动与顾客目光相遇,微笑并问好	主动:5米之内关注,3米之内主动眼神接触,1米之内主动招呼 目光:目光要始终关注顾客,表情自然,眼神温和,给人亲近感 微笑:始终向与你目光相遇的顾客微笑,表达主动服务的意愿 问好:可根据时间、节日问候,如"先生/小姐,早上/下午/晚上好!""节日快乐"等
	无顾客等待交易时起身站立迎客	微笑、目视顾客(离收银台约3米)起身、向顾客问候(离收银台1米之内)
待人接物 举止文雅	从顾客手中礼貌地接过购货单、钱款	手势:无顾客等待交易时起身双手接过购货单、钱款
	多名顾客等候付款时,应有礼貌地"接一、问二、应三"	语言:"请稍等!""对不起,让您久等了!"
收银操作 娴熟到位	温馨提示顾客出示会员卡	语言:"您好,请问有会员卡吗?"
	熟练掌握收银流程,会对各类支付方式进行准确快速的操作	支付方式:现金、信用卡、消费卡、信用消费、礼券、团购券、市民卡、外汇卡、支票、汇票等 唱收:清晰、准确,笔笔唱收 禁忌:边收银边与他人聊天;边收银边打与此次交易无关的电话
票据填写 准确清晰	支票填写规范清晰	收到支票要求笔笔授权,获得授权号后将顾客姓名、身份证号、联系方式连同授权号记录在支票背面
	内部交款单、现金封包单填写准确清晰	逐一、逐栏填写,无错填、漏填
双手递物 送客离柜	礼貌递送盖有收讫章的购货单、电脑单、找零等	唱付:清晰、准确,笔笔唱付
	无顾客等待交易时起身站立送客	没有其他顾客等待交易时:起身,微笑目送顾客离去(视线范围3~5米)
道声谢谢 再次光临	向顾客道谢或道别,视情况目送顾客离开	道谢或道别:"谢谢!""请慢走!""欢迎下次光临!""再见!" 目送:视线范围3~5米
	顾客离柜后,应视情况及时整理收银台面,钱款、红票,做好接待下一位顾客的准备	—

项目五 营业员操作实务

【知识目标】

了解营业员的岗位职责和主要工作项目；

熟悉营业员的每日工作内容和规范化要求；

理解心理素质、基本素质在营业员工作中的应用；

熟悉并掌握营业员专业素质要求和从业要求。

【素能目标】

能够根据门店要求和商品特性正确陈列商品；

能够根据门店标准，做好商品管理；

能够正确招呼顾客、介绍商品并促成交易；

能够合理做好商品成交的后续服务。

任务一 认知岗位要求

【任务导入】

有一天傍晚，正是吃饭的时间，趁店里顾客不多，营业员赶紧补货。营业员正俯身在柜里拿豆干，听到一个小孩子冲进店里，她父亲跟在后面叫她慢点跑。接着这位父亲又笑着说："聪明的嘛，一进来就知道拿东西吃。"听到声音后，营业员抬头看到这个小女孩拿着南货柜上的大枣啃着。营业员对这位小朋友和善地说："下回不要拿了东西就吃啊，枣子没洗，脏的，不干净，而且店里的东西要付钱买了才可以吃的。"没想到这句话让那位父亲大发雷霆，认为营业员这样对她的女儿说话太硬了，并说："有什么了不起的，大不了把店里的枣子全买回家。"碰上这样的家长，营业员只能用礼貌的语言缓和他的情绪，等他消了气带着手里拿着枣子的孩子离开。

请问：如果你是这位营业员，你会如何处理这样的情况？

【任务分析】

门店中每天碰到的顾客类型千姿百态，其中不乏难沟通、脾气火爆的顾客。碰到这样的顾客，营业员只有微笑以对千万不可据理力争，这样只会让顾客火上加油。对于这一类顾客，由于比较主观，自尊心强，容易发怒，所以需要通过热情友好的询问和关心，必要时适当的恭维几句，以满足其心理需求，顺便穿插些恰当的解释，但绝对不要与其发生争执，等顾客停止攻击时再伺机说理，态度保持和蔼可亲。

【知识导航】

知识一　营业员职责

1. 营业员工作项目

(1) 提供服务

随着零售企业竞争的加剧,商品的供过于求,顾客能在多个品牌中挑选到自己需要的产品,所以营业员多层面的服务就变得非常重要了。如果营业员不能给予顾客独到的服务及有益的帮助,那么顾客就会去购买竞争品牌的产品。所以,营业员应当尽自己最大的努力吸引顾客,并满足其各种需求。

(2) 做顾客的参谋

顾客在面对众多产品时,往往不知道哪一种商品最适合自己。营业员在把握顾客的需求心理的基础上,使顾客相信购买某种产品能使他获得最大的利益。营业员是顾客购买产品的导师、顾问、参谋。顾客能否买到合适的产品,很大程度上取决于营业员。

营业员如何帮助顾客呢? 具体应做到以下几点。

①询问顾客对商品的兴趣和爱好。

②帮助顾客选择最能满足他们需要的产品。

③向顾客介绍商品的特点。

④向顾客说明商品将会给他带来的利益。

⑤回答顾客对商品提出的疑问。

⑥说服顾客下决心购买此商品。

⑦向顾客推荐相关的商品和服务项目。

⑧让顾客相信购买推荐商品是明智的选择。

(3) 宣传产品

作为企业与顾客直接接触的媒介,营业员要起到公司与顾客之间相互交流的桥梁作用。为此,营业员要做好以下工作。

①通过在门店与顾客的交流,向顾客宣传产品和企业形象,提高品牌知名度。

②在门店派发宣传资料和促销品。

(4) 销售产品

营业员要利用各种销售和服务技巧,刺激顾客的购买欲望,增加产品的销量。

(5) 陈列产品

营业员要做好产品陈列和 POP 的维护工作,保持产品及促销品的整洁和标准化陈列,并使门店生动化。门店终端的生动化是真正能体现营业员的创造性和建设性的有力证明。

(6) 收集信息

营业员应当利用自己直接在门店工作,处于销售第一线,直接和顾客、竞品打交道的有利条件,多方面收集并向企业反馈信息。营业员在日常销售活动中所做的市场调查,是企业掌握市场变化实况的最佳信息源。营业员要收集并向企业反馈以下 5 个方面的信息。

①市场信息。了解当地市场信息,比如,市场大小(潜在需要),本企业在市场上的地位,市场的发展性及其特征等。

②商品信息。营业员应主动收集顾客对商品的期望及建议,及时妥善地处理顾客的异议,并向主管人员汇报。比如,商品的适应性,顾客的不满,各种商品销售额的好坏及其原因,顾客层面及知名度,顾客的购买动机(是质量、服务、信誉还是价格促销),相关商品(类似产品、替代品)的市场情况。

③门店情况。营业员在了解门店的销售、库存情况和补货要求,及时向主管人员及供应商反映。同时收集顾客对经销商产品及品牌的要求和建议,及时向其反馈情况,并与之建立良好的关系,以获得最佳的促销支持。

④竞品信息。营业员要收集竞争品牌的产品、价格和市场活动等信息,及时向相关人员汇报。

⑤其他情况。其他情况如广告媒体适当与否,与供应商之间的关系,顾客对企业销售政策的反映。

2. 岗位职责

营业员的岗位职责根据售前、售中、售后可以大致归纳为:

(1)售前职责

①整理自身仪容、服装符合规定。

②检查商品的完好度及保质期。

③负责商品的陈列符合要求。

④检查商品的物签相符。

⑤保持商品摆放区或通道整洁、安全。

(2)售中职责

①热情接待顾客,了解顾客的购物需求。

②适时为顾客展示并正确介绍商品。

③做好收取现金、开具票据、包装商品的服务。

④倾听顾客对商品的意见、投诉并记录。

⑤按规定做好顾客退换货工作。

⑥促销时为顾客提供其购买结算的最佳方式。

⑦及时反映商品缺货等信息。

⑧做好商品防损工作。

(3)售后职责

①做好商品清点,商品或销售用具保管,保证商品安全。

②整理现金和票据,按规定进行交接班程序。

③配合商品抽检和定期盘点。

3. 每日工作内容

营业员的每天工作包括营业前、营业中以及营业后,具体如表5-1所示。

表 5 - 1　营业员每日工作内容

时间段	基本工作内容
开店前	(1) 准时上班 (2) 在门店登记缺货商品后,到仓库拿取商品准备补满货架及促销台 (3) 检视门店货架及促销台货品,是否补满 (4) 检查货量不足商品,并准备订货与催货 (5) 整理排面(当商品缺货时,不得以其他商品扩充或取代,必要时作出告示牌,告诉顾客何时到货) (6) 对于杂货、生鲜及冷冻(藏)食品,需检查鲜度,品质及到期日 (7) 依清洁计划表,确实执行清洁工作
营业前	(1) 员工佩戴工牌进店打卡 (2) 换工装、整理仪表 (3) 准时参加门店或部门举行的早会(例会),布置当日工作,分享信息 (4) 全体员工喊公司口号 (5) 对商品、货架、地面、售货区通道进行卫生清洁 (6) 补充商品 (7) 根据前日销售情况把柜台货架商品补充饱满,商品陈列艺术美观、科学、合理,便于顾客拿放 (8) 商品与价格标签相符,对位 (9) 检查有无过期商品和未达到质量要求的商品
营业中	(1) 随时注意售货区销售情况,巡回走动整理货架,对顾客拿放后又不买的商品放回到此商品的原货位。不是本部门的商品,归还相应部门 (2) 由于顾客购买而出现的商品陈列松散空位,要随时补货,摆放整齐 (3) 顾客提出的问题注意倾听,给予正确合理的解释,确保顾客满意。自己解释不了的问题,请有关人员给予解答 (4) 顾客对销售区域不熟悉,找不到自己所需购买的商品时,员工应主动、友好的将顾客送至相应售货区 (5) 看到顾客购买商品携带有困难时,应迅速上前帮助,送到收银区 (6) 随时注意观察售货区情况,如有意外,迅速与有关人员联系 (7) 开展促销活动,每天对两种以上的商品进行促销 (8) 随时进行卫生清洁,营业区内始终要保持良好的卫生情况 (9) 根据销售和库存情况,做好订货计划,上报主管进行审批 (10) 注意查看有无包装损坏的商品。如包装已损坏,不能再包装的商品,应集中放到部门指定的破损商品区域 (11) 以"三米微笑"迎接顾客,感谢光临购物,并照顾好最后一位离开的顾客 (12) 与顾客沟通,收到顾客的要求及所提出的期望要及时反馈给管理层 (13) 查询商品价格,注意有无变化。对电脑已变价的商品,要进行商品价签的检查,看是否一致 (14) 检查损耗商品及随时做好记录 (15) 跟进并处理退货及索赔商品 (16) 协助其他部门处理工作

续表

时间段	基本工作内容
营业后	(1) 整理货架上的商品,对空位、缺货的商品做好补充 (2) 整理销售区域、商品及货架卫生 (3) 检查商品有无过期、破损或不符合卫生要求,并进行记录 (4) 商品摆放、陈列饱满、整齐、货签对位,商品与价格标签相符 (5) 准备明日促销情况,促销额、品种,哪个销量好,哪个销量差,认真记录 (6) 检查库存商品情况,整理好库房商品及卫生 (7) 检查还有哪些未尽事宜,如果没有完成的工作记录下来,第二天解决

知识二 职业修养

1.心理素质

(1)积极自信

①积极才能进步,进步才能获取。营业员应克服职业自卑感,以积极的心态工作。

②一个营业员要想具有充足的自信心,唯一的办法就是熟悉业务。具备了相当的经验,才能使自己充满信心。

(2)替顾客着想

接待顾客时,要尽量站在顾客的立场上看问题、解决问题,真正做到设身处地替顾客着想。练就了解顾客内心世界的本领,将单调、枯燥的服务工作,变为愉快、丰富而有趣的工作。

(3)尊重顾客个性

①在坚持自己原则的同时应该尊重顾客。

②以自身的榜样来影响和服务顾客,使自己与顾客能和睦相处。

③在任何时候,都要维护顾客的面子,照顾顾客的情绪,不要伤害顾客自尊心,遇事主动向顾客致歉。

(4)礼貌待客

①满腔热忱、彬彬有礼地接待顾客。

②有揽错的勇气,本着和颜悦色、善解人意、微笑服务的原则化解矛盾,变消极因素为积极因素,争取最好效果。

(5)一视同仁

①本着进店都是客,没有高低贵贱之分的原则,对所有顾客都应一样热情。

②以平等的态度服务,不厚此薄彼,不以貌取人。

(6)举止得体

①营业员因工作需要,要练好站立服务的基本功。

②在工作岗位上,要注意仪容仪表,依照企业的规定着装。

③保证服装的整齐干净、仪态的规范与优美,给人留下清新、大方和亲切的感觉。

2.基本素质

(1)知识积累

①营业员除了具备一定的文化知识外,还应掌握基本的零售企业经营、礼仪礼节等相关

知识。

②平时注意积累丰富的商品知识及经验,具备相应的技能技巧。比如,商品的名称、规格、产地、成分、性能、使用或安装、维护方法等,这样才能促成顾客的购买,更好地为顾客服务。

③对历史、地理、宗教、交通以及本土的风景名胜和国外的一些风俗习惯等方面的知识,也应有不同程度的了解和掌握。

(2)表达能力

①汉语表达上要能做到以普通话为标准,发音准确,音调适中、音质好,表达流畅,用词准确、简洁,便于理解和进一步交流反馈。

②在接待顾客时,语言不能生硬呆板,不能只限于机械式的回答,应富有幽默感;运用合理的话,这样不仅能打破僵局、缓和气氛,便于问题处理,而且还能使顾客觉得营业员有较高的文化素养,从而使气氛更融洽。

(3)沟通能力

①掌握与顾客沟通的技巧、方法。

②变机械、单调的服务为充满人情味的交流。

3.专业素质要求

作为一个合格的营业员,需要具备以下相关的基础知识及专业知识,如表5-2所示。

表5-2 基础知识及专业知识

类别	具体内容
商品相关知识	(1)商品的基本属性和分类 (2)商品主要品类的国家认证标识 (3)商品的质量要求 (4)商品的使用
商品销售知识	(1)销售道具的使用和维护 (2)商品包装方法与技巧 (3)商品的陈列技巧 (4)商品的色彩搭配技巧 (5)商品有效展示技巧 (6)商品促销 (7)商品的调价、调货 (8)现金、信用卡交易、开具票据等相关知识 (9)产品质量、消费者权益保护等法律法规相关条款
商品管理知识	(1)商品的退换货、盘点等 (2)商品的储藏、保管、保洁等 (3)商品损耗控制 (4)商品经营及成本控制的相关知识 (5)进出货及仓管流程 (6)库存控制相关知识 (7)商品流转分析有关知识 (8)供应商退换货管理

续表

类别	具体内容
顾客服务有关知识	(1) 顾客服务礼仪 (2) 顾客沟通技巧 (3) 语言表达技巧 (4) 顾客消费心理 (5) 顾客投诉处理 (6) 顾客意外处理 (7) 突发事件处理 (8) 顾客关系维护 (9) 供应商关系维护 (10) 门店营业管理程序
市场调查有关知识	(1) 商品销售分析 (2) 市场调查知识

知识三 从业要求

1. 坚定的销售意识

强烈的销售意识,是营业员对工作、企业、顾客和事业的热情、责任心、勤奋精神及忠诚度的结果。营业员要想培养自己的销售意识,要做好以下几点:

(1)自信

相信顾客需要自己的产品,相信自己的产品能满足顾客的需要。营业员永远要相信一点:顾客不会无缘无故地来到你的商品前,也不会无缘无故地盯着你的商品看。所谓"事出必有因",相信你自己,总能给顾客找到一个购买的理由。

(2)坚持

即使面对顾客的拒绝,营业员也不要轻易放弃机会。当然,坚持不是死缠烂打,而要讲技巧。

(3)引导消费

营业员要善于发现顾客的需求,并说服顾客购买。在新产品层出不穷的今天,顾客很多时候也不知道自己需要什么产品,或是什么样的产品能满足他的需求,并且许多新产品的功能已超出了顾客的想象。这时,营业员在接待顾客的过程中,要善于发现顾客的需求,使顾客相信你销售的产品能满足他的需求,或是使其相信他有对该产品的需求。

2. 热情友好的服务

服务能够创造销售机会,服务能够吸引顾客,服务能够创造销售佳绩。

①服务首先是态度问题。谦恭、有效的关心,就是服务态度的要求。服务态度包括主动、热情、爱心、帮助等。

②服务是方法问题。态度好、微笑等只是服务的内容之一,而不是全部。营业员应当向顾客提供全面的服务。

3. 熟练的推销技巧

推销技巧是营业员的基本功。营业员要具备接待顾客、说服顾客并让顾客购买的能力。

营业员要熟练掌握各种推销技巧,包括介绍产品知识、揣度顾客心理、了解销售知识及相关知识。更需要强调的是,营业员要具备创新能力。

创新是销售工作的生命线。比如,在营业工作应思考:

①如何发现产品的新卖点?

②介绍产品有没有更好的方法?

③如何把自己的产品与竞品结合起来说?

④如何把自己的产品与竞品结合起来卖?

⑤如何把产品的缺点变成特点来说?

⑥如何使产品的优点被不认同的消费者接受?

⑦如果产品滞销,营业员能否分析滞销的原因,并及时采取对策?

⑧产品说明是否恰当,POP 广告做得是否到位,商品陈列时顾客是否能够拿得到?

4. 勤奋的工作精神

营业员一定要记住,销售点是吸引顾客的前沿阵地,要把最好的形象呈现在顾客面前。

①整理,即销售点商品条理有序,空间合理利用。

②清洁,清扫地面、擦拭样品、检查 POP;清洁过后重在保持。

③安排,即安排好样品、POP、演示等。一切心中有数,早做安排。

④持续,良好的习惯是一种巨大的力量。习惯的培养在平时,关键是坚持。

【视野拓展】

顾客进店时,既不喜欢没人理睬他受到冷落,也不喜欢被人紧盯受到监视,更不喜欢营业员一些小毛病影响心情。以下是顾客最讨厌的营业员十大行为。

(1)闲聊

顾客进店前,营业员之间正在聊一个非常感兴趣的话题,比如:"某某明星又出轨类"等诸如此类的八卦娱乐新闻,直至顾客进店,营业员还在继续之前的话题,至于顾客进店的活动和表情、心理等毫不关注。

(2)情绪

表情是可以赶走顾客的。如面目狰狞,非常严肃,也许刚生完气,情绪不好直接导致面部不自然。很多顾客走到他们门口,一看这脸色,立马掉头。

(3)不专业

还有一种表情是营业员懒洋洋地靠着门,或者悠闲地阅读自己手里的时尚杂志。这样给顾客很不专业的感觉,一般就不会进入门店里。

(4)推销狂

很多顾客进店,其实已经确定了自己需要什么,而导购这个时候连顾客需求都不知道,就开始疯狂的推销,这个时候大多客户接受不了就选择离店了。

(5)背的"毛病"

背伸直的姿态看起来是很漂亮的,所以营业员在站立时,一定要注意挺胸抬头。在柜台时,背不要靠着柱子或墙,不要躬着背接待顾客。

(6)目的"毛病"

营业员视线的不同,会使顾客的感受大不相同。瞪着眼看或看都不看对方以及从上到下打量对方,都会令人感到不自在。正确的方式应是微笑着用柔和的目光注视对方。

(7)手的"毛病"

手上的动作是关键,行礼或站立时,如果手动来动去会让人觉得吊儿郎当。另外,双手叉在胸前,或放在裤袋里等都会令顾客感觉不舒服,注意不要让顾客对你不满。

(8)脚的"毛病"

拖着腿走路,或者是走路时发出"呱嗒呱嗒"的声音都不好。如果走路姿势漂亮、利落,自然会让人感到氛围变得爽朗起来。

(9)衣的"毛病"

衣服纽扣是不是掉了?是不是有褶皱?是不是脏了?有没有认真洗过?营业员应养成保持自己衣装整洁、经常检查自己服装的习惯,穿戴要适宜。

(10)癖的"毛病"

有些毛病是营业员自己也没有意识到的。比如,很多女营业员喜欢时不时梳整一下自己的头发,习惯用小指头套着扎头绳。营业员应向自己的朋友或同事请教一下,自己是否有什么不好的毛病。一经发现,应及时改正。

(来源:2019 年 7 月 19 日龙商网)

任务二　技能操作实务

【任务导入】

某中年女性顾客在超市自选产品,因食品夹的使用办法不得当,连续夹碎两块葡式蛋挞后,既无歉意,也无意购买。女营业员 A 是一名刚入职月余的新员工,责任心强但沟通技巧有限。A 站在旁边见顾客夹坏了第一块蛋挞时,就对顾客说"您不会用食品夹,我来教您好吗?"顾客看了她一眼,接着又夹碎了第二块,且第二块带着赌气的意味,因为她用力较大动作也快。A 对顾客说:"这两块蛋挞您夹坏了,您要么买回去,要么赔偿! 顾客说:"我没有见到你们店里有这么一条规定啊! 写出来了吗? 贴在哪儿?"遂产生了争执。

领班 B 过来,了解事情经过后,对顾客说:"算了,算了,不要您赔了!"顾客偏又得理不饶人,说 A 说话不中听,损了她的面子,坚持要求 A 当面给其赔礼道歉。领班 B 一听,认为顾客有点过分,没有同意。顾客说:"你们店里的服务员服务素质太低,东西我不买了,我还要告诉所有的人今后不上你们店里来!"就在顾客将要出门之际,领班 B 忍不住对着顾客的背影说了一句:"没有钱就别来店里买东西!"谁知顾客听见了,转过身来掏出钱包,将包里的钱掏出来,一下拍在收银台上,大声嚷嚷:"谁没有钱啦,谁说的,是哪一个说的!"

店长 C 正好听到了吵闹声,忙将顾客请到休闲区的座位上坐下来,送上茶水,然后叫顾客讲了事情的经过。店长 C 很诚恳地向顾客道歉,顾客说:"既然你诚恳,我也就算了。但那个女孩说我没有钱,当着这么多人侮辱我,损害了我的尊严,你说怎么办吧!"店长 C 说:"这样吧,我要领班当面向你赔礼,我以门店的名义赔你一盒点心,行吗?"顾客说:"不行,我一定要你罚她 500 元钱,然后赔给我,这样才能给她一个教训!"店长一听,觉得顾客难缠,简直不可理喻,渐渐地也有了一丝恼怒。双方讨论了两个回合后,店长 C 忍不住说:"起初不对的是你,才产生了后来我们服务员说话过火。如果您坚持要赔钱,我就要怀疑您今天的动机了。"顾客大怒,要求店长告诉其总经理的电话,投诉至总公司。

如果你是店长 C 的话,你怎样处理这件事情呢?

【任务分析】

面临抱怨、投诉时,采取什么样的心态来对待,十分重要。有效处置危机的关键控制点:顾客永远是对的;及时、快捷、诚恳;带离现场处置;肯定顾客,欣赏顾客;准确处置,达成共识。

【技能培养】

技能一　商品陈列

1.商品陈列方法

(1)定型陈列(向上立体陈列)的要点

①所陈列的商品要与货架前方的"面"保持一致。

②商品的"正面"要全部面向通路一侧(让顾客可以看到)。

③避免使顾客看到货架隔板及货架后面的挡板。

④陈列的高度,通常使所陈列的商品与上段货架隔板保持至少5厘米的距离。

⑤陈列商品间的间距一般为2～3厘米。

⑥在进行陈列的时候,要核查所陈列的商品是否正确,并安放宣传板、POP。

(2)变化陈列(特殊陈列)的种类及特征

种类及特征如表5-3所示。

表5-3　变化陈列(特殊陈列)的种类及特征

陈列方法	适用商品	陈列效果
纸箱陈列	(1)广为人知,深受消费者欢迎的品牌 (2)预计可廉价大量销售的品牌 (3)中、大型商品 (4)用裸露陈列的方式,难以往高堆积的商品	(1)价格低廉的形象及其价格易被传扬出去 (2)给顾客一种亲切感、易接近感 (3)量感突出 (4)节省陈列操作的人力、物力 (5)易补充、撤收商品 (6)可布置成直线形、V 形、U 形等
投入式陈列	(1)中、小型,陈列处理很费工夫的商品,商品本身及其价格已广为人知的商品 (2)嗜好性、简便性较高的商品 (3)低价格、低毛利的商品	(1)不易变形、损伤的商品 (2)价格低廉的形象及其价格易被传扬出去 (3)即使陈列量较少也易给人留下深刻印象 (4)可称为整个门店或某类商品销售区的焦点 (5)陈列时间短 (6)操作简单 (7)陈列位置易变更,商品易撤收
突出陈列	新产品、推销过程中的商品、廉价商品等希望特别引起顾客注意、提高其回转率的商品,冷藏商品应尽量避免选用此种陈列方法	(1)商品的露出度较高,增加商品出现在顾客视野中的频率 (2)突出商品的廉价性、丰富感,给顾客一种非常热闹的感觉 (3)可实行单品量贩

续表

陈列方法	适用商品	陈列效果
翼型陈列	(1)与主要通过平台进行销售的商品和相关联的商品 (2)通过特卖的少量剩余产品	陈列效果同突出陈列
阶梯式陈列	箱装、罐装堆积起来也不会变形的商品	(1)易产生感染力 (2)易使顾客产生一种既廉价又具有高级感的印象 (3)在陈列上节省时间 (4)不仅可在货架端头,还可用在货架内部
层叠堆积陈列	(1)罐装等可层叠堆积的筒状 (2)箱装商品 (3)中、大型,具有稳定感的商品	(1)使商品的陈列量不大,也可给人一种量感 (2)可在保持安全感的同时将商品往高陈列 (3)可突出商品的廉价性及高级感
瀑布式陈列	(1)圆形细长的东西 (2)预计可单品大量销售的商品	(1)易突出季节感、鲜度感,并使商品看上去就给人一种味道鲜美的感觉 (2)以裸露陈列为中心,易给顾客一种廉价感
扩张陈列	(1)新产品、重点商品、特卖商品等希望引起顾客特别注意的商品 (2)小、中型商品	(1)提高商品注视度 (2)使陈列商品易被识别
搬运容器(卡板)陈列	(1)价格广为人知的商品 (2)可以直接用搬运容器陈列的商品 (3)预计商品回转率较高的商品	(1)陈列作业上节省人力、物力 (2)方便商品种类数的管理 (3)易突出廉价感
纸状陈列	(1)罐装饮料等筒形、长方形的商品 (2)小型、中型商品 (3)轻量商品	(1)突出所陈列商品的效果显著 (2)方便补充商品、修改陈列形状
挂式陈列	(1)小、中型轻量商品 (2)往常规货架上很难实施立体陈列的商品 (3)多尺寸、多颜色、多形状的商品	(1)商品易被顾客找到 (2)比较容易购买 (3)修改陈列方便
货车陈列	(1)大中型商品 (2)重量商品 (3)预计可单品大量销售的廉价商品 (4)具有稳定感的商品	(1)可突出商品的廉价性 (2)属可动式陈列,可使陈列更加及时 (3)操作上节省人力、物力 (4)排列的位置可随意改变

续表

陈列方法	适用商品	陈列效果
交叉堆积陈列	(1)中大型商品,放入箱、袋、托盘中的商品 (2)预计毛利低,回转率、销售额高的商品 (3)希望充分发挥展示效果的商品 (4)陈列量大的商品	(1)商品的露出度提高 (2)增强感染力 (3)具有稳定感
空间陈列	(1)具有一定关联性的非滞销商品 (2)中小型,在陈列上具有稳定感的商品 (3)能够提高门店形象的商品	(1)突出商品的效果 (2)可提高门店的整体形象 (3)提高顾客对货架、展柜靠近率 (4)易向顾客传达信息
墙面陈列	(1)葡萄酒等瓶装商品 (2)可吊挂陈列的商品 (3)中小型商品	(1)可有效地突出商品 (2)商品的露出度提高
样品陈列	(1)不易变味腐烂的商品 (2)颜色、形状、容量易理解的商品 (3)价格易传达的商品	(1)顾客容易接近,有效传递商品真实信息 (2)有效地突出商品 (3)鲜度、味美感可直接通过视觉传达给顾客
斜型陈列	(1)高额商品、推销商品、畅销商品 (2)陈列量小的商品 (3)达到最低陈列量以下并希望将其售光的商品	(1)商品的注视率提高 (2)即使商品的陈列量少,也会提高商品的存在感
扇形陈列	(1)平形商品 (2)陈列量较少的商品 (3)预计商品的回转率不会很高的商品 (4)希望主要通过陈列效果促进销售的商品	(1)突出商品的高级感、鲜度感 (2)即使商品的陈列量不是很大,也会提高商品的存在感 (3)使顾客对商品的注视率提高
箱型陈列	(1)葡萄酒、果汁等瓶装商品 (2)小商品,在通常的货架中难以陈列的商品 (3)高价格、希望突出其高级感的商品	(1)品种数管理方便 (2)易突出高级感 (3)量感丰富
在库陈列	补充用的常规商品	(1)提高补充作业的效率 (2)容易确认库存情况

2.商品陈列基本原则

(1)寻找方便

寻找方便就是将商品按品种、用途分类陈列,划出固定区域,方便顾客寻找。在门店入口处安置区域分布图。通常,大型门店入口处都有本门店区域的分布图,方便顾客找到自己想要的商品。在每一个区域挂上该区域的名称,比如,蔬菜区、日化区等,这样,顾客就能通过这些指示牌很容易找到自己所要选购的商品位置,方便顾客选择、购买。方便顾客选择、购买是指要根据商品的特性来决定什么样的商品放在什么样的位置。

(2)显而易见

显而易见就是要使顾客很方便看见、看清商品。商品陈列是为了使商品的存在、款式、规格、价格等在顾客眼里"显而易见"。使商品显而易见需做好以下几点:

①为了让顾客注意到商品,陈列商品要正面朝外。

②不能用一种商品挡住另外一种商品,即使用热销商品挡住冷门商品也不行,否则,顾客连商品都无法看见,还谈什么销售业绩。

③陈列在货架下层的商品不易被顾客看见,所以,营业员在陈列商品时,要把货架下层的商品倾斜陈列,这样方便顾客看到,也方便顾客拿取。

④货架高度及商品陈列都不应高于 1.7 米;同时货架与货架之间保持适当距离,以增加商品的可视度。

⑤让商品在顾客眼里"显而易见",首先要选择一个顾客能一眼看到的位置。

⑥商品陈列中,色彩的和谐搭配能使商品焕发异样的光彩,使商品更醒目,吸引顾客购买。

⑦商品陈列时要讲求层次问题。所谓商品陈列的层次,就是在分类陈列时,不可能把商品的所有品种都陈列出来,这时应把适合本门店(超市)消费层次和消费特点的主要商品陈列在门店的主要位置,或者将有一定代表性的商品陈列出来,而其他的品种可陈列在门店位置相对差一些的货架上。

(3)拿放方便

商品陈列不仅要使顾客方便"拿",还要使顾客方便"放"。营业员在陈列商品时,要使顾客拿放方便,则要做好以下几点:

①货架高度不能太高,最好不要超过 170 厘米。

②通常,商品之间的距离一般为 2~3 厘米为宜;商品上段货架隔板距离保持可放一个手指的距离为佳。

③货架层与层之间有足够的间隔,最好是保持层与层之间能有容得下一只手轻易进出的空隙。

④易碎商品的陈列高度不能超过顾客的胸部。

⑤重量大的商品不能陈列在货架高处。

⑥鱼、肉等生、熟食制品要为顾客准备夹子、一次性手套等,以便让顾客放心挑选满意的商品,这样可以在更大程度上促进销售。

(4)货卖堆山

在大型门店,顾客看到的永远是满货架的商品,打折的特价商品更是在一个独立的空间堆放如山,营业员必须做到以下几点:

①单品大量陈列给顾客视觉上造成丰富的形象,能激发顾客的购买欲望。

②商品要做到随时补货,如果不能及时补货,要把后面的商品往前移动,形成满架的状态。

③单品售完无库存时,首先要及时汇报,以及时向供应商要货。同时挂上"暂时缺货"的标牌提醒顾客。

（5）先进先出

货品在进行先进先出原则陈列时，要按照以下几点操作：

①补货时把先进的、陈列在里面的商品摆放到外面来，并注意商品是否蒙上了灰尘，如果有，要立即擦拭掉。

②注意商品的保质期，如果临近保质期仍然没有销售出去的，要上报给上级部门，及时做出处理方案。

（6）关联陈列

关联陈列就是把同类产品陈列在一起，但又不仅仅是如此简单。一般门店会把整个门店划分成几个大的区域，相关商品会集中在同一区域内进行销售以方便顾客寻找和选择，具体操作要注意：

①按照消费者的思考习惯来陈列。

②顾客对食物的要求是卫生第一，所以一些化学商品和一些令人想到脏污的商品要远离食物。

（7）清洁保持

①清洁是顾客对门店环境最基本的要求。对于营业员来说，保持商品、柜台、货架、地面、绿色植物、饰物的清洁是一项基本工作。

②在有些特殊时期，要特别做好清洁工作，比如"流感"时期，做好消毒和清洁工作，使顾客有一个健康和安心的购物环境。

3. 商品摆放规则

（1）商品摆放的因素及作用

影响商品摆放的因素：体积、颜色、包装材料、品牌、价格。

摆放的主要作用：给门店一个关于货物摆放的指南；通过陈列图来控制库存商品数量；确定商品的最低陈列数量，为订货和补货来创造条件。

（2）商品陈列一般规则

①商品的分类要明确。

②相同品牌或同类的商品要陈列在一起。

③货架使用要有效，销售额应与陈列面积成正比。

④相同品牌或细分类中的商品应以水平货垂直方向排列。

⑤体积小的商品位于货架的顶部，大的商品位于货架的底部。

⑥重的商品不要摆放的过高。

⑦畅销商品或可能成为畅销商品的陈列面积比一般商品的陈列面积大。

⑧高毛利、畅销商品应陈列在视平线范围内，吸引顾客注意力。

⑨陈列顺序的方向性。

（3）其他规则

①确保顾客方便、安全的拿取商品。

②每个挂钩只挂一个 SKU。

③不同商品之间留一指距离。

④不要把要挂的商品挂在层板底下。

⑤确知当前的货架的背面是哪一面、哪一类别、保持货架的平衡。

(4)摆放商品时应检查的事项

①灯光是否打开。

②不干胶是否卷起或变色。

③广告卡是否因太阳暴晒而褪色。

④玻璃橱窗是否有脏手印。

⑤陈列中的商品是否漂亮,是否引人注目。

⑥商品的外部包装是否有破损。

技能二　商品管理

1.商品缺货登记

当顾客要买的商品脱销时,不可面无表情生硬地说"没有""对不起,已经卖完了"或"请您到别的门店去看看"。要根据自己所知,向顾客介绍与该商品性能、特点、质量相近的代用品。若顾客坚持就要买脱销的商品,营业员应在"缺货登记本"上请顾客留下所需货品名称、数量及联系方式(顾客姓名、地址、电话),等货到后立即通知顾客前来购买,或送货上门。

2.补货、理货

(1)补货的基本原则

①商品缺货和营业高峰前、结束营业前必须进行补货。

②补货以补满货架或端架、促销区为原则。

③补货区域的先后次序:先端架,后堆头,再货架。

④补货品项的先后次序:促销品项→主力品项→一般品项。

⑤当商品缺货但又无法找到库存时,必须首先通过对系统库存数据的查询进行确定,确定属于缺货时,将暂时缺货标签放置在货架上。

⑥食品和有保质期限制的商品必须遵循先进先出的原则。

⑦补货时必须检查商品的质量、外包装以及条形码是否完好。

⑧补货时必须检查价格标签是否正确。

⑨补货以不堵塞通道,不影响门店清洁,不妨碍顾客自由购物为原则。

⑩补货时不能随意变动陈列排面和陈列方式,依价格标签所示陈列范围内补货,违反者将按规则处罚。

⑪补货时所有存货卡板均应在通道的同一侧放置。

⑫货架上的货物补齐后,应第一时间处理通道的存货和垃圾,存货归回库存区,垃圾送到指定点。

⑬补货时,有存货卡板的地方,必须同时有员工作业,不允许有通道堆放卡板,又无人或来不及安排人员作业的情况。

⑭当某种商品缺货时,不允许用其他货物填补,或采用拉大相邻品项排面的方法填补空位,要保留其本来占有的空位。

(2)理货基本原则

①货物凌乱时,需做理货。

②零星散货的收回与归位是理货的一项重要工作。

③理货区域的先后次序是:端架→堆头→货架。

④理货商品的先后次序是:快讯商品→主力商品→易混乱商品→一般商品。

⑤理货时,必须将不同货料的货物分开,并与其价格标签的位置一一对应。

⑥理货时,须检查商品包装(尤其是复合包装),条形码是否完好,缺条形码则迅速补贴,破包装要及时修复。

⑦退货商品及破包装等待修复的商品,不能停留在销售区域,只能固定存放于本部门某一库存区。

⑧理货时,每一个商品有其固定的陈列位置,不能随意变动排面。

⑨一般理货时遵循从左到右,从上到下的原则。

⑩补货的同时,进行理货工作。

⑪每日销售高峰期之前和之后,须有一次比较全面的理货。

⑫理货时,做到非销售单位、非销售包装的商品不得零星停留在销售区域。

⑬每日营业前理货时,做商品、货架、通道的清洁工作。

3.补货流程

(1)白天补货

白天补货流程如图5-1所示:

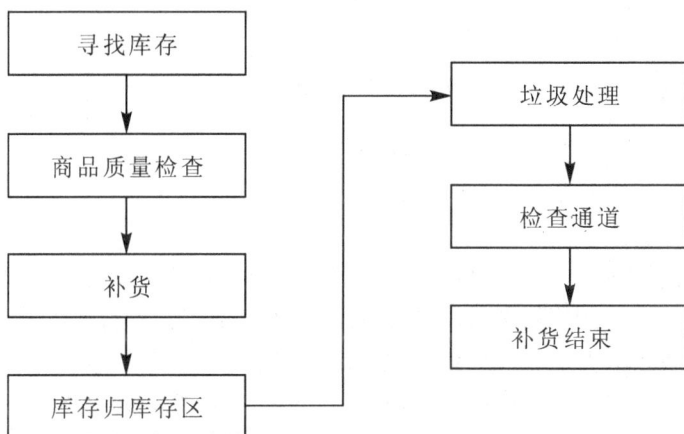

图5-1　白天补货流程

①寻找库存:将需要补货的商品的库存找到,优先补非整箱的库存。

②商品质量检查:对商品的质量进行检查,包括保质期、条形码、外包装以及是否干净等。

③补货:将检查过的商品补允到陈列的货架、端架或堆头上,补货时要做到先进先出。

④库存归库存区:将剩余的库存封箱,改正库存单,放回原来的库存区位置。

⑤垃圾处理:对补货产生的垃圾进行处理,保持补货区域的卫生。

⑥检查通道:最后检查通道,有无遗漏的商品、卡板、垃圾、价格标签等。

⑦补货结束:当所有的商品执行完以上程序后,所有补货商品要做到丰满陈列的要求,才算补货结束。

(2)夜间补货

夜间补货流程如图5-2所示:

```
┌─────────────────┐                          ┌─────────────────┐
│   确定补货品项   │                          │    垃圾处理     │
└─────────────────┘                          └─────────────────┘
         │                                             │
         ▼                                             ▼
┌─────────────────┐                          ┌─────────────────┐
│    填写补货单    │                          │  检查补货商品   │
└─────────────────┘                          └─────────────────┘
         │                                             │
         ▼                                             ▼
┌─────────────────┐                          ┌─────────────────┐
│    依单找库存    │                          │    检查通道     │
└─────────────────┘                          └─────────────────┘
         │                                             │
         ▼                                             ▼
┌─────────────────┐                          ┌─────────────────┐
│     质量检查     │                          │   检查价格标志  │
└─────────────────┘                          └─────────────────┘
         │                                             │
         ▼                                             ▼
┌─────────────────┐                          ┌─────────────────┐
│      补货       │                          │    补货结束     │
└─────────────────┘                          └─────────────────┘
         │                                             ▲
         ▼                                             │
┌─────────────────┐                                    │
│   库存归库存区   │────────────────────────────────────┘
└─────────────────┘
```

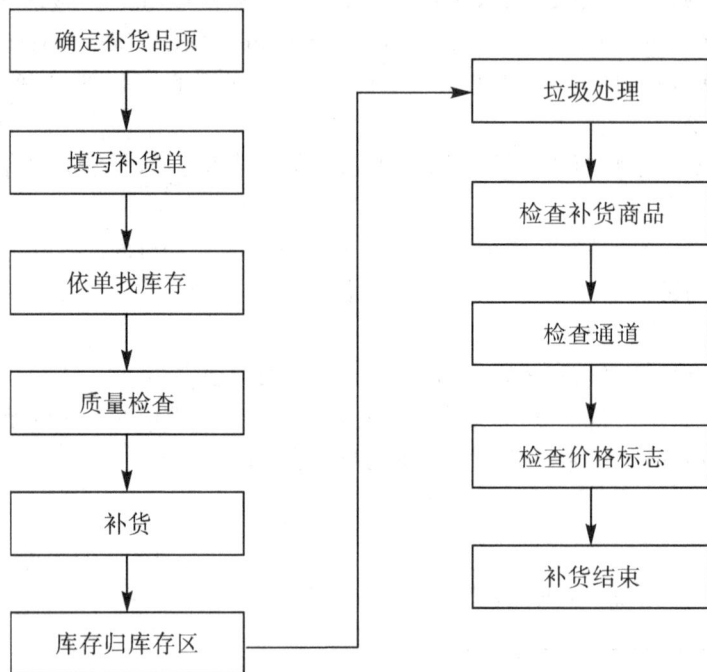

图 5-2 夜间补货流程图

①确定补货品项:将需要夜间补货的商品做记录。

②填写补货单:填写补货单,列明补货商品的货号、陈列位置、库存位置以及补货的要求等。

③依单找库存:夜班补货的同事按单子找到库存,并将货物拉至相应的通道。

④质量检查:对商品的质量进行检查,包括保质期、条形码、外包装以及是否干净等。

⑤补货:将检查过的商品补充到货架、端架或堆头上,补货时要做到先进先出。

⑥库存归库存区:将剩余的库存封箱,改正库存单,放回原来的库存区位置。

⑦垃圾处理:对补货产生垃圾进行处理,保持补货区域的卫生。

⑧检查补货商品:检查是否所有的商品均已经进行了补货。

⑨检查通道:最后检查通道,有无遗漏的商品、卡板、垃圾、价格标签等。

⑩检查价格标志:检查所有补货商品的价格标签是否正确。

⑪补货结束:当所有的商品执行完以上程序后,所有补货商品要做到丰满陈列的要求,才算补货结束。

(3)订货、补货注意事项

①补货前确认货架区域以外是否有存货。

②普通商品的补货量以3~7天的销量为准。

③畅销品以7~10天的销量为准。

④堆头商品以一周的销量为准。

⑤熟悉补货商品的销量、库寸、供应商的相关情况。

⑥认真填写商品条码,品名、规格、数量、供应商名称。

（4）理货后标准

①商品的价格标签正确、整洁。

②商品陈列的位置是符合陈列图要求。

③商品陈列是整齐的。

④商品陈列是符合先进先出的。

⑤商品的标签、包装，保质日期是经检查合格的。

⑥商品的零星散货已经回归正确的位置。

⑦商品的缺货标签正确放置。

⑧商品的破损包装被修复。

⑨商品陈列是符合安全的原则。

（5）补货、理货的例外处理

补货、理货的例外处理，具体如表5-4所示。

表5-4　补货、理货的例外处理

序号	类别	具体内容	备注
1	存货不足	由于商品的存货不足无法补满陈列位置，采取纵向向前排列的方法，即将商品拿到前方与货架的边缘平齐摆放，使陈列看起来相对充实	绝不允许将商品的库存放在库存区不进行补货而采取向前扭排面的方法进行补货或理货
2	缺货	正常销售的商品由于缺货而导致的空位，应放置暂时缺货标签，同时维持其原有排面。绝不允许随意挪动价签位置或拉大相邻商品的排面以遮盖缺货	若某项产品补货次数频繁，需要改变陈列面的大小，应按陈列图的更改程序进行，只有新陈列图被批准启用后，才可以更正陈列
3	新商品	若新商品到货，但陈列图无位置。首先第一时间更改陈列图，24小时内进行货架的陈列	绝不允许将商品存放在库存区不进行处理

4.商品调货

（1）调货原则

①以销定调。

②先补畅销品、堆头、端架商品，后补一般性商品。

③特殊情况，可适当调整。

（2）调货时间

①于前日非营业高峰期填好调货单，并于前晚21:00后作电脑调货单。

②漏调货的于当日早上10:00前交补货员急调。

（3）调货注意事项

①在调货前确认存货。

②直通商品调货填写订单，配送商品调货填写调拨单。

③调货单要有完整的商品条码，品名、规格、数量、供应商名称。

④数量大的调货单应在备注栏上注明原因。

⑤调拨单于次日早上 9：30 前交补货员。

（4）调货流程

调货流程如图 5-3 所示：

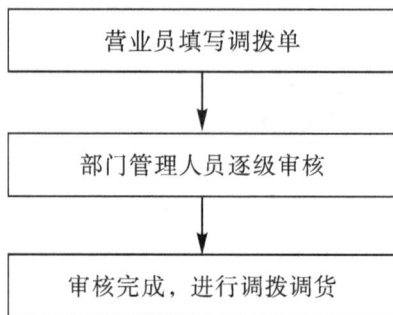

图 5-3 商品调货流程图

①由营业员填写配送商品调拨单。

②调拨单的填写，一般在前一天晚上 23：00 以前。

③由部门管理人员逐级审核后进行调拨。

5. 商品验收

（1）商品配送的方式

①直通：由公司按门店存放量及销量适量订货，配送中心不留库存，供应商送货至配送中心后即按全部送货量进行配送。

②直送：是指供应商通过事先沟通经过订货，由供应商直接送货到门店。

③配送：即由采购中心统一订货，配送中心存放管理的库存，门店直接下单调货的商品，该部分商品属各门店畅销商品，配送中心在正常情况下必须保存相当的库存。

（2）直通及配送商品的验收

①当面清点配送单据份数，确保无误。

②清点实物数量、条码与配送单据是否一致。

③检查商品外包装是否有破损。

④对 30％的商品进行抽检。

⑤验收完毕在验货处签名交收货部责任人。

⑥通知相关人员拉入门店。

（3）直送商品的验收

直送商品，由于顾客订货或紧急缺货等原因由各门店下订单要求供应商在规定时间内送货到门店。

①核对订单日期是否与送货日期一致。

②订单上是否盖有该公司印章及印章中文标志是否清楚。

③商品实物条码与订单条码是否一致。

④实物数量与订单数量是否一致。

⑤检查商品外包装及保质期。

⑥对 30％商品进行抽检。

⑦验收无误后,由供应商送货员、商品部、收货部在订单上签字确认,将商品入库。

⑧冻品则由供应商直接上架。

(4)商品质量检查的基本要求

商品入库验收时的质量检查主要包括数量验收、包装验收和商品质量验收3个方面。必须严格认真,一丝不苟,以保证入库商品数量准确,质量完好,包装符合要求。基本要求如下:

①先查大数,后看包装,见异拆验。

②应核对单、货(商品的品名、编号、货号、规格、数量等方面)是否一致,逐项细心核对,保证单货相符。

③认真检查商品的包装有无玷污、受潮、残破,内装商品质量是否完好,有无霉变、腐蚀、虫蛀、鼠咬和其他物理、化学变化发生。以便及时采取相应措施,确保在库商品质量安全。

6. 商品储存

(1)选择合适储存场所

各种商品性质不同,对储存场所的要求不同。应根据储存商品的特性来选择合适的商品储存场所,以确保在库商品安全。商品储存场所主要包括货场、货棚和库房。

①如怕热和易挥发的商品应选择比较阴凉和通风良好的仓库。

②怕冻的商品应选择保温性较好的仓库,并备有保温设施。

③怕潮易霉或易生锈的商品应存放在地势较高,比较干燥通风的库房。

④鲜活易腐商品,应存放在低温库内。

⑤各种危险品应专库存放,符合防毒、防爆、防燃、防腐蚀的要求。

⑥要做到分区分类储存、科学存放,即品种分开,干湿分开、新陈分开、好次分开。尤其是对性质相抵和消防方法不同的商品,不可同库混放,以免互相影响,发生事故。

(2)妥善进行商品堆码

商品堆码是指商品的堆放形式和方法。堆码应符合安全、方便、多储的原则。

①堆码形式要根据商品的种类性能、数量和包装情况以及库房高度、储存季节等条件决定,不同的商品,堆码的方法也应有所不同。

②商品堆垛存放,要进行分区分类、货位编号、空底堆码,分层标量、零整分存,便于盘点和出入库。

(3)及时进行商品在库检查

①检查的必要性。商品在储存期间,质量会不断发生变化,特别是在不利的环境因素的作用下,劣变的速度会加快,如不能及时发现和处理,会造成严重损失。因此,对于库存商品要做定期和不定期、定点和不定点、重点和一般相结合的质量检查制度,并根据检查结果随时调节储存条件,减慢商品的劣变速度。

②检查方法。检查方法以感观检查为主,充分利用检测设备,必要时要进行理化检验。如果发现商品质量有严重变化,需及时报请主管部门,按有关规定妥善处理。还要实施安全检查,对库房的消防设备状态、仪表设备运行情况以及卫生状况是否符合要求,进行认真的检查。并做好防虫,防火、防霉等工作。

7. 商品调价

调价作业是指商品在销售过程中,由于某些内部或外部环境因素的发生,而进行调整原销售价格的作业。

(1)调价的原因

①内部原因。如促销活动的特价、公司价格政策的调整、生鲜品质量问题或快到期商品的折价销售等。

②外部原因。如公司进货成本的调整、同类品的供应商之间的竞争、季节性商品的价格调整、受竞争店价格的影响以及门店消费者的反映等。

(2)调价流程

调价流程如图 5-4 所示:

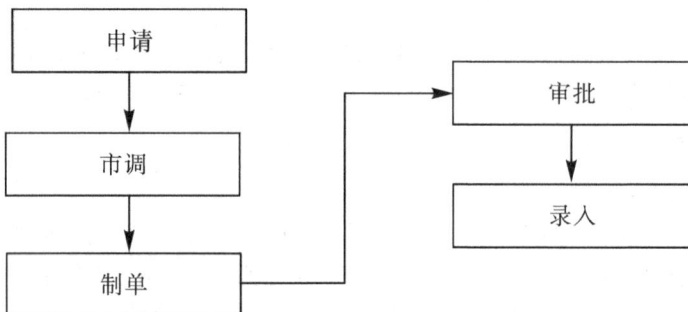

图 5-4　调价流程图

①申请:供应商提出变价申请或采购经理根据市场情况提出变价申请。

②市调:进行市调。

③制单:商品部根据市调结果制作"调价单"。

④审批:商品部经理审核后,转分管副总审批再转信息部。

⑤录入:信息部经理审批后进行信息录入。

(3)营业员应对调价作业的事项

营业员在整个调价过程中应注意以下几个方面:

①在未接到正式调价通知之前,不得擅自调价。

②做好调价商品标价的更换,在调价开始和结束时都要及时更换商品的物价标牌以及贴在商品上的价格标签。

③做好商品陈列位置的调整工作。

④要随时检查商品在调价后的销售情况,注意了解消费者的反应,做好由于商品销售低于预期而造成商品过剩的具体处理工作。

(4)调价时的标价

商品价格调整时,如价格调高,则要将原价格标签纸去掉,重新打价,以免顾客产生抗衡心理。如价格调低,可将新的标价打在原标价之上。

8.商品报损、退货

(1)商品报损流程

①需报损商品按照收货部指定的位置存放,并及时做损益单(损益单需制单人、收货部主管、防损部、总经理签字确认)。

②报损时需防损部,商品部、收货部同时在场,对商品进行点数并签字确认。

③报损金额不得超出厂家商品每月销售额进价 0.5%,超出此标准视为非正常报损率。

④退货仓责任人对报损每周一小结,每月一大结。

(2)残损商品处理原则

①包装残损仍可食用或有使用价值的商品,经整理后可以上架销售的,应立即整理封口,继续上架销售,减少商品损耗。

②凡因质次、假冒伪劣、"三无"商品,供货商运输造成破损、短缺和低于临界保质天数的商品,均应办理退调。

③可以向供货商退换的损残商品,由门店及时分类装箱,由专门人员负责办理退换。

④对不能退换的损残商品,根据规定的权限,分别作削价或报废处理。

⑤严格执行残损商品的审核、申报、处理程序,并适当使用处理权限,避免在处理残损商品时给公司造成二次损失。

(3)商品退货标准

①外包装破损、被拆的商品。

②保质期字样模糊的商品。

③顾客服务中心所退回的存在质量问题的商品。

④说明书上的性能及用途等字迹模糊不清。

⑤商品已失去应有的性能,用途或实物的性能与说明书不符。

⑥条码漏写、有误、模糊不清或与实物不符。

(4)退货注意事项

①促销商品本身附带赠品或为套装商品须按原体商品退货。

②液状及粉状商品要用胶袋包扎完整。

③专柜商品不得放入退货仓。

④清场商品无论有无破损均不得放入退货仓。

(5)退货流程

①退配送中心,流程图如图 5-5 所示。

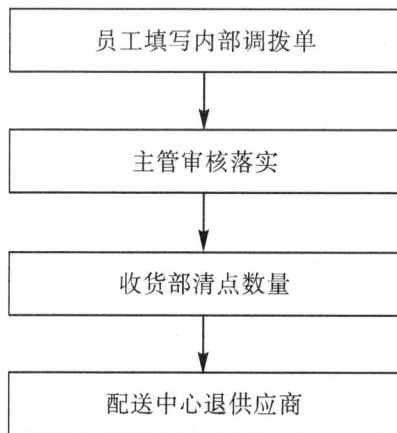

图 5-5 退配送中心退货流程

由员工根据退货商品,填写内部调拨单,在备注栏中注明退货原因及供应商名称。

如非本地供应商的退货商品,则直退配送中心货仓;如非本地供应商的残次退货商品,则直退配送中心坏仓。

收货部清点退货商品数量,填写封箱标志卡,商品部负责打包并将封箱标志卡粘贴于箱子的侧面左上角位置,商品部及收货部共同在退货单上签字确认退回配送中心。

②直接退供应商,流程图如图5-6所示。

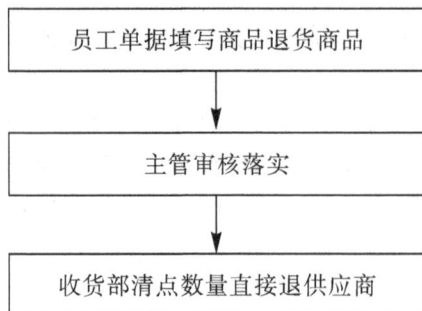

```
┌─────────────────────────────┐
│   员工单据填写商品退货商品      │
└─────────────────────────────┘
              │
              ▼
┌─────────────────────────────┐
│       主管审核落实            │
└─────────────────────────────┘
              │
              ▼
┌─────────────────────────────┐
│  收货部清点数量直接退供应商     │
└─────────────────────────────┘
```

图5-6　直接退供应商流程

由员工根据退货商品,填写"商品退货单",主管审核商品退货单(商品条码、数量、供货单位等),收货部清点退货商品数量,并在退货单上签字确认。

(6)退货仓的管理

①退货商品分别放在各自区域。

②保持退货仓内商品堆放整齐、卫生。

③不能推购物车、购物篮进入退货仓。

④装有防盗标签的商品应先取掉标签再放入退货仓。

⑤大批商品不得放入退货仓。

⑥主管对退货仓的巡视每天不得少于3次。

9. 商品盘点

(1)盘点目的

要求准确、完整、高效地获得门店现货的数据。

①准确:现货数量必须是真实准确的。

②完整:门店所有的现货都得到清点。

③高效:整个盘点过程有条不紊,在预定的时间内完成。

(2)盘点流程

①盘点前的准备:分区与标号、预盘表与标签、商品整理、人员培训与安排、账面记录处理。

②点数:初步盘点、交叉复核盘点,商品抽查盘点。

③分析盘点结果。

(3)点数核查

①点数员工到指定区域后,按"预盘表"所列品种全面清点,即从左到右,由上至下的S形以每个端架、每列货架等为单位进行点数。

②盘点时每组两人,一人盘点数量,一人将数量抄录于"预盘表",不允许一人单独操作;不允许初盘和复盘或复盘和抽盘或初盘、复盘和抽盘同时进行;不允许将数字填写在草稿纸

或手工预盘表上后再誊写到预盘表上等一些异常情况；盘点后双方必须在"预盘表"上签字确认。

③如果预盘表上有预盘条码，而实际上该陈列位无此项商品（即缺货），则在该条码后注明"0"，预盘表上的每个条码下都应写有数量。

④如果某项商品在预盘表上无对应条码，立即通知区域主管，区域主管把该商品放到总控台附近指定的区域，统一新增加预盘表并盘点。

（4）交叉复核

①小组盘点完成后，由主管安排两组进行交叉互盘（互盘比例为100%）。

②互盘时，由各组抽一名协助盘点人员进行交叉，按原点数的小反"S"法，对商品逐一复核，如发现有误，在预盘表上将错误的商品画斜线，如"30+1=31"或"30-1"都是错误的书写方式，正确的书写方式是把"30"改成"31"或把"30"改成"29"，同时盘点员工需在正确数字旁签字确认。将正确的条码（或编码）、数字用钢笔或圆珠笔填上，复核完毕后复核人员必须在预盘表上签名。

（5）商品抽查

①监盘人员对已交复核完毕的商品按30%以上的比例（其中以物查表15%，以表查物15%）抽查（实物负责制、高价值商品需要100%的抽查，如烟酒、大家电等），每抽查一个商品必须在预盘表上的"备注"栏注明"√"，并签名确认。

②如发现有误，更正方法同上。

③抽查中检查是数量输入有误或是抽查人累加有误。一旦找到差异数量，就应与初盘、复盘人员共同修正数据。

④抽查人员随时跟进所管各盘点小组的工作进度，并根据各组的进度调整人员分工，出现问题应及时向指挥人员反映。

⑤抽查完毕后抽查人员必须在预盘表上签名，由区域负责人交送总控台登记后由传单员录入。

⑥区域主管必须随时监控本区域的盘点状况，出现错误应及时指导纠正。

技能三　招呼顾客

1.招呼顾客

无论对哪种类型的顾客，打招呼都是营业员开展销售工作的第一个步骤，也是迎接顾客中最关键的步骤。营业员的招呼可以在短时间内缩短和顾客之间的距离，在顾客心里树立起一个良好的印象。营业员与顾客打招呼，目的是为了告知顾客四个消息，如表5-5所示。

表5-5　须告知顾客的四个消息

传递信息	具体细则
我知道您来了	随时准备为顾客服务
我很重视您	热情地为顾客服务
我非常专业	穿着得体，举止规范，商品知识丰富
我是非常友善的	态度和蔼可亲，自然大方

（1）称呼恰当

有针对性地称呼对方，能够使顾客觉得更加亲切。

根据顾客的年龄、性别、职业和身份特征等给予顾客不同的称呼。

比如，对于老年人，可称呼其"大爷""老爷爷""老奶奶""大妈"，若对方文化层次较高，则可称呼其"老先生""夫人"等。对于中年人可称呼其"先生""太太"等。对于年轻人可称呼其："先生""小姐"等。若是小孩则可称呼其"小弟（妹）""小朋友""小同学"等。

（2）时机刚好

顾客把脚步放慢或停下脚步，调整视线认知门店的情况。环顾四周观察门店内的布置、有哪些商品及判断自己想要的东西会在哪里、自己该往哪个方向走等。

（3）距离适中

顾客进门后，营业员要注意把握好与顾客的距离，这个距离最好保持在1.5～3米之间，不远也不近。这样既可以让顾客看见营业员的存在，又不会给顾客太大的压力。

（4）接触眼神

营业员在与顾客进行眼神接触时，应注意以下几点：

①直视顾客让顾客知道营业员已关注他的到来，让顾客有受尊重的感觉。

②直视顾客不是直愣愣地盯着顾客看，而是稍稍与顾客的眼神接触即可。

③营业员的视线最好位于顾客眼睛与鼻子之间的位置，千万不要用眼睛上下打量顾客，那只会让顾客反感。

（5）微笑、点头

在打招呼时要保持微笑；在说话时要稍稍地点头。

（6）语气温和、亲切

无论顾客的消费档次、态度如何，营业员都应该一视同仁，在打招呼时要保持温和亲切的语气。对待不同顾客，营业员温和、亲切的语气也应有所侧重。

当走进柜台的是一个年轻人时，营业员的神态可以表现活泼、热情。如果是异性顾客，营业员招呼时的态度就要显得庄重大方，让对方感觉既自然又不轻浮。对于老年顾客，营业员的态度就要亲切。

2. 打招呼场景实例

①营业员在通常情况下与顾客打招呼时，具体细则参照表5-6所示。

表5-6 打招呼细则

打招呼原则	要让顾客知道营业员已经留意到他的到来，并且对他的光临表示欢迎
动作要领	微笑
	一定要看着顾客，眼睛里也要散发出笑意
	点头
	双手自然放在身前或身后
	和顾客保持一定的距离，不可过近
	顾客在浏览商品时，不可紧跟其后，否则会给顾客压力
	声音传达出欢迎、亲切之意
参考话术	"您好，欢迎光临！""您好，请随便看看！"

②当来了一位熟客时,营业员打招呼的具体细则可参见表5-7。

表5-7 熟客打招呼细则

打招呼原则	对熟客,营业员要表现出格外的欢迎之意,这是因为当顾客感到营业员能够认出他,并且为他的到来而高兴时,他会觉得非常有面子,自尊心得到极大的满足,这种受重视的感觉会令他对营业员产生好感并心情愉悦
动作要领	微笑
	一定要看着顾客,眼睛里也要散发出笑意
	点头
	双手自然放在身前或身后
	可走到与顾客较近的距离
	声音传达出热情、亲切之意
参考话术	"您好,×先生! 我们正好又来了一批新货,我给您介绍介绍?"
	"您好,×小姐! 有一段时间没看见您了,最近比较忙吧?"
	"您好,×小姐! 您来得真巧,我们现在有一件上衣很配您上次买的那条裙子,要不我拿给您看看?"

③当来了多位顾客时,营业员打招呼的细则可参见表5-8。

表5-8 多位顾客打招呼细则

打招呼原则	当有多位顾客来到时,营业员要让每一位顾客都感觉到了欢迎,千万不能只和一些人打招呼而不理会另外一些人
动作要领	若几个顾客是结伴而来,同时进店的,就用基础打招呼的方法统一对所有人打招呼,注意目光必须对着所有人
	若顾客进店顺序有前后,但后者紧跟前者的话,就用基本打招呼的方法同第一位顾客打招呼,对后面的人微笑、点头致意
	双手自然放在身前或身后
	和顾客保持适中距离,不可太近或太远
	声音传达出欢迎、亲切之意
参考话术	"您好,欢迎光临!"
	"您好,请随便看!"

④当正在接待顾客时来了其他顾客,营业员可就如下方式同顾客打招呼,具体如表5-9所示。

表5-9 正在接待顾客时向其他顾客打招呼的细则

打招呼原则	对后来的顾客,营业员一定要让其感到你对他的欢迎和重视,千万不能只顾先来的顾客而忽略后来的人
动作要领	先用基本打招呼的方法向后来的顾客打招呼
	如有其他同事在场,应示意其他同事马上上前为其服务
	如没有其他同事在场,可向第一位顾客道歉,稍做离开去服务后来的顾客
	声音传达出欢迎、亲切之意

参考话术	"您好,欢迎光临!"
	"您好,请随便看!"
	"对不起,请您稍等一会儿,我去看看那位小姐有什么需要,马上就回来!"
	"小姐,您先随便看,我在那边,有什么需要可随时叫我。"
	"对不起,让您久等了!"

⑤当正在整理货架时来了顾客,营业员可通过如表5-10所示的办法同顾客打招呼。

表5-10 整理货架时向顾客打招呼的细则

打招呼原则	要让顾客感到受欢迎和被重视,不能只顾埋头做自己的事而对顾客的到来毫不理会
动作要领	在任何情况下都要体现"以客为尊"
	马上放下手上的工作(整理货架、处理账务等),向顾客打招呼
	微笑
	一定要看着顾客,眼睛里也要散发出笑意
	点头
	声音传达出欢迎、亲切之意
参考话术	"您好,欢迎光临!"
	"您好,请随便看!"

⑥当正在接电话时来了顾客,营业员应这样同顾客打招呼,具体如表5-11所示。

表5-11 接电话时向顾客打招呼的细则

打招呼原则	营业员要让电话中的顾客和来店的顾客都感受到你对他的重视,对来店的顾客还要让他知道你对他的欢迎
动作要领	要"眼观六路,耳听八方",接电话时仍然要留意周围的情况
	看到顾客进来时,要亲切地注视对方,微笑,点头致意
	如果顾客需要帮助,应向电话中的顾客道歉,稍做离开为该顾客服务。或向电话中的顾客说明情况,并承诺何时再给其回电话
	声音传达出欢迎、亲切之意
参考话术	"对不起,让您久等了!"
	"您好,有什么可以帮您?"
	"对不起,请您稍等一会儿,这边来了位顾客,我去看看马上回来!"
	"对不起,这边来了位顾客,我过半小时给您回电话,好吗?"

⑦在节日时与顾客打招呼,营业员可参考表5-12所示的细则。

表 5 - 12　节日时与顾客打招呼的细则

打招呼原则	营造节日的气氛,让顾客有欢乐和被关怀的感觉
动作要领	微笑
	一定要看着顾客,眼睛里也要散发出笑意
	点头
	双手自然放在身前或身后
	声音传达出喜悦、热忱之意
参考话术	"圣诞快乐! 请随便看!"
	"欢迎光临! 新年好!"

⑧当天气变化时与顾客打招呼,营业员参考表 5 - 13 所示的细则。

表 5 - 13　天气变化时与顾客打招呼的细则

打招呼原则	营业员要让顾客有亲切和被关怀的感觉
动作要领	微笑
	一定要看着顾客,眼睛里也要散发出笑意
	点头
	双手自然放在身前或身后
	声音传达出真诚、亲切之意
参考话术	"您好,请随便看! 今天挺冷的啊!"
	"您好,欢迎光临! 外面是不是很冷? 要注意保暖,多穿点衣服!"

⑨在非自己负责范围内与顾客打招呼时,营业员可参照如表 5 - 14 的细则所示。

表 5 - 14　在非自己负责范围内与顾客打招呼的细则

打招呼原则	营业员要让每一位进店的顾客都有被重视的感觉,所以即使在非自己负责范围内遇到顾客时,也要同顾客打招呼
动作要领	微笑
	一定要看着顾客,眼睛里也要散发出笑意
	点头
	双手自然放在身前或身后
	声音传达出欢迎、亲切之意
参考话术	"您好,请随便看!"
	"您好,欢迎光临!"
	"欢迎光临,请随便看!"

3. 观察顾客

营业员如果不懂得如何了解顾客及其需求,那么不管你的销售技巧有多高,都不可能真正创造出好的销售业绩。因此,当顾客走进门店或自己所负责的区域时,营业员首先要对顾客进行观察。这样就可以在顾客开口说话前掌握到足够多的信息,同时也能增强自己的信心。营业员可从以下方面着手进行。

当顾客结伴购物时,营业员要及时判断出谁是真正决定购买的人,只有让购买者和决策者双方都满意了,才能达成交易。那么,在结伴购物的情况下,该怎么来判断谁是决策者呢?

(1)朋友或同事

营业员如果通过观察,发现结伴同来的若干顾客的关系是朋友或是同事的话,可通过下面两种方法来判断谁是决策者。

①亲密程度。如果不是亲密的朋友,那么直接购买者会拥有更多的决策权,陪伴而来的人可能只是一个意见参考者。如果是亲密的朋友,陪伴者会直接给购买者出意见,影响其购买决策甚至直接决定是否购买。

②观察中心位置。营业员只要注意了以下这些细节,一般都可以很快找到真正的决策者。

两个人行走时,90%以上的是具有影响力的人走在左边。三人平行走时,中间则是较为重要的人物等。如果三人不平行走,那么走在后面的,一般是中心人物等。

(2)情侣

①一般来说,男性是烟、酒、茶、大件商品及耐用消费品的重要购买者,而女性则是化妆品、服装等日用品的主力消费者。

②如果所负责区域是销售家具、电器,那么营业员应该更关注男性消费者的喜好。

③如果所负责的柜台是化妆品,那么在推销时就应该以女性消费者为目标对象。

(3)家庭

①对于家庭来购物的情况,如果当中有年长者,那么这位年长者会有一定的决策权。

②如果是一家人带着一个小孩子来购物,那么营业员首先要注意观察和判断小孩的年龄。通常,3~6岁的幼儿很容易受到外界感染而一时冲动,为购买喜爱的东西往往表现得情绪波动很大,但经常因新的诱惑而转移购买兴趣。因此,当家长带着这样的孩子前来时,孩子往往不能决定是否购买,父母是购买的决策者。不过,孩子仍有一定的影响力。

③如果家庭成员有青少年,他们开始具有成人感,开始要求独立地处理生活,但是由于缺乏经验,常常提出片面的见解,也很容易与父母发生矛盾。因此,在决策时通常会有两种情况发生:一种是父母说了算,父母决策;另一种是父母孩子共同协商,共同决策。这就要求营业员在销售中,不但要注意观察孩子的年龄,还要注意分析他们之间的关系是亲密的还是对立,父母对孩子是民主的还是比较专制。这样才能判断出真正的决策者。

由于一个人的着装风格往往和社会地位、年龄、个人修养、经济条件等因素有关。所以观察顾客的着装风格,可以帮助营业员推断顾客的喜好或需求,还可以帮助营业员判断顾客的消费层次,做到心中有数才有利于销售工作的开展。这一点对于服装、化妆品专柜的营业员来说尤为重要。那么,营业员需观察哪些内容呢?

首先是服饰。服饰是一个人消费层次很明显的外在信号。当一个穿着名牌服装,戴着名贵首饰的顾客走进来时,则可以判断他属于中高档消费者或者高档消费者,那么他可能会对较为高档的商品更感兴趣。相反,对于穿着普通的顾客,营业员可以先向他推荐一些物美价廉的产品。

其次,化妆。观察顾客是否化妆是化妆品柜台的营业员非常重要的一项工作。据统计,有化妆习惯的顾客,在对化妆品的选择上,对彩妆和清洁品的需求比较大,分别占了67%和65%,而对护肤品的需求就相对少一些。

再次,皮肤。对这一项的观察一般来说也比较适合化妆品专柜的营业员。

化妆品均与皮肤相关,所以作为营业员,注意观察顾客的皮肤是非常重要的。另外,观察顾客的皮肤也可以使目标更明确,可以有的放矢地向顾客推销适合他自身需要的产品。营业员对顾客皮肤的观察应该注意两点:

第一,看肤色。通过观察,营业员可以初步判断,皮肤较黄或较黑的顾客大多会有美白方面的需求。

第二,看肤质。就是看顾客的皮肤是否有问题。例如有皮屑、斑点、痘等。有这些特征的顾客大都是抱着解决这方面问题的心理来购买化妆品的,而如果营业员能对症下药地向他们推介有关去斑,去痘的产品,必能获得良好的效果。

4. 接近顾客时机

(1)顾客认真观看商品时

当顾客一走进来,就朝着某件商品走去的时候,表明这位顾客对该产品已经有了一定的认识,其在心里可能早已经对该产品产生了兴趣,甚至已经有了购买的决定。营业员可从顾客的正面或旁边(也就是顾客能够看得见的地方),用夸奖商品的语气去招呼顾客。

(2)顾客寻找商品

顾客进店后,东张西望,眼睛不停地搜寻着什么时,表明顾客已有了购买产品的想法,但是不知道具体的商品放在哪里。此时,越快接近顾客越好,这样替顾客省去很多寻找的时间和精力,顾客也会因此而感到愉快。

(3)顾客触摸商品时

当顾客用手触摸商品,翻找价格牌,标签时,表示顾客不再满足眼睛的观察,而希望能通过触摸,对商品有更深的认识。此时是接近顾客的好时机,但应注意切忌在顾客刚刚抚摸商品时就与之接触,这样容易引起顾客的猜疑,而是要稍微等一下,使顾客对商品的了解更深入一些,然后视其注意、抚摸商品的种类,加上一些简单的说明,以吸引其购买欲望。

(4)顾客与营业员对视时

当顾客主动寻找营业员,并毫不回避与营业员目光接触时,表示该顾客希望从营业员处得到帮助。此时,营业员应向顾客点头致意或微笑,并致以问候语,进行初步的接触,这样可以表现营业员的礼貌与热情,给顾客留下好的印象。

(5)接近顾客注意事项

如何接近顾客也是有学问的,营业员应注意以下几点:

①营业员在接近顾客时,必须从前方走近顾客。这样可以让顾客从视线中看到营业员而不至于产生不安。

②走过去时动作轻柔、缓慢,但是也不要悄无声息地走近顾客并突然出现在顾客面前,这样只会惊吓到顾客。只要像平时走路那样,自然地接近顾客就行。

③与顾客的距离要适度。据研究显示,人只有在和父母、兄弟、夫妻、小孩或极亲密的朋友在一起时,才愿意保持近距离而不会感到不安。所以,营业员在面对顾客时不要和他太过贴近,否则会令对方感到不舒服。一般以 1～1.5 米较为适宜,最低不能少于 45 厘米。

④营业员在接近顾客后,就要立刻面带微笑开口与顾客说话。千万不要走到顾客旁边一言不发。这样顾客以为营业员在监视他,会因此而不满。

⑤在开口与顾客谈话时,营业员必须不时地与顾客有目光接触,但不能一直死死紧盯着顾客看,这样会让他产生不安和压力。

(6)观察顾客特点

如果不知道顾客要什么,就不可能满足其需求。那么如何从顾客口里探询出顾客的需求呢? 营业员要先观察顾客的特点,然后因人而异地把问题做一番包装,用顾客易于接受的方式提出。过程虽然相同,但是"会说话"和"不会说话"的结果是大不一样的。不同类型的顾客其解决方案也不一样,具体如表5-15所示。

表5-15 不同类型顾客的解决方案

顾客类型	表现特征	应对方法
理智型	不爱说话,喜怒不形于色 听完看完商品介绍后不立即做反应 选购产品不会受他人意见左右 关注产品的品牌、价格、质量、性能 购买前独立思考时间较长	沉住气,避免多次催问 严肃而有礼貌,不卑不亢 多介绍商品知识 不要喋喋不休,给其独立思考时间
挑剔型	心思缜密,善于观察 关注商品细节 对现场环境布置、服务员反应比较敏感 害怕吃亏上当 喜欢抱怨、较真	小心谨慎,避免出现失误 出现失误时不要辩解,要表现出有错必改的诚意 对价格、质量以及材料的情况应详细介绍 主动征求顾客意见
慷慨型	出手阔绰,对价格不敏感 看重产品的品牌,非名牌不买 重派头,讲排场 对服务质量要求高	服务周到 在介绍产品时要体现产品的高贵、典雅 提高接待顾客的规格
专业型	自信,有主见 有丰富的商品知识 不轻易接受营业员的意见 常以专家自居 对产品较为挑剔 有时爱夸夸其谈	表现谦虚,学会向顾客请教 少建议,多让其自由选择 充分了解产品的各项性能指标及相关知识,介绍产品时要显示出专业性
傲慢型	常常是心高气傲,不尊重别人 不拘小节,行为粗俗 极强的虚荣心 注重形式、排场	以礼相待,小心仔细 学会用妙语婉言缓解矛盾 不要表现出自己的不满
随和型	容易交往,愿意同营业员交流 对商品品种和价格不十分计较 有时候较为犹豫,难以做出购买决定	尊重顾客,不因对方好说话而不屑一顾 在沟通中不可喧宾夺主 为顾客的购买决定提供适当建议

续表

顾客类型	表现特征	应对方法
谦逊型	①态度和善	亲切热情,以礼相待
	②喜欢向营业员请教问题	察言观色,探知顾客的言外之意
	③不轻易表露自己的真正态度	认真仔细介绍商品
强硬型	有着强烈的好胜心,从来不肯认输	以静制动,以不变应万变
	希望处于一种主动的地位	不要同对方争辩
	神经过敏,对方细微的动作也可能引导起其误会	不可感情用事
		冷静理智地提供服务
防备型	戒备心强,担心上当受骗	耐心细致
	小心谨慎	不要与之争辩
	不表露对商品的喜爱	坦率,真诚
	喜欢挑三拣四	尽量满足其需求
犹豫型	瞻前顾后,缺乏主见	满足其观望要求,不指望一次就能达成交易
	往往没有明确购买目的	如果看到其对某商品感兴趣,立即帮助其做出购买决定
	对商品知识缺乏了解	
	购买时受他人影响较大	介绍产品时较为肯定语气
领导型	自我意识突出,不易改变主意	积极、热心、自信地介绍产品
	果断、坚决	避免对方直接拒绝
	难以听从建议	不隐瞒商品的缺点
	有时喜欢指手画脚	

5.学会问问题

如果营业员善于提问的话,就可以使顾客在不知不觉中透露出很多信息。尽管顾客没有直接告诉营业员需求,但是通过正确地提问营业员就可以掌握或部分掌握顾客的想法。

问问题是了解顾客需求的重要方式之一。一般来说,问问题可用两种方式,一种是开放式,另一种是封闭式。

(1)开放式

开放式问题询问内容通常包括为"5W1H",也就是 What(什么事)、When(什么时候)、Where(什么地方)、Who(谁)、Why(为什么)和 How(怎么办)。开放式提问可达成以下一些效果:

①让营业员获得大量信息,和顾客建立良好的人际关系。

②易于使顾客解除防卫心理,让顾客感到自己受到重视和尊敬。

③让顾客有自由表述个人观点和情绪的空间,觉得自己引导了讨论的主题。

(2)封闭式

封闭式的问题就是答案很简单或很短的问题,其答案通常是"是"或"否",或者是在问题限定的范围内作答。封闭式问题足以把需求确定到某一点上，这是确认、澄清事实的最佳途径。当营业员需要获得具体或特定的信息，或者需要控制讨论问题的方向时一般就可以使用这种问题。它是弄清问题和确认事实的最佳方法。

表 5-16 是封闭式问题和开放式问题各自的特点，营业员在日常工作中可选择运用。

表 5-16　封闭式问题和开放式问题的特点

	封闭式问题	开放式问题
技巧	用"是…还是…"的选择式问题来提问	用"什么事""什么时候""什么地方""谁""为什么"和"怎么办"等问句对顾客提问
实例	"请问，我可以提几个问题吗？" "您需要皮质还是革制品的包包呢？" "您要充满现代气息的床单还是古香古色的床单呢？" "您想要白色的还是其他颜色呢？" "您的预算是多少呢？"	"您对产品的外形有什么要求呢？" "您一直喜欢用我们的哪款产品呢？" "您试用了产品，感觉怎么样？" "您一般会在什么时候用我们的产品呢？"
优点	更快地获得自己需要的信息 确认顾客的态度和看法	让顾客在交谈中发挥高见，从而达到畅所欲言的效果
缺点	问题延续性差 只能获得简单的信息	可能会使顾客不知从何谈起 谈话失去控制

并不是所有的顾客都有明确的目标，有时营业员也许要反复地询问，才能发现或是让顾客自己发现到底想买的是什么。所以，在探询顾客的需求时耐心是非常重要的。营业员在向顾客提问时要记住：用循序渐进的问话方式可以引导顾客发现他们的需求。在问话的过程中，营业员也能和顾客逐渐建立信任关系。只要营业员耐心地循序渐进地再多问几个问题，就能找到顾客的真正所需，从而更好地为顾客服务，让顾客满意。

6. 避免提问雷区

营业员在探询顾客需求时，也要注意提问的艺术，有些问题是根本不能问的，有些问题是不能直接问的。这些不该问的、不能直接问的问题就是"问题雷区"。请千万注意，不要踩到以下几个问题雷区，否则将会失去顾客。

（1）别问让对话无法延续的问题

前面提到的封闭式问题有一个最大的缺点，就是很容易把话说"死"，把对话变成"死话"。比如，营业员问顾客："您喜欢红色还是绿色？"如果顾客两个都不喜欢的话，那他该怎么回答？如果心情好，他也许会告诉你，他都不喜欢，如果心情不好，他会扭头就走。

（2）与顾客身材有关的问题慎问

有时顾客太胖，或者有其他的特殊之处，在发问时千万不能问与身材有关的问题。

（3）与顾客年龄有关的问题要注意

有些顾客挑选的商品并不适合自己的年龄，营业员出于好心，会提醒他这样的商品不适合他的年龄，结果有时好心反而办坏事，惹得顾客不愉快。特别是对女性顾客，更要注意这一点。

(4)与消费预算有关的问题要小心

在一些情况下,营业员总想了解顾客购物的预算,以免自己向顾客展示了价格高于其预算的商品,浪费彼此的时间。如果直接问与预算有关的问题,比如"您想买什么价位的衣服呢?"会让顾客觉得你在怀疑他的经济实力。这样的话不但不能探寻到顾客的需求,严重时还会使顾客直接中断购买货品的欲望。因此,这也是营业员要小心和谨慎的问题。

(5)探询要注意倾听

在销售过程中懂得运用提问和用心倾听的技巧,才能找到顾客的需求点并且赢得顾客的好感,当然销售也就能够成功。

技能四 商品展示

1.为顾客准确拿递商品

(1)根据需要拿递商品

营业员要能准确地拿递商品,除了掌握顾客心理和商品知识外,还要练就扎实的基本功。比如:

①目测顾客的头形和头围大小,根据顾客的头形、年龄和帽子的规格,准确、迅速地递拿帽子给顾客。

②观察顾客脚的大小、形状,准确递拿出适合顾客的鞋。与此同时,要考虑制鞋原料的不同特性,如是否透气、走形,同时还要考虑顾客的年龄、性别、职业及生活习惯等。

③目测顾客的体形特征,并分析判断顾客的习惯和爱好,揣摩顾客心理,挑选出适合顾客款式的服装。对于顾客不同肤色、年龄、性别,职业等,选择时也应考虑到。

(2)小心递拿,爱护商品

①在拿放玻璃器皿、瓷器、工艺品、眼镜等易损易碎商品时,轻拿轻放,不能用力。

②在向顾客拿递大件商品时,要用手托住底部轻轻放下。

③对于小件的珠宝、首饰、工艺品等,可放在托盘内或绒布上让顾客观看。

④对于技术性较强且价值较高的商品,如摄像机、手机等要小心拿放,以免因拿放不当造成商品损坏。

⑤对于贵重商品要表现珍爱之意,让顾客感觉所购商品是放心且得到大家爱护的。

2.商品介绍要领

在全面了解了商品的知识之后,如何才能让自己所掌握的知识得到灵活运用以便商品的魅力发挥得淋漓尽致、让顾客忍不住想买呢? 那就得针对顾客的需要做好商品的介绍。

(1)商品介绍要求

①营业员应遵守职业道德,对顾客要诚实无欺。介绍商品的优点时要实事求是,不要言过其实,同时,也应将商品的缺点或不足向顾客介绍清楚。

②介绍商品时的语调和口气必须恰如其分,简明扼要,语调柔和、语速平稳,以愉悦的表情,配以适当的动作和语言来获得顾客的好感。切忌吞吞吐吐,喋喋不休,以免引起顾客反感。

③顾客如想亲自接触商品,营业员应尽量鼓励顾客接触商品,并采取积极主动的方式让顾客摸一摸、试一试,以激起顾客更大的兴趣及购买欲望。

④多拿几样商品让顾客自己挑选,以增强顾客对商品的认识和信心。不过,供顾客选择

的商品一次最好不要超过5件，否则容易使顾客不知所措、犹豫不决。

⑤营业员还要根据顾客的年龄、性别、职业、个性特点等有针对性地介绍。不要强加于人，以免引起顾客的不满。尤其对外宾及少数民族顾客，要了解和尊重其爱好及习俗。

(2)紧紧抓住顾客喜好

营业员在介绍商品前，必须先捕捉顾客的购买需求，而且还得注意利益的相对性。正如一位哲学家所说："对一个人来说是蜜糖，对另一个人来说是毒药。"

(3)有序地推荐商品

对于没有明确购买目标的顾客，通常需要营业员向他们推荐商品。而由于各个门店的经营重点不同，让顾客先看什么，先挑什么也是不一样的，应把握一定的技巧。

①对于以经营高档商品为主的门店，营业员应先向顾客推荐高档商品。看看顾客的反应如何，然后再让顾客看中档商品。这样，顾客很可能购买高档商品。

②对于以经营中档商品为主的门店，营业员应先向顾客推荐中档商品，然后根据顾客的反应再去看高档商品或低档商品，这样顾客就可能购买中档商品。

③对于以经营低档商品为主的门店，营业员应从低档商品介绍起，以便于顾客比较。同时也要让顾客看看中档商品，这样顾客经过比较很可能购买低档商品。

(4)诚恳处理不清楚问题

作为营业员，在遇到自己不明白或不清楚的问题时，最好按如下方式处理：

①向顾客表示歉意，坦率地告诉顾客自己不清楚，同时也表示你会负责帮助顾客找到答案。

②想方设法取得正确信息并及时告诉顾客。这样，顾客得到了尊重，也会感觉到你很真诚、很热情，并对你及你的商品产生好感。

③平时就必须加强学习，了解最新的市场动态，掌握足够的信息，不断地更新知识，扩展视野，以满足顾客的需求。

(5)学会"负正法"解释

作为营业员，如果要取得消费者的信赖，是绝对不可以欺骗消费者的。当然，在销售过程中运用一些销售心理策略是允许的。比如，学会运用"负正法"。所谓的"负正法"，就是先说出商品的缺点，然后再根据这个缺点进行说明，以证明这个缺点并非不可弥补。先看看以下两种说法：

说法1："这款洗衣机是采用目前国际上最先进的杀菌技术，只不过价格是贵点。"

说法2："虽然这款洗衣机是贵了点，但它采用了目前国际上最先进的杀菌技术。"

说法1是先说优点，再说缺点。说法2是先说缺点，再说优点。很显然，说法2更能让顾客接受。因为如果先说缺点再说优点，那么缺点会被缩小，反之则放大。

(6)掌握必要的消费知识

消费知识主要包括顾客的消费心理、风俗习惯及顾客方言。

①不同地方的顾客有不同的喜好，安徽、浙江、江苏一带的顾客，喜爱甜食，东北顾客喜欢咸食，而福建、广东等讲究吃"鲜、嫩、滑"，山西、甘肃、新疆等西北顾客则无酸不下饭等。

②各地顾客还有自己的方言土语，就馄饨而言，广东人叫"云吞"，四川人叫"抄手"，江西人叫"清汤"，福建人叫"扁肉"。若营业员对这些一无所知，销售时则容易闹出笑话。

3. 商品展示的方法

（1）运用图片解说

有些商品是无法进行直接演示的。那么，运用图片（包括产品说明书）进行讲解也是一个非常有效的方法。运用图片解说可达成以下几个方面的效果：

①可以吸引顾客的注意力。通常人们在看到某个东西时，心中便会投射出这个形象，从而令精神集中，心中的杂念减少。由此可见，营业员要想控制顾客的注意力，多用图片等可以看得见的东西去辅助解释说明不失为一种好方法。

②可让语言更加生动活泼，从而吸引顾客的目光。

③可促使顾客产生联想，从而激起顾客的购买欲望。

④可增加客户的参与感，因为顾客可通过用手指点和提问等方式，积极地参与到营业员的讲解过程中。此外，顾客一边观看图片，一边听营业员讲解，压力会小很多，气氛会更为舒适自然，从而有利于双方的交流。

⑤可以增强顾客的信任感，因为这在顾客看来，营业员就只是在介绍商品，并不是强迫自己购买。因此，其戒备心理也会大大降低。如果顾客从感官上发觉产品是好的，他可能就会产生"试试也无妨"的想法，从而也就能增加销售成功的概率。

（2）让顾客亲身体验

俗话说"说一百遍不如做一遍"，让顾客亲身体验商品可以使营业员的商品介绍效果事半功倍。根据所售的商品，营业员可以选择展示、让顾客触摸、试用或教顾客使用等方法来让顾客充分感受商品。营业员在示范操作前，必须做到以下两点：

①自己要清楚地知道如何使用。如果看到你手忙脚乱、很不熟练地操作商品，顾客对商品的印象会大打折扣。

②用于示范的商品是完好无损的。如果营业员在示范操作时，出现蒸汽熨斗没有蒸汽、闹钟不会闹、吸尘器吸不干净等情况，也会让顾客对商品产生坏印象，购物的兴趣会大大降低。所以，在每天上岗前，营业员都应该检查一下试用品的好坏，看看是否有污渍、是否有破损、零件是否齐全，需要用电池的商品电是否用完，需要开、关的地方是否能正常开、关，商品是否能正常运作，等等。

（3）学会使用辅助材料

如果营业员仅仅只是说，说得再用心，有些顾客还是会觉得差那么一点购买的信心。这时营业员若能拿出一份非常有力的证明材料，它则可以让自己的介绍更具说服力，可以给顾客多一份信心。由此可见，辅助材料运用得当，会对商品销售有非常大的帮助。

通常营业员的辅助材料主要有：

①顾客使用产品后的赞美留言或客户使用产品后的获利事例。

②专业部门、认证部门颁发的认证书、质检书。

③宣传图片、图表、统计表。

④书、报、杂志等出版物上对产品或有关方面的正面报道。

⑤权威人士的证明。

既然辅助材料对营业员的销售有如此大的帮助，那么这些材料该如何获得呢？有些材料可能比较容易获得，比如包装盒、说明书、广告宣传资料等。但是，很多说服力强的资料，还得靠营业员自己花心思去搜集和整理。表5-17提供一些关于搜集辅助材料的方法，可供营业员在实际中参考使用。

表 5-17 辅助材料收集途径表

类别	如何搜集
顾客使用商品后的赞美留言或顾客使用商品后的获利事例	向客户服务部或销售部索取
	在柜台内放置留言册,要求对产品满意的顾客写赞美留言;必要时,营业员可帮他们写草稿,让顾客自己写并签名
	保持与顾客的紧密联系,把顾客的获利情况记录下来
专业部门、认证部门颁发的认证书,质检书	公司的技术部和公司的相关部门会保存
宣传图书、图表、统计表	海报、杂志上的资料、一些年度销售表和市场调查统计表
书、报、杂志等出版物上对产品或有关方面的正面报道	书、报、杂志等出版物上的一些相关报道,不一定要针对产品,只要与商品的材料、功能等有关的就可以。(例如,你是卖保健品的,你就可以搜集现在的人身体普遍缺什么,补充这类营养的好处等报道)
权威人士的证明	相关专家的题词、名人的评价
掌握对产品有利的、竞争对手的产品价目表	获取途径灵活

(4)辅助材料运用注意事项

为更好地发挥辅助材料的作用,在使用辅助材料的过程中,营业员需注意以下事项:

①所提供的资料要真实,千万不可造假、掺假。

②要选择真正使顾客感兴趣和最能体现顾客利益的材料。

③提供的资料要完好无缺。

④对材料要充分熟悉,最好能做到倒背如流。

⑤材料要一份一份地给,并对材料的重点给予指出。

⑥在顾客面前使用推广资料和证明材料的时候,要保持手掌和手指的清洁。

⑦在向顾客讲解推广资料的时候要与顾客保持目光接触,从而达到随时了解顾客态度的目的。

⑧在向顾客讲解材料的内容时,用笔帮助讲解,这样既方便了移动,又不会因为手指分散顾客的注意力。

技能五 商品成交

1.做好成交准备

(1)成交时机

通常,成交的时机主要表现为以下几种:

①顾客突然不再发问。这种情况表示顾客可能正在考虑是否要买,此时如果营业员从旁劝导,将促其成交。

②顾客不讲话而若有所思。这表明顾客正在内心权衡是否要买,这时营业员应抓住机会,用恰当的语言鼓励其购买。

③顾客开始询问购买数量。如顾客开始询问"这种贴墙纸我打算铺一间房大概需要买

多少平方米?"等问题时,说明顾客已经有了购买的打算。

④顾客话题集中在某个商品上。这表明顾客对该种商品有了浓厚兴趣,此时如稍加劝说,可促其成交。

⑤顾客不断点头。这表明顾客对此商品很满意或对营业员的劝导表示赞同,这是成交的极好机会。

⑥顾客开始注意价钱。这说明顾客对商品本身基本满意;剩下的只是考虑价钱问题,这也是成交的信号。

⑦顾客不断反复问同一个问题。这说明顾客对该商品非常有兴趣,只是还有一点不放心,此时说明其已有购买意图。

⑧顾客关心售后服务问题。这表明顾客已有明显的购买意向,成交的可能性很大。

(2)成交的准备工作

当营业员发现顾客发出购买信号时,就应该考虑是否可以建议成交。当然,在你提出成交建议时,首先需要做好以下工作:

①停止介绍其他商品。因为既然顾客已经对营业员所介绍的商品产生兴趣,那就没有必要再向顾客介绍其他商品,否则不但会分散顾客的注意力,而且还会使顾客的购买兴趣转移,游离不定。

②确定顾客所喜欢的商品到底是哪一种,以进行最后的成交攻势。

③营业员在建议顾客成交时,要确认顾客的主要异议已经解决,才有必要建议成交。否则,顾客对商品还不满意,再怎么建议成交也是没有用的,甚至会让顾客感到反感。

(3)促成成交的语言技巧

当营业员注意到顾客的这些信号之后,就可以试着根据情况运用语言技巧(如表 5 - 18 所示),争取促成顾客作出购买决定。

表 5 - 18 促成成交的语言技巧

类别	适用状态	举例
主动请求	营业员用简单明确的语言向顾客直截了当地提出购买建议。当顾客已经很明显地流露出购买意图时,可用此方法	"您看,用这种布做窗帘既明快又好看,您买几米吧。"
		"您的小孩这么喜欢这个书包,就买这个吧。"
自然期待	营业员采取积极的态度,自然而然地引导顾客作出决定,让顾客自己说出"买"这个字	"您看,这种电风扇质量好,运转平稳,没有一点噪声,也不占地方,很不错吧。"
		"这已经是给您的最低价了,您看怎么样?"
充当配角	营业员把顾客作为主角,自己充当配角,用赞许、服从的态度促成顾客作出购买决定	"我觉得您说得对,做窗帘还是用这种颜色的布更好看。"
		"您选得很仔细,您看是不是就买这种?"
假定成交	营业员通过直接和顾客商量购买后的相关事宜进行暗示,使顾客感觉自己已经决定购买了	"您的意思就是这个了吧?我帮您包上。"
		"您这两天什么时候方便?我们安排送货。"
		"我现在给您开票吧。"

类别	适用状态	举例
肯定性的建议	营业员以肯定的态度和语气直接提出购买建议，促使顾客作出决定。当顾客已经看中某一商品但又有些犹豫的时候，可以采用这个办法	"我觉得您买这个就行，送礼用拿得出手。"
肯定性的建议		"如果是小学生用的话，这种字典就行。"
缩小选择	假定顾客已经作出购买决定的前提下向顾客提出购买的选择方案	顾客走进餐馆，在桌前坐好，服务员走上前问："您是要菊花茶还是大麦茶？"
缩小选择		营业员："您是要粉红色的还是橘黄色的？"
尝试购买	当顾客面对一种从未接触过的产品而拿不定主意时，营业员可以建议顾客先少量购买并尝试使用	"这是新进店的产品，您可以少买一点，用着好再来买。"
尝试购买		"您不用一次买这么多，放在家里容易坏，先少买一点。"
从众成交	营业员利用多数人购买、使用某一商品的事实来劝说顾客购买	"今年过节就时兴送这种礼品，这两天卖得特别快。"
从众成交		"这是今年的新款式，买的人很多，您穿上确实很漂亮。"
相关群体购买	可以利用相关群体对人们的影响来劝说顾客作出购买决定	"现在的中学生买东西都认品牌，您给孩子买这个牌的吧。"
相关群体购买		"好多知名人士都买我们的家具，前些时候××就从我们这儿买走了一套。"
特定成交	营业员利用商品特点和顾客特性的联系，引发顾客购买欲望，促成顾客作出购买决定	"您穿上这身衣服真的很合适，颜色，样式和您这个人很相配。"
特定成交		"这顶帽子您戴着很合适，和您穿的这身衣服也配得上。"
最后机会	营业员通过向顾客指出现在是购买某种商品的最后时机，来促成顾客作出购买决定。要善于利用有利时机，如节假日的优惠促销期、季节更替之际的商品甩卖、畅销商品的限量销售等	"七折优惠，这是最后几件，再不买就没有了。"
最后机会		"这次我们进货有限，您还是赶紧买吧。"
优惠成交	营业员通过告知或提供优惠条件促成顾客购买的方法。优惠成交是对顾客的一种让步，主要是为了满足顾客的求利心理。当然，优惠往往是有条件的，比如，前提是顾客多买、一次付清款项等	"如果您买10斤以上的话，就2元1斤。"
优惠成交		"这个商品也就是角儿上有点磕了，要不给您打九折？"
保证成交	通过介绍和提供承诺，解决顾客在购买和使用中可能面临的问题，从而克服顾客购买障碍，实现买卖成交	"如果是质量出现问题，10天之内可以退货换货。"
保证成交		"您现在买了这款项链，戴一段时间后还可以到我们这里换一种更新的款式。"
保证成交		"出现问题的话，打个电话，我们派人上门修理。"

2. 让顾客进行确认

为了让顾客放心大胆地购买,并杜绝产生购买"后遗症",营业员必作出以下确认:

①在商品介绍中,营业员可能会拿出众多商品让顾客挑选,所以,营业员必须确认顾客所要购买的商品到底是哪一件。

②如果顾客没有看清价格或看错价格标签,那么在付款时顾客就会产生异议,甚至会认为营业员是在恶意欺诈。对于有明确价格并且不打折不讲价的商品,要出示价格标签;对于打折的商品,要当面计算,并将打折后的价格告诉顾客;对于经过讨价还价后确认的价格,要再一次向顾客确认最终成交的价格。只有这样,顾客才会觉得是在明明白白地消费,而不会产生异议。

③在顾客付款前,营业员还需要让他们确认包装的完好无缺,最好让顾客亲自检查。如果发现包装有问题,必须马上更换,并向顾客说明原因,请求谅解。

④在终结销售前,应根据不同顾客和不同商品做一些必要的交代,比如,商品的保管注意事项及商品的使用要求,携带方法、退换货规定等。

⑤以上问题得到确认后,营业员要再次核对商品的价格标签,以确定价格准确无误。

3. 填写销售单

在与顾客确定清楚各项事宜之后,营业员应快速填写销售单据或用电脑输入销售记录,然后安排顾客付款。

(1)填写纸质销售单据的工作步骤

填写纸质销售单据,其工作步骤大体如下:

①做好填写准备。取出销售单据,垫好复写纸,再看一遍商品标签,记住规格、尺码等,并将商品再次出示给顾客看看。

②填写销售单据。根据与顾客确认的商品及其价格,按规定逐一填写销售票据中的各项内容,注意字迹工整,票面清晰。

③检查是否填写正确。填写完成之后,营业员应再次快速检查一下自己所填写的内容是否正确,其他人是否都能看清等,确定准确无误。如金额栏中的大小写是否相符、有没有错字、品名规格是否正确等。

(2)在电脑中输入销售记录

在电脑中输入销售记录,其步骤如下:

①打开电脑,进入销售流水登记界面。

②根据与顾客确认的商品及其价格,还有商品的编号、规格,颜色等项目填入登记表单的相应位置。

③检查记录数据是否正确。

④保存数据,提交,完成操作。

4. 安排顾客付款

顾客付款,营业员都必须尽快收款或协助收款,以免顾客反悔不买或不耐烦。

(1)货款分离

①营业员将销售票据开好后,应双手递给顾客,然后指示顾客到最近的收银台付款。比如,"请您到 3 号收银台,就在前面左拐一点就到了"(指示给顾客看)。

②如果收银台离本销售区域较远或不太好找,营业员则一定要给顾客讲清楚行走路线,

在不忙或同事照管门店时可陪同顾客一起去付款,这样不仅可增加顾客的好感,还可防交易意外丢失(顾客在往收银台的途中看到别的商品,而放弃已经打算要购买的商品)。

③在顾客付款取货时,最好能够提醒顾客妥善保存单据,作为退换的凭证。

(2)货款合一

①收银"三重复"。

营业员在收款时,一定要做到以下三个"重复"。

一重复:在收款时须先将价格显示给顾客看,并说出金额。

二重复:从顾客那儿收到钱后,你要双手接钱,并确认收到的金额,比如说"谢谢,收您××元"。

三重复:当找钱给顾客时也要一边拿钱给顾客一边确认金额,比如说"找您××元"。

②注意辨别货币。

营业员在收取货款时还要注意鉴别货币真伪,尤其是大面额的货币,以免给自己或企业带来不必要的损失。

(3)储蓄卡或信用卡付款

①顾客用储蓄卡付款的操作。

接受顾客用储蓄卡付款的操作要求如表5-19所示。

表5-19 接受顾客用储蓄卡付款的操作要求

储蓄卡种类	普通储蓄卡:各银行发行的一般储蓄卡
	特别储蓄卡:银行发行,特别储蓄卡等
储蓄卡特点	银行准备的每套销售单包括三联:顾客联、银行联、门店联
	各个银行的储蓄卡外观应与其他储蓄卡有显著不同
	不能透支消费,顾客凭密码消费
	储蓄卡在指定的银行刷卡机上刷卡或在特邀的商家消费
储蓄卡付款步骤	把储蓄卡放在刷卡机的槽口刷卡
	输入金额
	请顾客输入密码
	检查销售单上打印的内容是否完整、清楚,正确
	选择付款键打开钱箱,完成交易
	将储蓄卡和销售单的顾客联交还给顾客,保留门店联并放入钱箱
	关闭钱箱

②顾客用信用卡付款的操作。

接受顾客用信用卡付款的操作要求如表5-20所示。

表5-20　接受顾客用信用卡付款的操作要求

信用卡类型	国内信用卡:国内银行发行并只能在国内使用
	国际信用卡:在发行国和世界其他国家通用
信用卡特点	银行准备的每套销售单包括三联:顾客联、银行联、门店联
	各个银行的信用卡外观应与其他信用卡有显著不同
	每张信用卡应写有年、月、日,持卡人姓名和有关银行标志
	信用卡在指定的银行刷卡机上或在特邀的商家消费
信用卡检核	查证银行标志和卡号的前几位
	检查信用卡是否完整无损
	核对顾客的有效身份证件(护照、身份证、港澳台回乡证)是否与信用卡相符,相片是否相符
	检查发卡行和到期年月
	如果金额没有超出有关银行现金的信用额度,在接受任何信用卡之前应根据有关银行透支信用卡收回报告对照并检查信用卡号
	已被宣布失窃或作废的信用卡,为检查方便,应按数字顺序列出清单
	如果金额超过信用限度,要由客户打电话给银行要求加大信用权限的特许代号,将此号码记录在销售单上
例外处理	出售的商品或提供的服务的价格超出银行规定的信用额度
	信用卡号码包括在透支信用卡收回报告中
	顾客态度令人感到奇怪或有令人生疑的举动
	信用卡背面没有签名
	被使用的信用卡已失效
	销售单上的签名与信用卡上签名不一致
信用卡付款步骤	验证信用卡的有效期
	把信用卡放在刷卡机的槽口刷卡
	请顾客输入密码
	输入金额,并检查销售单上打印的内容是否完整、清楚
	请顾客在销售单上的相应位置签名
	将销售单上的签名与信用卡的签名相比,确保其真实性、正确性
	选择付款键,打开钱箱,完成交易
	将信用卡和销售单的顾客联交还给顾客,保留门店联并放入钱箱
	关闭钱箱
金额超出银行规定的信用额度	有礼貌地向顾客解释情况,请求顾客用其他方式付款或换卡付款
	由客户给银行打电话,询问扩大信用权限。一得到批准,就在销售单上填上批准号
	银行储蓄卡存款

5.包装商品

要赢得顾客的好感,营业员还必须做好商品包装工作。在商品包装时,营业员必须注意以下几点:

①商品包装力求安全牢固、整齐美观、便于携带。

②包装前要对商品进行严格检查,发现有破损或脏污,要及时为顾客调换。

③包装时要快捷准确,对商品要轻拿轻放,不错包、不漏包。

④针对不同顾客的心理、携带习惯,用不同的包装方法,尽可能满足顾客的要求。

6.送客的基本要求

(1)热情体贴

交易顺利达成后,营业员对顾客的态度千万不要由热情转为冷淡。有些营业员,一旦买卖做成,就开始敷衍顾客,让顾客顿时失去安全感。要知道,从一个生意人手中买下商品的感觉和从朋友手中买下商品的感觉是大相径庭的。因此一定要让顾客记住你的情义,感到购买你的商品是明智的、幸运的。

(2)适当寒暄

在顾客完成付款后,你最好不要急于和顾客说再见,否则就显得太没有人情味了。在买卖成交的这一时刻,顾客通常会比较兴奋,你可以找一些大家共同关心的问题聊一小会儿,让顾客的心境平和下来。

(3)提醒顾客

在顾客拿好商品后,营业员还要提醒顾客不要忘记携带东西,比如说:"您的东西都带齐了吧?""请小心看住你放在购物车上的物品,以防在买别的东西时被人拿走。"如果顾客是丢三落四的性格,他会因为你的贴心提醒而对你增添几分好感。

(4)答谢顾客

在成交之后也不要先急于道谢,最好将道谢的时机选择在临别时。道谢时不要太过分,使人感觉到亲切就可以了,最好与顾客握握手。这些充满情谊的举动,一定会使顾客对你和你的门店留下良好的印象。

(5)一视同仁

交易成功了,一般的营业员都很容易做到与顾客再沟通、再交流。而一旦交易不成,许多营业员则就草草收场。优秀的营业员一定要能做到"买卖不成人情在",对拒绝自己的顾客依然彬彬有礼,感谢他们给自己机会,并向他们致歉说耽搁了他们的宝贵时间。千万不要因为顾客没有购买产品而懊恼,因为,他今天不买并不代表今后不买。

7.送客的细节

(1)对已购买商品的顾客

货款分离和货款合一的营业员在此时都应该注意一个细节,就是在顾客交回票据时不要急着把产品递到他手上,应该等顾客把余额和票据收进钱包之后再以双手将产品恭敬地递给顾客。在送客的时候,营业员要注意以下事宜:

①要怀着感激的心情诚心诚意地向顾客道谢:"谢谢您的惠顾,欢迎您下次再来。"同时也可以有礼貌地请顾客向他人推荐该门店。

②要留心顾客是否忘记了他随身携带的物件,如皮包、雨伞、外套、帽子、手套、眼镜等。这种关心,也是营业员为顾客服务的内容之一。

③在送客过程中,要避免没等顾客离开就匆匆忙忙地收拾货架上的东西,仿佛要赶顾客走似的。送客时,营业员一定要注意避免送客时的态度冷漠或过分感激。要知道送客是最后的服务机会,一个好的销售结束不仅会给顾客留下一个好印象,还有可能是这位顾客的下一次销售开始。

(2)对没有购买产品的顾客

对没有达成交易的或是无意购买产品的顾客,营业员应避免恼羞成怒,藐视对方或是自暴自弃说自己真没用。正确的做法是要真诚地感谢顾客:"谢谢您的惠顾,欢迎您下次再来。"一个好的送客态度能为下一次接触顾客奠定良好的基础和创造条件,这些没有购买产品的顾客,也会因营业员的出色表现而再度光临。

技能六　顾客服务

1. 为顾客办理退换货

(1)办理退换货原则

营业员在处理顾客的退换货要求时须遵循如下原则:

①销售的产品被鉴定为存在质量问题时,无条件退换。

②顾客要求退换的商品正在打折时,虽然商品的价格高于现价,也只能按现价退换;如退换的商品属质量问题,按购买价格退换。

③如所调换产品价格低于原商品价格,顾客可挑选其他商品补充。直到与原商品价格持平,门店一概不赊欠、不退款。

④如所调换产品价格超出原产品价格,顾客需支付超出金额。

⑤由于使用不当造成人为损坏的商品,不予退换。

(2)顾客退换货的原因

营业员在决定该不该为顾客提供退换货服务时,首先要弄清楚顾客为什么要退换。造成商品退换的原因有很多,如商品有质量问题、冲动购买、替别人买而尺寸不合适、买重了等。诸如此类的原因可以分为两大类:有质量问题的和没有质量问题的。

①有质量问题。有质量问题的商品就是残品或次品,对于此类商品,要无条件接受顾客的退换要求(但一般都有期限要求),并按规定程序办理。

②没有质量问题。无质量问题的商品应遵照"买得自由,退得公平"的退换宗旨,实行无障碍退换货。

2. 商品退换货流程

(1)退货商品的流程

①受理顾客的商品、凭证。接待顾客,并审核顾客是否有本企业的收银小票或发票,购买时间,所购商品是否属于家电商品或不可退换商品。

②听取顾客的陈述。细心平静地听取顾客陈述有关的抱怨和要求,判断是否属于商品的质量问题。

③判断是否符合退换货标准。结合公司政策、国家的法律以及顾客服务的准则,灵活处理,说服顾客达到一致的看法,如不能满足顾客的要求而顾客予以坚持的话,应请上一级管理层处理。如属于家电商品或专业商品的质量问题,须经过部门主管确认是否存在质量问题。

④与顾客商量处理方案。提出解决方法,尽量让顾客选择换货。

⑤商定退货。双方同意退货。

⑥判断权限。退货的金额是否在处理的权限范围内。

⑦填"退货单",复印票证。填写"退货单",复印顾客的收银小票或发票。

⑧现场退现金。在收银机现场作退现金程序,并将交易号码填写在"退货单"上,其中一联与收银小票或发票的复印件订在一起备查。"退货单"共两联。一联退换处留底,营业结束后经收银经理、保安检查后上缴现金室;另一联附在商品上,营业结束后随商品返回相关部门。

⑨退货商品的处理。将退货商品放在退货商品区,并将"退货单"的一联贴在商品上。

(2)换货商品的流程

①受理顾客的商品、凭证。接待顾客,并审核顾客是否有本企业的收银小票或发票,购买时间,所购商品是否属于家电商品或不可退换商品。

②听取顾客的陈述。细心平静地听顾客陈述有关的抱怨和要求,判断是否属于商品的质量问题。

③判断是否符合退换货标准。结合公司政策、国家的法律以及顾客服务的准则,灵活处理,说服顾客达成一致的看法。

④商定换货。双方同意调换同种商品或同类商品甚至不同商品。

⑤填"换货单",复印票证。填写"换货单",复印顾客的收银小票或发票。

⑥顾客选购商品。顾客凭"换货单"的一联,到门店选购要更换的商品。

⑦办理换货。在收银机现场作换货程序,"换货单"中的一联与收银小票或发票的复印件订在一起。如有金额差异,实行多退少补现金法,并将换货交易号码填写在"换货单"的商品联上。

"换货单"共三联。一联收银机留底,一联顾客使用收回后收银机留底,营业结束后经收银经理,保安检查后上缴现金室.另一联附在商品上,营业结束后随商品返回相关部门。

⑧换货商品的处理。将换货商品放在换货商品区,并将"换货单"的一联贴在商品上。

3.退换货注意事项

在处理顾客退换货事件时,除按照一定的退换货标准和流程进行处理外,一定要注意顾客的情绪和维护门店的利益,采取比较委婉的方法对不同的情况做出相应处理。

(1)接待顾客退换货时态度

①保持微笑,有礼貌、有耐性地查询及倾听对方退换货原因。

②礼貌地请顾客出示小票,并检查顾客带回的货品状况。

③如符合要求,按照退(换)货处理原则办理手续。

④对新取的货品,应请顾客检查质量。

⑤退回产品款项后,应填写退款单。

(2)不同的退换货情况

①属商品质量问题的次品,要马上向顾客道歉,并按顾客要求退换。

②顾客自身原因,按规定退换的同时,进一步介绍门店的其他商品及相关商品。

③员工语言、态度恶劣而引起的退货,店长要出面诚恳地道歉,尽量取得顾客的谅解,避免矛盾升级,减少损失。

④顾客恶意索赔时,要以正当的理由坚决拒绝,不能让顾客抱有希望。

(3)加强自身素质的训练

每日上货前,仔细检查商品的品质,防止次品或商标与挂牌不符的商品上柜。同时要熟悉产品的质量、特点、规格、优缺点、保养方法、数量等相关知识,以便销售时能对顾客明确建议,增加满意度,减少退换货的发生。

(4)其他要求

营业员在为顾客进行商品退换时应注意以下事项:

①商品退换应坚持实事求是、合理合法。

②遇到难于处理的问题,营业员应立即向主管汇报,不得以任何形式刁难顾客,进行推脱。

③买时退时一个样。不能买时热情有余,退时冷若冰霜。

④顾客不满及退换货不能断定责任的,第一时间上报上级主管协助解决。

【项目训练】

1. 训练目的

超市、大卖场顾客的有关资料主要来源于 POS 消费记录、会员卡资料的建立,以及不定期进行的顾客回访、顾客调查问卷等,因此其顾客资料较为粗略,只能作为经营决策的依据之一。因此顾客有关资料的建立,除了依靠 POS 消费记录之外,还有赖于门店工作人员平时的观察和细心的收集资料,因此其顾客资料档案较为详尽,更有助于经营决策,稳定顾客群。

2. 训练步骤

①给每位同学发放顾客档案信息表。

②各位同学在企业实操过程中搜集顾客信息,完成顾客档案信息表的填写。

③同学们分享顾客档案搜集和完善的心得。

④鼓励同学对顾客档案项目和要点进行讨论,结合新零售技术趋势,提出完善顾客档案项目和搜集过程的建议,如表 5-21 所示。

表 5-21 顾客档案信息表

一、基本资料			
您的姓名		性别	□ 男　　　□ 女
联系电话		电子邮箱	
家庭住址			
您的年龄	□ 20 岁以下　□ 20～30 岁　□ 30～40 岁　□ 40～50 岁 □ 50～60 岁　□ 60 岁以上		
您的职业	□ 家庭妇女　□ 上班族　□ 个体经营者　□ 离退休者　□ 学生　□ 其他		
教育程度	□ 高中以下程度　□ 高中/中专　□ 大学/专科　□ 研究生以上		
家庭人口	□ 两人以下　□ 两人　□ 三人　□ 三人以上		
家庭月均收入	□ 1000 元以下　□ 1000～3000 元　□ 3000～5000 元 □ 5000～8000 元　□ 8000～15000 元　□ 15000 元以上		

续表

二、消费档案

1. 您的家庭每月平均消费

☐ 1000 元以下　☐ 1000～3000 元　☐ 3000～5000 元　☐ 5000～8000 元　☐ 8000 以上

2. 您的家庭每月消费主要用于

☐ 休闲/娱乐　☐ 医疗/保健　☐ 文化教育　☐ 旅游、度假　☐ 股票/投资
☐ 偿还贷款　☐ 购买日常用品　☐ 其他

3. 您的家庭每月购买日常用品占月均消费总额的比率为

☐ 10%以下　☐ 10%～20%　☐ 20%～30%　☐ 30%～40%　☐ 40%以上

4. 您每月(每周)来本店几次? 每周＿＿＿次 / 每月＿＿＿次

5. 您在本店每次消费

☐ 20 元以下　☐ 20～50 元　☐ 50～100 元　☐ 100～200 元　☐ 200 元以上

6. 您一般在本店购买什么商品

☐ 速食品/便当　☐ 冷冻、冷藏食品　☐ 休闲零食　☐ 书刊/杂志　☐ 家居用品
☐ 日杂品　☐ 烟、酒　☐ 药品　☐ 其他便利性服务

7. 您一般在什么时间到本店购物

☐ 9:00 以前　☐ 9:00～12:00　☐ 12:00～14:00　☐ 14:00～17:00
☐ 17:00～19:00　☐ 19:00～21:00　☐ 21:00 以后

8. 您在购物时最重视的是

☐ 便利性　☐ 服务质量　☐ 商品价格　☐ 商品质量　☐ 购物环境

三、反馈意见

1. 您认为本店商品的价格　☐ 便宜　☐ 适中　☐ 太贵

2. 您认为本店商品的品种　☐ 丰富　☐ 一般　☐ 太少

3. 您认为本店商品的质量　☐ 好　☐ 一般　☐ 不好

4. 您认为本店速食品、便当　☐ 卫生　☐ 一般　☐ 不卫生

5. 您在本店是否能购买到您需要的东西
☐ 可以　☐ 有时可以　☐ 不能买到

6. 您认为本店的购物环境　☐ 干净、舒适　☐ 一般　☐ 黯淡、杂乱

7. 您认为本店商品的摆放是否方便您的购物
☐ 方便　☐ 基本方便　☐ 不方便

8. 您认为本店的员工　☐ 友好、有亲切感　☐ 一般　☐ 态度恶劣

9. 您认为本店员工对商品的介绍　☐ 详细　☐ 一般　☐ 简单

10. 您在本店结账等候时间　☐ 短　☐ 一般　☐ 长

11. 您对本店的售后服务满意吗　☐ 满意　☐ 基本满意　☐ 不满意

12. 您认为本店的配套服务设施　☐ 齐全　☐ 一般　☐ 不全

续表

13. 您认为本店的优惠促销活动 □ 新颖、有吸引力 □ 一般 □ 陈旧、无吸引力
14. 本店是否是值得您信赖的商店 □ 是的 □ 基本是 □ 不是
15. 您是否愿意将本店推荐给您的同事、朋友 □ 非常愿意 □ 考虑之中 □ 不愿意
16. 您希望本店增加什么服务设施:
17. 您希望本店增加什么商品:
18. 您对本店最不满意的是:
19. 您认为本店与周边其他便利店相比,不足之处在哪:
20. 您的建议是:
谢谢您的真诚合作,我们将一如既往地为您提供最完善的服务!

项目六　理货员操作实务

【知识目标】

了解理货员在门店的主要工作职责；

熟悉理货员在门店营业前、营业中的工作要点和特殊要求；

了解理货员的岗位要求和工作流程；

掌握理货员常用陈列工具的使用规范要求。

【素能目标】

能够掌握门店所售货品的陈列技巧；

能够根据顾客特点判断顾客心理并介绍产品；

能够结合门店标准，正确掌握补货、理货技巧；

能够合理使用陈列工具进行美观大方的陈列。

任务一　认知岗位要求

【任务导入】

早上6点半，北京某超市门店理货员小韩，推上自行车从家里出来，到路边的小摊买个煎饼果子，也来不及吃，一路猛蹬，径直奔往单位。7点10分，小韩就到单位了，这离上班时间整整早到了20分钟。由于离家远，害怕迟到，当月迟到3次奖金就没了，小韩已经养成了每天早到的习惯。20分钟后，超市开门了，打卡签到，更换工作服，佩戴上工作牌后就开始打扫卫生，准备迎接顾客。超市正式对外营业。按检查记录进行大量的补货；保持排面整齐，依次向前递补，把新补充的商品放在后面；做到商品正面面向顾客。缺货时及时补货，补货按照有关补货作业的流程及规章进行。

检查货签是否对位，商品有变价的价格是否相符，所贴条码是否正确，摆放位置是否正确，货架上商品有无缺货状况，有无破损品或过期变质品，这些都做详细检查并记录下来。看看商品有无破损、有无变质。作为一名老员工，这一流程小韩已驾轻就熟了。

11点40分，两位先去吃饭的同事回来了，超市用餐时间是在11点到13点，由于超市要保证不空岗，5位上班的同事分开轮流用餐，每个人有45分钟的吃饭时间。

应该补齐的货也完成了，小韩开始围着自己的辖区到处转转，看到有碎纸屑及空箱子等都把它收起来，通道地面要时刻保持清洁。同时他还担当了保安的角色。当发现有可疑人员，要及时报告安保人员并做好跟踪工作，发现偷窃人员时要交保安处理。另外就是收拾遗弃商品，顾客选好了某样商品，中途又改变主意的情况很多，能把商品放回原处的固然很好，没有放回原处的，理货员就要去归位，有的顾客甚至将楼上楼下的商品对调。对于这些被顾客遗弃的商品，理货员要随见随收，不分辖区，像这样的劳动小韩每天都要重复数百次。

临近下班时间，小韩到收银处收起当天顾客未结算的商品并办好有效手续，把未完成的事情和一天遇到的问题向上级领导汇报。

14点30分,小韩结束了一天的工作,晚班人员开始上班。

(来源:2007年06期《现代营销(经营版)》)

请思考:

如果你是超市负责人的话,你如何评价小韩的工作呢?

【任务分析】

做好一个超市理货员,看似工作简单。掌握商品陈列方法和技巧,正确对商品进行陈列摆放,其中的学问可不小。商品陈列必须根据季节性商品、促销类商品、畅销商品、毛利率高低等特性,采取合理有效的陈列方法和根据多种商品陈列的原则进行陈列;遵照零售门店仓库管理和商品发货的有关程序,有秩序地进行领货工作。作为理货员还要对市场流行商品和时令商品的购销问题有敏感的认识。对于折扣折让销售量大商品、团购量大商品、需采购大批量商品、搞好市场调查、掌握消费者需求等这些问题,要及时上报主管,制定新产品购销计划。

【知识导航】

知识一 理货员职责

1.理货员营业前工作

理货员营业前的工作,具体如图6-1所示。

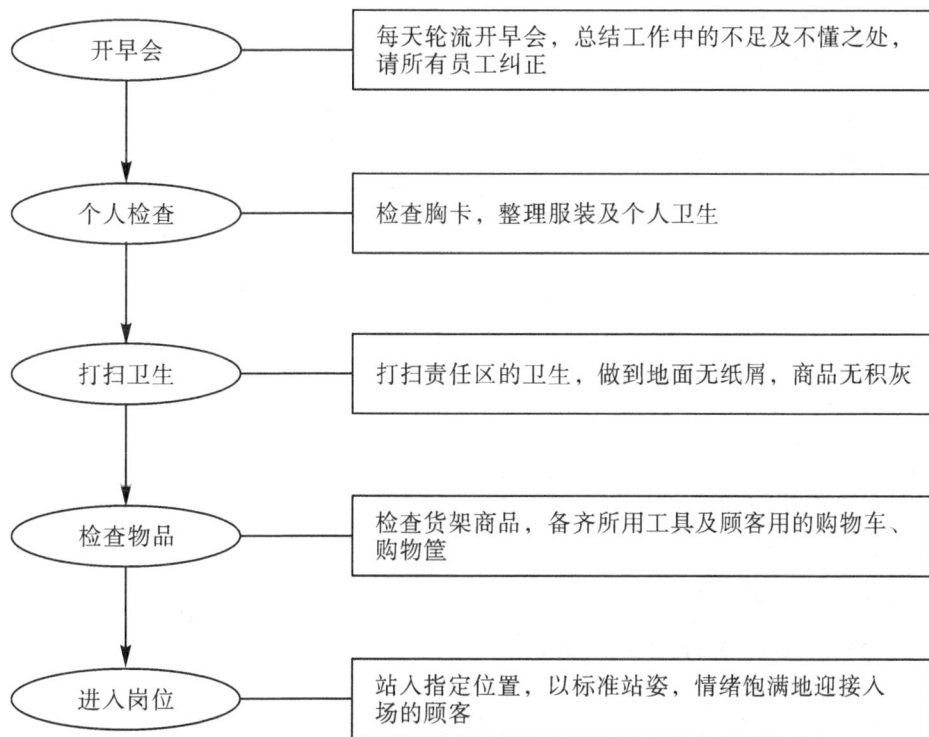

图6-1 理货员营业前准备工作

2.理货员职责

(1)门店巡视

巡视门店,检查自己责任区内的货架及陈列商品的状况,如发现商品减少,要及时补货。保持责任区内货架及陈列商品的清洁卫生,经常擦拭,确保整洁。

(2)领货、验货、补货

理货员需要填写领货单,领货单上必须写清商品的品种、规格、品名、数量等信息。货到时,要同收货员一起验收货品,做好补货上架工作。

(3)商品管理

给商品标价,出售的每一件商品都要标上价格标签。商品整理,随时保证陈列美观、整齐、保障商品安全。

(4)顾客服务

理货员遇到顾客询问时,要回答顾客的问题。遇到顾客要求服务时,应积极提供协助服务。在处理顾客的投诉时,认真听取顾客的意见及时改正不足之处。

3.理货员在营业中的特殊工作

理货员在营业中的特殊工作,具体如表6-1所示。

表6-1　理货员在营业中的特殊工作

类别	具体内容	备注
促销活动	整理商品并给参加促销的商品拍照	促销中,一定要注意保持整个门店的统一协调
	扫码	
	到采购部领促销单	
	写POP促销广告	
	核对并按促销价打价签	
	按促销方案要求调整商品货架排面	
	按促销方案要求变更堆头和端架陈列	
团购	领团购单	团购时,要清楚团购的相关事项
	检查库存商品,确保商品货源充足,能满足供应	
	谈妥有关事项,签订订货协议	
	按协议准备商品,放置在专门的备货区内	
	出团购货物	
残次品清理	整理残次商品,将其集中起来	残次品清理中,注意要清理完毕,不要出现遗漏
	填写退货单据	
	将残次品装箱、封箱,在包装箱上贴上单子	
	将装有残次品的包装箱返给收货部	
	由收货部把残次品退回厂家	

4.理货员工作流程

表6-2是某超市理货员一日的工作流程,仅供参考。

表6-2　理货员工作流程

时间段	工作内容
7：30之前	整理仪容仪表,打卡上班
7：30—8：00	参加早会
	打扫货架商品卫生
	检查价格标签摆放是否规范,商品排面陈列是否规范,残次商品的检查
	检查电子秤、冰柜、生鲜加工设备等是否正常运转(记录冷柜各项数据)
8：00—9：00	8：00—8：10准时迎宾,迎宾时停止手中一切工作,集中迎宾
	检查责任区商品的保质期
	检查"收孤排班表"按时进行责任区域和收银区的收孤工作
	对调价商品进行复查
	做好责任区进行贵重与高盗失率商品的日盘点工作
9：00—11：30	做好高峰时段前的上货工作,检查商品价签,整理破损,商品陈列,POP等
	在高峰期做好临时补货工作
	高峰期做好顾客的服务
	做好就餐期间交接工作
11：30—14：00	查看"收孤排班表"按时进行本组和收银区的收孤工作
	做好午间的补货工作
	做好商品、地面、货架等设备的卫生工作
	检查价格签摆放是否规范,商品排面陈列是否规范,残次商品的检查
	做好午间的补货工作
	做好商品、地面、货架等设备的卫生工作
14：00—17：30	检查价格签摆放是否规范,商品排面陈列是否规范,残次商品的检查
	检查责任区商品的保质期
	做好高峰时段前的上货工作,检查商品价签,整理破损,商品陈列,POP等
	学习并掌握本组商品知识、业务知识及陈列步骤,熟识产品或产品包装上应有的标志,以及自己责任区内商品的基本知识
	做好就餐期间交接工作

续表

时间段	工作内容
17:30—21:00	在高峰期做好临时补货工作
	整理寄仓、内仓
	根据商品销售动态,提出订货建议或按补货规范操作要求
	完成领货补货上架作业
	做好营业后的补货工作
	参加晚会
21:00—关门	打烊后做好调价,价格签放置工作
	整理排面
	检查设备设施的运行情况
	打烊后做好责任区域的卫生工作

知识二　理货员岗位要求

1. 商品知识

商品知识是理货员需要掌握的基本专业知识。一般而言,商品知识的主要内容具体如表6-3所示。

表6-3　理货员需掌握的专业知识

类别	具体内容	备注
商品编号	商品编号即编制商品代码。记熟商品的编号,有助于做好进货、保管、调价等工作	一看编号就知道是什么商品,看到商品就能说出其编号和单价
品名和产地	商品的品名即商品名称,是代表某一商品的文字符号,是不同商品相互区别的标志	掌握这些商品知识,才能很好地向顾客宣传介绍商品
性能和质量	各种商品都有自身的特性,也就是一种商品与另一种商品之间的区别	准确回答顾客的询问,从而有效地帮助顾客挑选
价格	熟悉制定商品价格的政策、依据和方法	一个政策性很强的问题,涉及消费者的切身利益
使用、保管和维修方法	顾客购买某种商品总希望更多地了解这种商品的使用、保管和维修方法	对于新产品要求更为普遍和强烈,理货员应耐心介绍

2. 清理门店

理货员在营业前,要将门店清理好。具体操作如表6-4所示。

表 6-4　门店清理操作

类别	具体内容	备注
整理搬除 物件	将取出商品后的包装箱、纸盒、包装纸等折叠整理后,放置于指定位置	操作熟练、敏捷
	将上货时所用剪刀、透明胶带等用具收集起来,放置于指定位置	
	将上货所用叉车、铝梯等工具放回原位	
打扫卫生	用扫帚将地面上的纸屑和杂物清扫干净	保证地面无灰尘、无杂物
	用拖把由里向外将地面擦拭干净	
	擦拭货物、试衣镜或其他服务于顾客的设备、设施擦拭干净,并放在合适的位置	
工具准备	将购物车(篮)整齐地放在入口处	根据所售商品的要求,将售货工具准备齐全
	货架旁适当放置购物篮	
	在以散货形式销售的商品前面,为顾客准备好专用塑料袋和方便盛装的铲、叉、勺等用具	
	校对称量器具	
招贴、广告 检查清洁	按规定摆放、悬挂好广告和招贴	广告和招贴醒目、清洁
	用清洁工具清掸一下广告、招贴	
	将过期的广告撤掉	
检查防火 设施	指出场内消防通道的位置	掌握消防通道位置,保证消防通道无障碍物
	检查消防通道是否畅通、无任何物品堆放	

3.门店各区域环境清洁

(1)操作区域环境卫生

操作区环境卫生标准如表 6-5 所示。

表 6-5　操作区环境卫生标准

项目		加工区环境卫生标准
建筑环境	地板	无垃圾、无积水、无油渍、无杂物
	墙面	无油污、无污垢、无灰网
	天花	无油污、无灰网、无烟熏痕迹
	玻璃	明亮,无油污、无指印、无水痕
操作设施	排水设施	排水设施完善,水沟无积水,无堵塞、杂物和污垢,地漏干净、畅通
	通风设施	排风设施完善,空气新鲜、温度适当、设备无油渍
操作水池	洗手池	无污垢、无杂物、无堵塞、无污水
	清洁器具水池	无污垢、无杂物、无堵塞、无污水
	食品专用水池	无污垢、无杂物、无堵塞、无污水

（2）加工区清洁方法

加工区清洁方法如表6-6所示。

表6-6　加工区清洁方法

区域	清洁方法
地板墙面	地板用解脂溶油剂清洗、过水、消毒、刮干，每日清洁2次
	墙面、玻璃用洗洁剂清洗、过水、刮干净，每日清洗1次
	天花板用湿布清洁（或用清洁剂），每月1次
水沟通风设施	水沟用解脂溶油剂清洗、消毒，随时清除杂物保持干净，每日消毒1次
	地漏要随时清除杂物保持干净，每日灌水消毒1次
	通风设施用解脂溶油剂清洗、消毒、过水，每周清洁2次
水池	洗手池用清洁剂清洗、过水，随时清除杂物保持干净，每日清洗1次
	清洁器具水池用清洁剂清洗、过水，随时清除杂物保持干净，每日清洗2次
	食品专用水池用清洁剂清洗、过水、消毒，随时清除杂物保持干净，每日清洗2次

（3）加工设备卫生要求

加工设备卫生要求如表6-7所示。

表6-7　加工设备卫生标准

项目		加工区环境卫生标准
用具类	刀具	无油渍、无残渣、无锈迹
	砧板	颜色洁白，无污水、无残渣、无霉斑
	专业用具	干净整洁，无油渍、无污点
容器类	食品容器	表面光亮、无污垢、无锈迹、无杂物
	消毒容器	干净，无污垢、无污水、无锈迹
	清洁容器	干净，无污垢、无残留污水、无油渍
	操作台	干净光亮，无污垢、无锈斑、无杂物
设施类	容器架子	干净，无污垢、无污水、无锈迹
	运输车辆	无油污、无垃圾、无污垢
设备类	一般设备	无灰尘、无污垢、无油污
	专业设备	无灰尘、无污垢、无油污、无化学油渍、无锈迹

（4）加工设备的清洁方法

加工设备清洁方法如表6-8所示。

表6-8　加工设备清洁方法

类别	清洁方法
用具类	刀具用洗洁剂清洗后,用清水冲洗,消毒后要放回刀架,刀具随时保持清洁
	砧板用清水或洗洁剂清洗,每日工作结束时用漂白水漂白,砧板要随时保持干净
容器类	消毒容器类,消毒溶液要按规定的时间更换并保持干净,桶表面污垢用清洁剂清洗后,用清水冲洗
	清洁容器的清洁方法同消毒容器类一样
设施类	用规定的化学用剂清洗干净,用清水冲洗,并用抹布抹干水渍
	台面、设施每日至少清洗3次,运输车辆每日至少清洗1次
设备类	清洁专用加工设备,用沸水加化学用剂每日冲洗3次,以免碎肉、菜屑等残留腐烂而衍生细菌,污染食品按其使用说明书中的方法清洗
	普通常用的设备每日清洗1次
	设备的清洗必须注意电源、插座、电线的安全

(5)加工区域卫生

加工区域环境卫生,具体如表6-9所示。

表6-9　加工区域环境卫生标准

区域		具体内容
果蔬加工间	计价台	电子秤干净,无污垢、灰尘、标签等
		计价台干净,无废纸、泥土、灰尘及相关的笔记本、杂物等
	加工间	温度、湿度符合要求
		所有商品均有序分类存放,无商品直接接触地面
		排水设施通畅,地面无积水
		地面无垃圾、杂物、烂叶、烂果和污泥
		操作台干净整齐,各种设备符合清洁卫生、安全用电的要求
		包装耗材整齐存放,无污染
肉类加工间	加工间	温度、湿度、通风状况必须符合要求
		不同种类肉加工区域明确,猪肉、牛肉、羊肉、鸡禽类必须分开,包括操作台、耗材、碎肉、垃圾、血污等
		地板、墙壁、天花板、玻璃、设备、用具、容器必须清洁、消毒、除臭
	加工作业	各种肉类的加工、存放彻底分开,不能混合使用
		处理不同肉类时,操作人员双手必须消毒、清洗
		机器加工不同种类的肉类,转换加工种类时必须经过清洁消毒程序
		人员卫生达标,不污染食品

续表

区域		具体内容
鱼池和冰台	鱼池	鱼池每天至少清洁 1 次
		鱼池清洁要将各种杂物、鱼鳞等清洁干净,用温水清洁数次,不能用化学用剂
		鱼池在营业期间,滤石、海绵清洗两次,保证水质干净
	冰台	将冰台中的冰水全部排干,并用洗洁剂清洗干净,再过一遍清水
		冰台上重新铺满新鲜的冰

4.商品准备

理货员在准备商品时,主要有 3 个步骤。

(1)检查货架

理货员要检查货架上过夜的商品,清点商品数量,检查商品是否有异常或移动现象。了解货架商品空位情况,确定需要上架的商品数量和品种。

(2)领货

①领货步骤。理货员领货主要包括 4 个步骤,具体如图 6-2 所示。

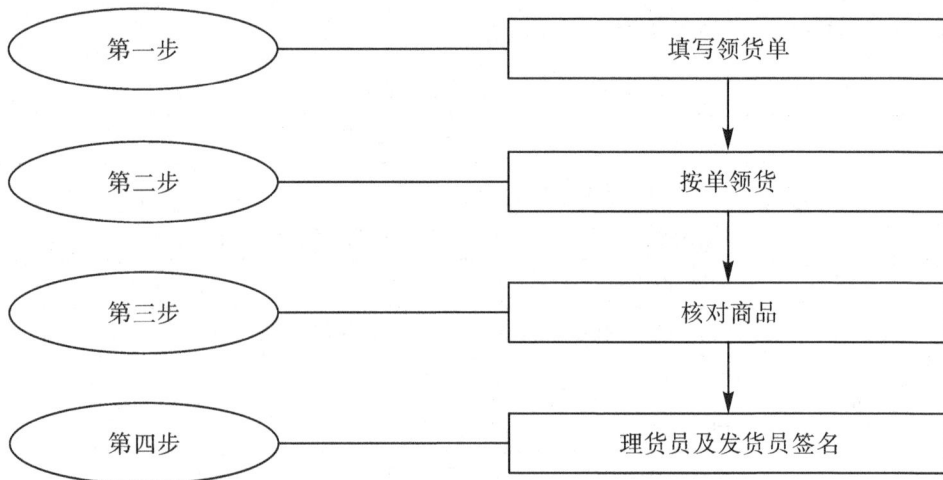

图 6-2 理货员领货步骤

②领货要求。理货员在领货时的要求,具体如表 6-10 所示。

表 6-10 理货员领货要求

要求	具体内容	备注
认真	填写领货单必须认真填写商品的种类、品种、数量、单价、领货时间等	逐项认真填写
严格	必须逐一核对接收领货单上的事项	确保准确无误,不出差错
慎重	签字必须慎重。确保领取商品没有问题时才能签字	只要签字之后,出现的问题将是由领货人负责

（3）上架

理货员将商品领取之后，就需要将商品上架。

①先进先出。先进先出就是将先前陈列的商品从货架上取下，陈列架清洁干净后，将补充的新商品上架，再将先前货架的商品上架，以便保持货物的定期流动更新。

②核对。商品上架前，需要做好各项核对工作，主要包括3项。第一，核实扫码，认真检查价格卡。第二，新上架商品与原有商品的价格、规格、款式是否一致。第三，价签核对，将新商品与价签进行对照，检查品名、规格、净含量、产地等是否相同。

③投放量控制。投放量控制主要是针对冷冻食品和生鲜食品的补充上架，营业前要将全部品种陈列到位，一般控制在全天销售量的40%。

④清洁。理货员在上架时，不仅仅是将商品领来之后摆放好，还要时刻注意用抹布将货架上的商品清扫干净。

知识三　常用用具设备

1. 陈列用具

（1）货架

货架的构造一般采用通用的长方形，通用货架制作成本低，互换性好，使用方便，但是也有很多门店根据门店的实际特点设计了异形货架，如三角形、梯形等。

现代货架多为金属、玻璃和轻型板材制成，下边的储存部分一般用密闭的板材制成，上部多用玻璃，以方便消费者浏览。货架由于使用方式不同，可分为两种，一种用于封闭式售货中的环岛式货位的单面货架；另一种是用于敞开式售货中的双面货架。

（2）隔物板

用来区隔不相同的商品，避免产生混淆。塑料隔物板和不锈钢隔物板是常用的两种隔物板。通常货架上段多使用较低且短的隔物板，货架下段则多使用较高且长的隔物板。

（3）护栏

为避免消费者在选购某些易碎物品时失手打破，造成伤害或损失，超市多会在货架前缘加上护栏。对于高单价或易碎商品，加上护栏较有安全感。

（4）价格卡

若超市使用电子订货系统（Electronic Ordering System，缩写EOS）订货，应用价格卡会比较方便。价格卡是用来标示商品售价，同时进行定位管理的一种陈列工具，一般用电脑打印，内容包括商品的号码、条码、售价等，让消费者一目了然。除非商品配置改变，否则价格卡不需移动。价格卡也可采用不同的颜色，以区分存货，便于订货、盘点。

（5）柜台

为了向消费者展示一些特别的商品，常需要设柜台来陈列这些商品。现代柜台大多由金属柜架和玻璃镶嵌而成，玻璃柜台中有的装有固定或可转换角度的照明灯，也有的以多色串灯装饰，起陪衬柜内商品的作用。

（6）果蔬陈列设备

超市一般将新鲜果菜陈列在经过改装、具有冷藏效果的陈列柜中，用冷藏果菜陈列柜时，通常装饰有后镜柜，借着后镜，能达到使陈列商品的色泽更醒目，陈列空间更大的视觉效果。但是，使用时应注意随时随地保持后镜柜台商品的充实无缺。

此外,如果在陈列时加用冰块,既可保持果菜所需的水分和温度,又能增强消费者的视觉,使商品更有新鲜感。

(7)冷冻食品陈列设备

目前对冷冻食品主要有两类陈列设备:一是岛型冷冻柜,在其中央有一对 T 型货架,通常顶层比下层要宽,虽然占地较多,但可以相对地使用两面陈列;二是多层冷冻柜。两类陈列设备都可在橱柜顶层陈列能够引起消费者冲动性购买的商品。

(8)橱窗

橱窗,是用在超市外部的重要的陈列用具,主要有综合式橱窗、专题式橱窗、系列式橱窗、季节式橱窗等类型。

橱窗让消费者辨认超市及其商品。吸引消费者进入超市。橱窗中商品的摆放要讲究大小对比和色彩对比。

【视野拓展】

无人货架企业的士气因近来的多起融资事件而再度被提振。有了新的资金支撑,市场上早期几家无人货架头部企业基本已经进入智能货柜阶段,巨头入场也在支付、新零售赋能等方面带来了新的想象空间。业内专家分析认为,智能货柜可以更广范围地铺入更多场景,不过也面临着供应链、运营、物流等方面的难题。与此同时,各路玩家目前仍未跑出可持续的盈利模式,都还是烧钱续命状态,如果不在零售细节上下功夫,最终还是难避免重蹈货架覆辙。

格局再生变

一个月以来的多起融资消息,使"萧条"了半年的无人货架市场迎来新的转机。5 月 14 日,魔盒 CITYBOX 宣布完成上亿元人民币的 B＋轮融资。6 月 11 日,猩便利宣布获得蚂蚁金服的战略投资,随后果小美也被披露已获 C＋轮融资。而就在几个月前,无人货架市场还充斥着裁员、撤站、盗损等关键词而持续被唱衰。

相比市场最鼎盛时期四五十个玩家同台亮相,大部分无人货架企业如今已经集体喑声,只剩下几家头部企业因获融资而开始进入下一阶段的比拼。拿到资金的企业都不约而同地向智能货柜转型,加上之前已经开始替换智能货柜的便利蜂、每日优鲜便利购等,目前市场上的头部企业中均开始进入智能货柜阶段。更多的行业内人士认为,智能货柜是数字化的必经过程,且能适用于更多不同场景,将会成为市场主流。

难逃烧钱模式

尽管等来资金续命,但无人货柜玩家仍逃不出烧钱模式。魔盒 COO 黄琦直言,无人货柜市场目前还只是处于很初级的阶段,大家都还远没有跑出一个稳定持续的商业模式。多位无人货柜从业者表示,虽然智能货柜很难发生像无人货架那样动辄几万个网点的抢地之争,货损情况也能得到一定改善,但前景也并不是盲目乐观,一方面是由于有限 SKU 的销售利润天花板明显,另一方面则仍面临着供应链、物流配送等方面的运营难题。

在物流配送方面,各个无人货柜企业目前都要承担高昂的配送成本。据悉,通常情况下从仓库到点位配送一次的费用在 15～20 元之间,魔盒采用自建配送团队的形式,配送费用约占销售额的 15%。小 e 微店与第三方配送团队合作,目前的仓储和物流成本占到其销售额的 7%,未来能降到 4%以下才是比较理想的状态。除此之外,还有设备折旧、点位租金、研发费用等等,算下来仅靠商品的销售收入很难达到营收平衡。

无人货架企业用互联网的打法闯进市场,但关键还是要零售的思维以及精细化运营的能力。中国电子商务协会高级专家庄帅表示,零售企业的发展核心都是要扩大规模,点位越密集,配送和人工成本越低,越有机会带来边际效益。但是如果在商业模型尚未跑通的情况下盲目扩张点位,整个后台供应、配送、维护体系又根本无法支撑前台运营,则会导致无人货架市场的乱象频发。

风口需落地

互联网出身的无人货架企业少了供应链基础和精细化运营,总感觉是在"天上飞",也许与传统零售商结合才能更稳地落地推进。此前,超市发已经与 YITunnel 合作在门店内放置智能货柜。全家便利店也开始以门店为中心在地铁站放置智能货柜。魔盒的智能货柜也是由投放在城市超市门店而开始向其他网点扩展。智能货柜做的是增量市场,并不是要和传统零售商直接竞争,智能货柜进入的是商超本身进不去的场景,所以双方完全可以共存甚至达成合作,比如魔盒可为零售企业提供新零售落地方案,以传统的商超门店为中心,通过精细化铺设、运营智能货柜而离用户更近。

此前魔盒已经与老字号品牌五芳斋合作将智能货柜投放在杭州市的部分五芳斋门店,随后还将联合五芳斋将智能货柜投放在高速服务区等其他场景。魔盒与生鲜店"钱大妈"的合作则是将货柜以门店为中心投入到社区内部,省去了开店成本,又离消费者更近,并且由于是数字化设备,钱大妈通过消费数据也可以更好了解用户购买偏好、价格敏感度等。黄琦表示,与更多零售商建立合作已成为魔盒的发展策略之一。在庄帅看来,无人货架在加速洗牌过程中已经分出 2C 和 2B 两个方向。其中 B2B 模式更多针对广大中小餐饮、零售商户,比如一家小吃铺可以提供一些空间由智能货柜负责所有水饮的采购和配送,店家省时省力,还能获取销售提成,无人货柜在网点密集的情况下也更能获得规模效益。

（来源:2019 年第 08 期《营销界》）

2. 打价机

①打价机用于商品价格标贴的打印、粘贴。

②按照打价机说明书中的装纸要求将打价纸装入机内。合上打价机底盖时,严禁用力过大。

③核对实物和标价签无误后,按照标价签上的编码和价格调出相应的数字,并核对打出的价格、编码是否正确。

④调校数字时,轻轻拉动数字调节器尾端,将指示箭头对准所调数字的位置后,再转动数字调节旋钮,调出所需数字。当箭头在两数字中间位置时,严禁转动调节旋钮。

⑤打价机使用完毕后应放在指定位置,严禁随手放在商品、货架或地上。

⑥当打出的字迹不清晰时,必须给油墨头加墨,加墨量一次在 2~3 滴。

3. 封口机

①封口机用于压封商品塑料包装袋。

②每次压封时间应控制在 10 秒钟以内,严禁超时。

③压封强度不宜过大,且应待塑料袋冷却后方可取出。

④严禁空压机器。

⑤应经常用干抹布擦拭机身,保持接口处电热丝洁净,清洁时必须切断电源。

4.手包机

①手包机主要用于密封包装所销售的各种商品。

②手包机使用前应预热20分钟。

③手包机预热后严禁用手或利器接触发热板。

④使用时应注意温度的调节,严禁长期处于高温状态。

⑤严禁发热板沾水。

⑥手包机使用时间长后会产生大量静电,应拔除电源后将机壳接触墙壁,导走静电后再重新使用。

⑦严禁在设备表面上放置其他物品。

⑧设备表面应保持洁净。

5.打码机

①开启打码机时,要检查指示灯是否显示色带,标签是否安装正常。

②安装标签和色带时,注意不要划伤打印头。

③更换不同类型标签时,必须做好检测工作。

④打印头必须两天清洁一次,若使用频繁,须一天清洁一次。

⑤未经电脑部相关人员的许可,禁止随便搬动,拔插打码机的电源和数据线。

⑥每次更换色带时,必须用酒精和棉签清洁打印头及滚筒。

⑦若发现故障时,应立即和相关人员取得联系。

6.电子秤

①电子秤不能摆放在高温、潮湿或多油烟处,必须放在规定位置,严禁随便挪动。

②电子秤的放置要平稳,使用前要调平。

③使用时要先打开电子秤总开关,再打开秤面开关,观察机器自检状况是否正常。如出现异常情况,应及时通知相关人员。

④电子秤的称载量严禁超过其额定称载量。

⑤对无包装的商品要用包装袋将商品包扎后放在电子秤上称重。

⑥对托盘及待称的商品应注意轻放轻拿。

⑦注意电子秤的卫生,需经常清洁电子秤托盘、外壳、显示屏上的油污和水迹。

⑧整理好电子秤外围的电源线、数据线。

⑨未经技术人员的许可,严禁随便拔插其电源线、数据线。

⑩每日早班使用者须打出条码标签,检查其日期是否正常。

⑪装卸打印标签时,首先提取打印头,然后取出打印本,严禁不正确操作造成人为损坏打印头。

⑫出现条形码纸卡住时不能用硬物撬取,应用手慢慢将卡纸取出。

⑬当打印头或走纸轴上贴有条码纸时,不得强行或用锐器协助取出,否则容易损坏打印头。

⑭更换条码纸必须按走纸键测试。

⑮使用人员每周应清洁电子秤的打印头。

⑯称量水分含量较大的商品时,电子秤下方须用托垫垫起,上面须另加托盘,以防水分浸入机壳。

⑰设备出现故障时(如条码打得不清晰、不规范,在前后无法扫描等),须立即通知相关

人员前来处理。

⑱营业结束后，按照先称面开关、后总开关的顺序将电子秤电源关闭。

⑲电子秤应根据国家的规定进行年审。

7.购物车

①购物车为顾客在门店选购商品时使用，有商品还原人员负责整理和保管。

②在顾客使用后，及时将购物车(篮)还原到指定位置。

③每天检查购物车的使用状况，清除车轮上缠绕的异物。

④不允许有蹬踏购物车、站立于车身、推着购物车奔跑等现象发生。

任务二　技能操作实务

【任务导入】

八方购物广场日化部朱永超提前到岗，换好工作服后开始了一天的工作。到库房提货、分拣商品，再将商品分区域摆放到位，同时还要检查商品的保质期，清理出残损商品。每天要往返于货架之间，做着枯燥而琐碎的理货工作。

"春节是一年中的销售旺季，顾客特别多，经常是刚摆好商品，不一会儿的工夫，货品就被抢购一空，理货工作比平时更加繁重。"朱永超正说着，一位顾客随手将1袋薯条放到了塑料用品的货架上。他上前将顾客的弃货收集到推车里，暂放到收款台通道处。他告诉记者，营业时间内，超市实行动态管理，理货员要不停地查看货架上是否有弃货，商品是否充足、摆放是否整齐。每隔20分钟，理货员就要到收款台旁巡视一遍，将被暂放在这里的弃货送回原处。而牢记所有商品的具体位置，是理货工作的"必修课"。

谈起理货工作，13年来始终坚守超市一线的朱永超心生感慨，他坦言，这项工作说起来很简单，上手就会，但要想做好并不容易，关键是要有责任心。理货员不但要分拣弃货，还要把那些被顾客翻乱的商品重新摆放整齐，换下残损商品，并解答顾客的询问，一刻都闲不下。

(来源:唐山晚报)

请分析，要做好理货员这份工作，朱永超需要掌握哪些技能呢?

【任务分析】

理货员是门店中从事商品整理、清洁、补充、标价、盘点等工作的人员。职责是巡视货场，耐心解答顾客的提问，对所属货区的商品品类、规格、品牌、数量做到心中有数，熟悉所负责商品范围内的商品名称、价格、用途和保质期，掌握商品标价的知识，正确标识价格，掌握商品的陈列原则和方法、技巧，正确进行商品陈列，保证商品安全。

【技能培养】

技能一　商品编码和条形码

1.商品编号

(1)编码方法

代码为层次结构，共分4层(不包括门类)，每层均以两位阿拉伯数字表示，每层代码一般从"01"开始,按顺序排列,最多编至"99"。为便于检索,设置了门类,用英文字母标其顺序。

第一、二、三层的类目不再细分时,在它们的代码后补"0",直至第八位。各层均留有适当空码,以备增加或调整类目用。第三层有"开列区",其类目用"01"至"09"表示,不设开列区类目时,主分区第三层类目的代码一般从"10"开始编写,开列区类目在代码均前均标" * "号。

前两位数字代表大类,三、四位数字代表中类,五、六位数字代表小类,七、八位数字代表品种。

(2)商品编码要求

商品在编码(号)时应做到以下几点,具体如图6-3所示。

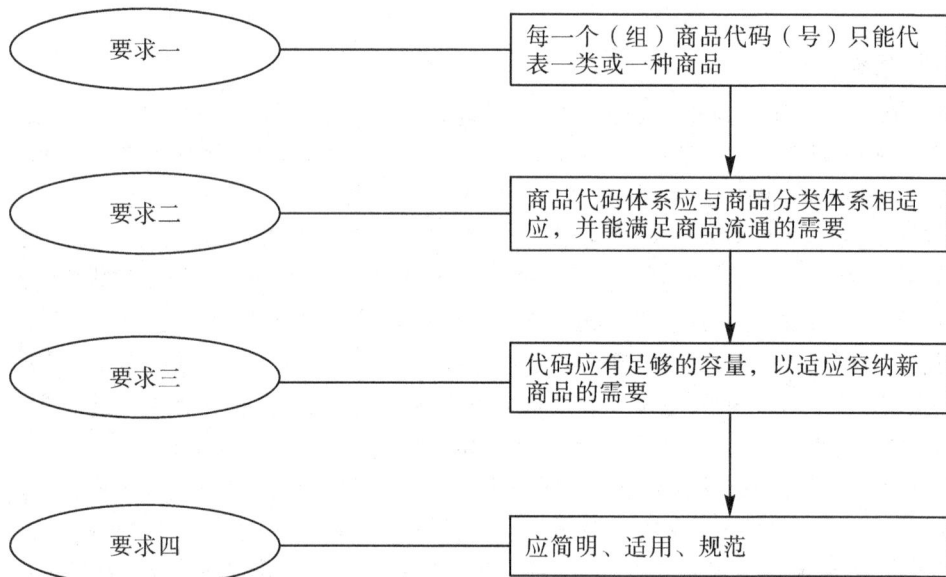

图6-3 商品编码(号)要求

(3)商品规格计量

商品规格一般以号码、尺寸、功率、容积、质量、原材料、形态等来计算。如茅台酒,根据其酒精浓度的不同,分为38度、42度、53度三种规格。

(4)商标

商标是商品生产者或经营者为使自己的商品与他人商品相区别而置于商品表面或商品包装上的标记。商标一般由文字、图形组成。

2.商品条形码

作为理货员,不仅要了解商品编码知识,还要了解条形码的相关知识,以便在工作中灵活运用。

(1)条形码的特点

条形码是由一组规则排列的条、空以及对应的字符组成的标记,"条"指对光线反射率较低的部分,"空"指对光线反射率较高的部分,这些条和空组成的数据表达一定的信息。商品条码的条、空组合部分称为条码符号,对应符号部分由一组阿拉伯数字组成称为条码代码。

条码符号和条码代码相对应,表示的信息一致。条码符号用于条码识读设备扫描识读,条码代码供人识读。

(2)条形码的主要参数

构成条形码的基本单位模块,模块是指条形码中最窄的"条"和"空",模块的宽度通常是1毫米或 mil(千分之一英寸)为单位。条形码的一个"条"和"空"称为一个单元,一个单元包含的模块数是由编码方式决定的,在有些码制中,如 EAN 码,所有单元由一个或多个模块组成;而另一些码制,如在 38 码中,所有单元只有两种宽度,即宽单元和窄单元,其中的窄单元即为一个模块。

3. 条形码的结构

条形码码制表示特定的编码规则,而编码规则又是由特定的编码组织制定。目标零售企业广泛使用的是"国际特品编码协会"制定的国际通用商品条码(INA 或 EAN 码)和"美国统一编码协会"制定的通用商品条形码(UPC 码)。下面以 EAN 为例对条形码的结构进行说明。

(1)EAN 条形码

EAN 条形码(EAN 是欧洲物品编码协会的英文名称缩写,后改名为国际物品编码协会)是由国际物品编码协会制定的条码,通用于世界各地,是目前在国际范围内流通使用最广泛的一种商品条码。我国目前在国内推行使用的也是这种商品条码。EAN 商品条码分为 EAN—13(标准版)和 EAN—8(缩短版)两种。

(2)EAN—8 码

EAN—8 码的结构,如表 6-11 所示。EAN—8 条码的国别代码与 EAN—13 条码相同。商品代码由 4 位数构成,是按照一定规律由 EAN—13 条码的厂商代码和商品代码经过删除"0"得出。在计算 EAN—8 条码的验证码时要在商品项目前加 5 个"0"。

表 6-11 EAN—8 码结构

前缀码	商品代码	校验码
×8×7×6(690、691、692、693)	×5×4×3×2	×1

一个完整的条形码的组成次序依次为静区(前)、起始字符、数据字符(中间分割符,主要用于 EAN 码)、校验字符、终止字符、静区(后)。

静区是指条形码左右两端外侧与"空"的反射率相同的限定区域,它能使阅读器进入准备阅读状态,当两个条形码距离较近时,静区则有助于对它们加以区分,静区的宽度通常应不小于 6 毫米(或 10 倍模块宽度)。

起始/终止字符是指位于条形码开始和结束的若干个条与空,标志条形码的开始和结束,同时提供了条形码码制的识别信息和阅读方向的信息。

数据字符是位于条形码中间的"条空"结构,它包含条形码所表达的特定信息。

校验字符,主要是用来判别和确定该条形码是否正确。

4. 条形码标签粘贴

(1)不同的包装商品,条形码标签粘贴如表 6-12 所示。

表 6-12　条形码标签粘贴位置及注意事项

类别	标签粘贴位置	注意事项
长方形包装	如果长边超过 15 厘米则条形码应粘贴在底部靠长边的一侧	—
罐瓶等圆筒形包装	对于玻璃包装的商品,条形码标签应贴在靠下方的位置,可以提高扫描成功率	条形码不得不粘贴在商品包装的凹陷处时,必须保证凹陷部位与包装平面之间的距离不得大于 12 毫米,否则有的条形码扫码器不能读出
	如果瓶罐上有轮圈式的凹凸面时,可采用线条与轮圈成垂直交叉的方法粘贴	
	如瓶罐商品直径比较细小,曲度超过 30 度,贴条码标签要与底面平行,否则扫描无效	
包装袋	面包类一般装袋销售,条形码应粘贴在底部	—
	对于大型袋,条形码应粘贴在背面靠近下方 1/3 处,以避免受袋口封嘴的曲度影响	
伸缩性塑料袋薄膜包装	条形码应张贴在没有叠痕、皱纹的平面上,不得已要贴在曲面上,曲度不能超过 30 度	—
集体包装	如果商品要集体包装出售,则必须对该集体包装另外编一个条形码,确定一个价格,这样可加快结算速度;相反,如果是集体包装商品要拆散零售时,必须给每一个拆散的商品一个条形码及一个价格	贴条形码时一定要注意条形码及价格的对应关系,否则会出现差错
无包装商品或网状包装	采用吊牌式标签	—
纸质类	纸巾或卫生纸类的卷筒式包装,条形码标签应粘贴在该类商品包装的侧面,不能贴在底部因为底部的皱纹会影响阅读效果	
	盒装的纸巾,条形码标签可以粘贴在底部	

(2)粘贴条形码标签时的注意事项

①条形码在 0.8～2 倍内可以任意缩放,精度高的条形码可以小一些,反之要放大一些。在粘贴条形码标签时,如果商品包装上的面积不够,可以缩小条形码,然后再粘贴。但是这样会影响阅读效果,因此是下下策。在条形码周围需要留够标准上规定的空间,条形码粘贴时不可以太靠近包装边界。

②条形码在粘贴时要贴牢固,尤其靠近边界的部分一定要贴牢,否则会脱落或被不良人士移花接木。条形码在粘贴时不要贴在包装的接口或盖子上,以免磨损、撕坏条形码标签。按照商品包装形态规格统一粘贴标签,对每一种商品应仅有一个标准粘贴位置。

③标签不应粘贴在有大角度和大弧度的位置上,由于商品原因不能按照标准粘贴条形码时,条形码标签的码线要与角度线和弧度线顺向粘贴。条形码标签应平整地粘贴在商品

上,不能产生皱纹。

④商品上只能出现一种条形码标签,新条形码标签在使用时必须覆盖旧条形码标签。条形码必须与包装及价格一一对应。

⑤生鲜商品包装如果有水滴,应该擦干净后再粘贴条形码标签。条形码标签应粘贴在商品包装的空白处,不要将包装上的说明、产地等信息覆盖。

技能二　判断顾客类型及心理

1. 判断顾客类型

理货员在接待顾客的过程中,要学会"察言观色",留意顾客的衣着谈吐和行为举止,并对顾客进行分析判断。

(1)望——通过简单观察,判断顾客的基本信息

①交通工具。交通工具是判别顾客的远近程度、层次、生活习惯及职业的参考依据之一。

有自驾车是有经济实力的表现,但不代表车越高档购买的可能性越高,商品的品质与顾客的档次越吻合,级别越接近,购买的可能性越大。

骑自行车来的顾客并不代表购买力就不足,这部分顾客往往是附近区域的顾客,对于商品的认知度最高,购买的可能性也很大。

公共交通工具的这部分顾客往往是获得了商品的初步资料,有强烈的目的性,意向度也很高。

简而言之,顾客的交通工具只是考量顾客的一个因素,不能因为顾客不是高档自驾车便对顾客轻视,这个时候往往你轻视的顾客就是最有可能购买的顾客。

②仪表。仪表包括衣着、谈吐气质、鞋子饰品等。

衣着:从衣着上看出顾客的品位,个性不同的人衣着习惯不同,地域不同衣着也不同,从而辨别购买能力。

谈吐气质:从顾客的言行举止中看顾客的修养,受过何种教育,内在修养如何,从而辨别顾客的职业,生活氛围。

鞋子、饰品:鞋子的品牌、质地,同时与衣着结合起来判别,同时,验证客源、客层及购买导向;其他小饰品有手表、项链和戒指等。

对于男性顾客,饰物最好是看手表,一般成功男士不会戴粗劣的手表,手表是男士身份的象征,如没戴手表,则可观察皮带、皮鞋、笔等。对于女性顾客,饰物以数量、品质、色彩搭配最为主要。

(2)闻——判断顾客性格的重要方法

听是一种艺术,也是收集顾客信息的重要途径。顾客在办理业务时肯定会和周围人员进行沟通交流,仔细聆听会有很大的收获。通过聆听,可以大概判断顾客的性格和沟通的难易程度。门店销售人员要学会如何倾听,"看"是帮助你去判断顾客背景资料的依据之一,听顾客讲的每一句话,每一个细节,从而弥补"看"的遗漏;听顾客谈的生活细节,如生活区域、工作环境、朋友、亲戚等研判顾客的购买能力。

(3)问——发现顾客的最重要手段

通过交流,与顾客建立最基本的信任关系、获取顾客基本信息,判断和识别其是否为高端顾客,进而挖掘顾客需求,进行产品推荐。"问"与"望""闻"是相辅相成的,没有"望"和

"闻"的准备,就无法提出问题,同时好的提问又是你想"闻"的引导。

(4)切——判断追踪顾客

当顾客的各方面需求都得到满足时,往往已经做了购买的决定,但顾客一般不会直言坦白,应学会辨识一些较明显的语言或肢体语言,以便适时全力出击。

(5)观察顾客时的注意问题

理货员在观察顾客时,应该注意以下问题:

①保持距离。每个人都会设定一个安全的距离以保障自身的安全。安全距离之内的位置只留给特别亲近的人,如亲人和朋友。如果其他人未经许可随便进入这个范围,就可能使人产生警诫和防备心理。

②举止得体。观察顾客是为了了解顾客,进而更好地为顾客提供服务。理货员在观察顾客时应该自然大方、表情轻松,不要扭扭捏捏或紧张不安,也不能表现得太过分,从而让顾客感觉到像是在受监视。

2.选择接近顾客的时机

一般说来,理货员应主动与顾客搭话,建立初步联系。与顾客的搭话时机及接待要点如表6-13所示。

表6-13 与顾客搭话时机及接待要点

序号	搭话时机	顾客可能的心理	接待要点
1	当顾客仔细观看柜台的商品时	正在寻找需要的商品	靠近顾客,并对顾客说:"欢迎光临,您想看哪一款,我给您拿。"
2	顾客较长时间注目某个商品时	对商品有需求	靠近顾客,并对顾客说:"您好,这是我们最新商品,很受欢迎。"
3	顾客四处张望,好像在寻找什么东西时	已经了解目标商品,并正在寻找	靠近顾客,并对顾客说:"您好,想要找什么商品吗?"
4	顾客注视理货人员时	希望得到帮助	向顾客微笑:"您好,有什么需要我帮忙的吗?"
5	当顾客与同伴评价议论某件商品时	对商品有兴趣,正在对比	对顾客说:"您好,我帮您介绍一下这个商品,好吗?"
6	当顾客拿取商品时	希望进一步了解该商品	靠近顾客,并对顾客说:"欢迎光临,这是这款商品的介绍,请您看一下。"
7	顾客将手中的商品放下时	需要某种商品,但是该商品不能满足顾客的需要	递给顾客商品介绍资料,并对顾客说:"您好,这是我们的商品介绍,请您看一下。"

3.适时判断顾客类型

通过与顾客的初步接触和交流,理货员应该判断出顾客的大概类型。不同类型的顾客有着不同的购买习惯与购物心理,理货员要采取不同的接待方法和技巧,要灵活运用,而不能生搬硬套。

按照顾客的年龄、性别及性格的不同,可以将顾客分为 4 种,具体如图 6-4 所示。

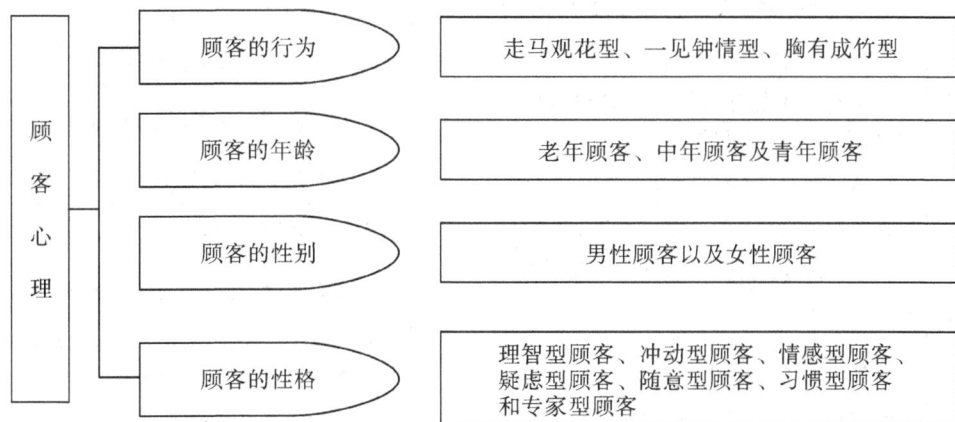

图 6-4 顾客类型

4. 不同顾客心理

(1)不同行为顾客的消费心理

顾客购物时的不同表现,会显示出他们不同的消费心理。不同行为顾客的消费心理如表 6-14 所示。

表 6-14 不同行为顾客的消费心理

顾客类型	消费心理	应对要求
走马观花型	一般行走缓慢、谈笑风生、东瞧西望,哪儿热闹往哪看	随时注意其动向,当他到货架查看商品时,理货员应热情接待并推荐商品
	没有特定的购买目标,遇到感兴趣的商品就有可能购买	
一见钟情型	喜欢新奇的动向,当对某种商品产生兴趣时,就会表露出中意的神情并询问	面对顾客的询问,理货员要根据顾客对商品的关注点进行主动推荐
	有一定的购买范围,一旦看到合适的商品,购买的概率就很大	
胸有成竹型	目光集中,脚步轻快,直奔商品而来	理货员应迅速接近,积极推荐,快速成交
	有特定的购买目标,找到后直接购买	

(2)不同年龄顾客的消费心理

不同年龄阶段的顾客也有不同的消费心理,理货员可以根据表 6-15 所示内容对其进行区别对待。

表 6-15　不同年龄顾客的消费心理

分类	消费心理	应对要点
老年顾客	喜欢买惯用的商品,对新商品常持怀疑的态度 不易受广告宣传的影响 希望购买质量好价格公道、方便舒适、结实耐用、售后服务有保障的商品 挑选仔细,对理货员的态度反应非常敏感	多举例子,以事实说话 多对顾客的观点表示认同 耐心的说明商品的用法、用途 服务时要有耐心、热情
中年顾客	喜欢购买已被证明其使用价值的新商品 既对价格、质量感兴趣,还对装饰效果好的商品感兴趣 多属于理智购买,购买时比较自信 经济状况较好,但头脑中价值观念较强	以亲切、诚恳、专业的态度对待顾客 不要急于介绍商品,先注意观察判断 介绍商品时侧重商品的性能和特点,突出商品的内在品质及实用性、便利性 推荐时注意培养感情,发展回头客
青年顾客	喜欢购买新颖、流行的商品 多数购买行为具有明显的冲动性,易受外部因素的影响 追求档次、品牌,对消费时尚反应敏感,具有强烈的生活美感 价值观念淡薄,只要是喜欢的商品,就会产生购买的欲望和行动	尽量向他们推荐流行、前卫的商品 介绍商品时不要反复介绍商品知识,而应强调商品的新用途、新特点和新功能 宣传商品时注意激发其购买情感

(3)不同性别顾客的消费心理

男性顾客在购物时偏重于理性,而女性顾客在购物时更偏重于感性,理货员在面对不同性别的顾客时也要注意区别对待,具体应对方法如表 6-16 所示。

表 6-16　不同性别顾客的消费心理

分类	消费心理	应对要点
男性顾客	多数是有目的的购买和理智型购买,购买时比较自信,不喜欢理货员过分热情和喋喋不休地介绍 购买动机常具有被动性,选购前就选择好了购买对象 选择商品以其用途、质量、性能、功能为主,价格因素的作用相对较小 希望迅速成交,对排队等候更是缺乏耐心	理货员应该对其进行简短的、自信的、专业的介绍
女性顾客	购买心理不稳定,易受外界因素影响,且购买行为受情绪影响较大,乐于接受理货员的建议 购买动机具有主动性、灵活性和冲动性,在服装、鞋、帽、饰品、化妆品方面的需求尤为突出 热衷于购买各类生活消费品 挑选商品时十分细心,首先注重的是商品的流行性、美观、款式、品牌和价格,其次是商品的质量和售后服务	推荐符合其爱好的商品,并经常赞美顾客

(4)不同性格顾客的消费心理

顾客性格的不同,购买行为也不同,不同性格顾客的消费心理如表6-17所示。

表6-17　不同性格顾客的消费心理

分类	消费心理	应对技巧
理智型	购买前非常注意收集关于商品的品牌、价格、质量、性能、款式、使用方法、日常维护保养等方面的各种信息	对商品进行全面的介绍,争取打动顾客的心
	善于在同类商品中比较挑选,不急于做出决定	
	在购买中经常不动声色,购买时喜欢独立思考	
	购买决定以对商品知识了解程度和客观判断依据,不喜欢理货员过多介入	
冲动型	经常凭直觉以及理货员的热情来迅速作出购买的决定	热情接待顾客,可以向顾客推荐较高档次的商品
	购买目的不明显,常常是即兴购买	
	购买易受外部刺激的影响,行动果断,但事后容易后悔	
	喜欢购买新商品和流行商品	
情感型	想象力、联想力较为丰富,购买行为受个人的情绪和感情支配	用语言赞美顾客,夸奖他们的眼光、品昧
	往往没有明确的购买目的,在购买商品的过程中受自我情绪和感情支配	
	购买中情绪容易波动,比较愿意接受理货员的建议	
疑虑型	性格内向,行动谨慎、观察细微、决策迟缓、购买时缺乏自信,对理货员也缺乏信任,疑虑重重	耐心回答顾客的所有问题,使用适当的方法促使消费者购买
	选购商品动作缓慢,反复在同类商品中询问、挑选与比较,费时多,购买中犹豫不定,事后易反悔	
随意型	缺乏购买经验,在购买中经常不知所措,所以乐意听理货员的建议,希望能得到帮助	向顾客积极的推销商品
	对商品不会有过多的挑剔,容易做出购买决定	
习惯型	凭个人的习惯和经验购买商品,不易受广告宣传和理货员的影响,对流行商品,新商品反应冷淡	不要向这类顾客推荐太新奇的商品
	通常是有目的的购买,购买过程迅速	
专家型	脾气暴躁容易发火。认为理货员和顾客存在对立的利益关系,自我意识很强	让顾客自由选择,等待顾客主动询问
	购买过程中常认为自己的观点绝对正确,经常会考验理货员的知识能力	

技能三　理货

1.理货内容

（1）清洁商品、货架

理货员对自己所管区域内的商品、货架，要随时清洁。一般采用擦拭、掸扫等不同的清洁方式对不同的商品进行清除表面灰尘，保持商品清洁。

（2）整理商品

理货员在整理商品时，将商品重新陈列摆放，及时将后排的商品移至前排补足空缺，将商品标志向外，保证排面整齐，对准价格标签，方便顾客了解选购。

（3）检查商品质量

理货员在整理货架的过程中，注意发现变质、破包、残损商品，发现问题商品必须及时处理。对不符合销售标准的商品应立即撤架，替换为合格品。特别注意商品保质期，按店内规定及时将到期商品下架，送有关部门处理。

（4）检查商品价签

理货员商品标签的检查，主要包括 3 个方面：

①价格标签，是否清楚。

②价格标签，是否正确。

③位置摆放是否与商品对应。

2.破包商品处理

（1）可否修复

对于破包的商品，理货员要判断其是否可以修复。商品包装破损严重，无法修复的应放弃修复。对于卫生用品包装破损，无法保证卫生，要求不得修复，食品的包装破损后，必须退货，不得进行修复。

（2）及时修复

理货员对于商品包装破损较小，且不影响销售质量的应及时进行修复，具体如表 6-18 所示。

表 6-18　商品包装破损修复要求

类别	修复要求	备注
可修复包装商品	用透明胶条进行修补	不可采用黄色或印有公司标志的胶带进行修复
散落商品	调整、组合新的包装箱，将不够一个销售单位的单品聚集到一起，将单个商品按原包装进行排列，用热封塑机进行封包	—
复合包装损坏	重新用热塑机进行修复	不能使用胶带捆绑修复

3.临近保质期商品处理

（1）临近保质期时

对于不同的生鲜商品，其临近保质期的规定是不一样的，具体如表 6-19 所示。

表 6-19　生鲜商品临保时间规定

序号	保质期	临近保质期	备注
1	1～3 天	最后一天	
2	1～4 天	最后期前 1 天	
3	8～15 天	最后期前 2 天	
4	16～30 天	最后期前 5 天	
5	30 天以上	最后期前 10 天	

非生鲜商品一般都在最后期前 10 天,作为临近保质期处理。

(2)控制方法

理货员对货架上每件商品的保质期都必须进行严格把关,对于以下 3 种类型的商品要重点检查,如图 6-5 所示。

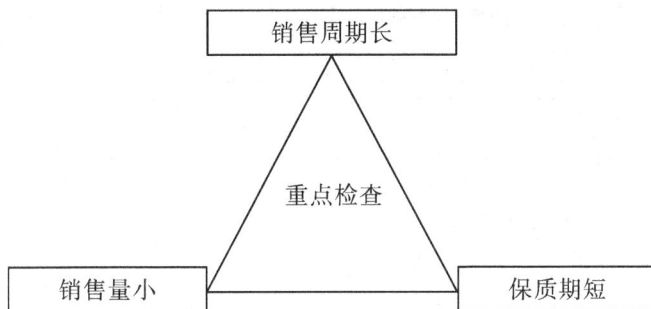

图 6-5　保质期控制的重点检查商品

(3)处理措施

协商退货或换货,理货员要与采购部门或供应商联系,协商退货或换货。有些商品可根据情况进行降价处理。当临近保质期的商品,如果还没有售完,则应通知采购部门或供货商根据库存的多少,控制商品的订货。

4. 缺货商品处理

(1)缺货的种类

①货架上的商品只有几个或少量,不够当日的销售。

②服装、鞋类商品的某颜色缺少或尺码断码。

③家电商品只有样机。

④广告彩页新商品未能到。

⑤目前库存不能满足下一次到货前的销售。

(2)对于缺货商品的临时处理方法,具体如表 6-20 所示。

表6-20　缺货商品的临时处理方法

情况	类别	具体内容
存货不足	临时改变商品陈列方向,采取纵向变横向的排列方法,将后面的商品暂时放前排。即将商品拿到前方,与货架的边缘平齐摆放,使陈列看起来相对丰富	暂时采取的权宜之计。不可长时间采用,一旦有货应立即恢复原来的排列
缺货	放置暂时缺货标签,同时维持其原有排面	不允许随意挪动价签位置或拉大相邻商品的位置以遮掩缺货

①及时反映缺货情况,建议进行追货,对重点、主力商品应催促立即补进货源。

②当重点商品缺货时,对可替代的类似商品补货充足或进行促销等措施。

5. 报损商品

(1)报损标准

理货员要掌握商品报损的标准,因为报损就是把失去销售价值的商品进行报废处理,会影响到企业效益,需要严格的把握,具体如表6-21所示。

表6-21　商品报损标准

标准	示例	备注
超过保质期	—	—
具有使用价值,但包装破损,已不能销售	严重瘪罐的罐头	不能再销售或降价销售
不能再销售的被污染或使用过	真空包装损坏的食品;被顾客修改过的服装;穿过有磨损痕迹的鞋	—
失去使用价值,不能再销售	被打碎的瓷器、工艺品等	—
经过维修后,依然不能恢复质量要求	电子产品,照相机等复杂商品	—

(2)理货员商品报损步骤

①整理报损商品,包括装箱、集中等。

②由经手人填写库存更正单,注明报损原因,经库存更正人、部门经理和店经理签字同意。

③经管理层对库存更正单进行审核。

④由商品部将单据和商品与退货组进行交接,由退货组进行报损的执行程序。

6. 零散商品处理

零散商品主要指在商品销售过程中,散落于非本陈列区域的待售商品,又称为"孤儿商品"。理货人员应随时关注责任区域的零星散货问题。

①当发现本陈列区域内有不属于本部门的商品时,将其从货架上收起,集中存放,并交给相关部门的同事进行处理。

②发现生鲜食品和冷冻食品的散货,在第一时间将其归还给相关部门同事或存放于正确的位置。

③应经常关注"孤儿商品"区,及时取回应属于本区的商品,本部门的零星散货,必须当日回归其本来的陈列位置。

④生鲜部门应每日安排处理散货的当值人员。

技能四 为顾客介绍商品

1. 商品介绍步骤

介绍商品的步骤如图6-6所示。

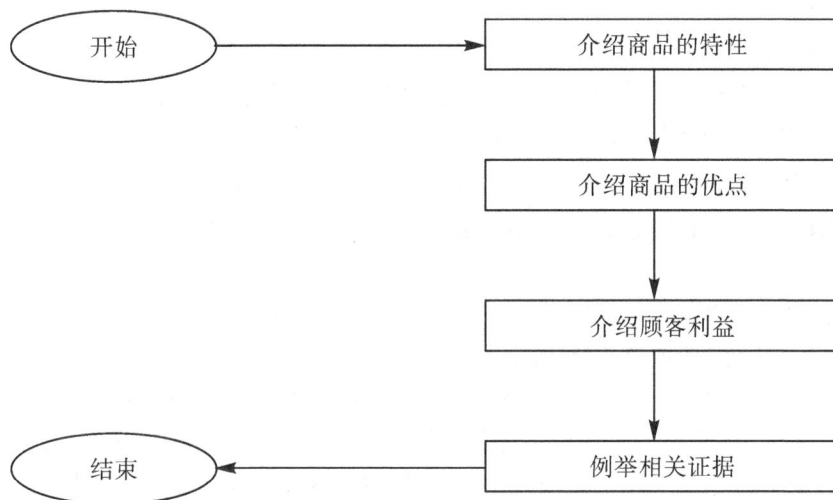

图6-6 商品介绍步骤

(1)介绍商品特性

理货员在向顾客介绍商品时,应该首先向顾客介绍商品的特性。商品的特性是指商品的实际情况,包括商品的原材料、产地、设计、颜色、规格、性能和构造等信息。在向顾客介绍商品特性时,理货员应该注意四点,具体如表6-22所示。

表6-22 介绍商品特性的注意事项

注意事项	具体内容
掌握介绍顺序	理货员介绍商品特性时应该循序渐进,从直观的、顾客能够直接看到或感受到的特点开始介绍
强调与竞争商品的差别	重视与竞争对手的区别,针对商品相对于竞争对手商品的优势,应该重点介绍,以强化顾客对商品的认知
把握介绍数量	理货员在向顾客说明商品特性时,要控制说明的数量,将最重要的几个特点向顾客说明
语言要简单、易懂	理货员在向顾客介绍商品时应该尽量使用简练、通俗易懂的语言

（2）介绍商品优点

商品优点是对商品特点的进一步解释。商品的特点是商品的客观属性，是有形的；而商品的优点则是无形的，例如更耐用、更轻便、更结实、更美观、更安全等。理货员仅介绍商品的特点是远远不够的，还应该根据商品的特点引申出商品的优点。

（3）介绍顾客利益

理货员介绍商品的优点后，顾客对商品有了感性认识，但是有了感性的认识还不够，顾客真正购买商品不是由于商品具有某些特征或优点，而是因为商品能够给他带来切实利益。

顾客利益是指使用该商品能为顾客带来好处与帮助。理货员此时应该着重描述顾客如何通过该商品获得实实在在的利益，只有让顾客切实了解到商品能够给他带来的好处，才能激发起顾客的购买欲望。

（4）列举相关证据

进行商品介绍时，理货员还应该出示各种证据，以证明商品确实能够满足顾客的需求，打消顾客的疑虑，增强其购买信心。

2. 商品介绍技巧

在进行商品介绍时，理货员需要灵活运用一下技巧，使商品介绍能够达到事半功倍的效果。

（1）按正确顺序进行商品介绍

一般的商品介绍，主要有 3 种方式：

①从低价到高价介绍。一般情况下，理货员在介绍商品时，应该按照从低价位到高价位的顺序进行介绍。由于顾客一般购买商品时都会比较关注价格，因此在一般情况下，理货员在向顾客介绍商品时，应该先介绍便宜一点的，然后再慢慢地介绍高价位商品。

②根据顾客购买力介绍。理货员可以根据顾客的类型合理制定介绍顺序。理货员根据观察，判断出顾客可能要购买的商品，然后直接介绍该商品。

③门店档次介绍。根据门店经营的商品定位，理货员可以适当调整商品的介绍顺序。如果门店以经营高档商品为主，理货员可以先介绍高档商品，然后根据顾客的反应向中档品或低档品过度。

（2）适当介绍商品缺点

理货员对顾客不能只说商品的优点，有时也要客观地说明商品的缺点，这样才可能得到顾客的信赖。

①巧妙说明商品缺点。在说明商品缺点时，可以使用"先说缺点，再说优点"的方法。这样顾客会对商品的优点印象深刻，而忽略商品的缺点。比如，在进行高档白酒促销时，理货员可以采用两种方式进行商品说明："这种白酒的品质非常好，就是价格稍微贵了一点。"或"这种白酒价格虽然贵，但是它的品质非常好。"

这两句话要表达的内容是完全一致的，但却会让顾客产生截然不同的感觉。面对第一种说法，顾客会有"价格高"的印象；而对第二种说法，顾客留下的印象却是"高品质"。

②适当转化商品缺点。面对顾客的直接询问，理货员采取适当的方法转化顾客对商品的不良印象。此时，理货员可以多采用"是，但是"法，先用"是"对顾客的意见表示赞同，然后使用"但是"转移顾客对商品缺点的注意。

在顾客购买羊毛衫时，直接向理货员提出了商品的缺点："你们的羊毛衫洗了也会缩水吧?"面对这种询问,理货员应该这样回答:"对,您说的没错。缩水是所有羊毛衫都存在的问题。但是我们对商品采用了先进的技术处理,保证商品洗后的缩水率低于1‰,穿上以后不会有很大的差别。"通过这样的解说,使顾客对羊毛衫"有没有缩水"的质疑,转移到对"缩水比例"的关心。

（3）采用规范的动作

在向顾客介绍商品时,理货员应该保持规范的动作,要点如下:

理货员介绍商品时,应该站在商品的斜前方,并向着顾客站立的方向进行说明。指示商品时,应该胳膊肘轻微弯曲,手腕伸直,五指并拢,手心向上,用手指指向商品。要根据站立位置调整指示用手,站在顾客右边时用右手指示,站左边用左手指示。在向顾客指示商品时,视线应该按照"顾客→指示方向→顾客"的顺序移动。在进行商品说明时,指示动作要与说明语言同步。

（4）营造愉快的气氛

理货员在向顾客介绍商品时,可以通过适当的幽默,制造愉快的气氛。轻松愉快的气氛有助于理货员与顾客的沟通,从而拉近双方的距离。

【案例分享】

卖辣椒的人总会遇到这样的问题:你这辣椒辣吗? 怎么回答呢? 说辣吧,怕辣的人立马走了;答不辣吧,也许人家喜欢吃辣,生意还是做不成。

一天没事,我就站在一个卖辣椒妇女的三轮车旁,看她怎样解决这个二律背反难题。

趁着眼前没有买主,我自作聪明地对她说:你把辣椒分成两堆吧,有人要辣的你就给他说这堆是,有人要不辣的你就给他说那堆是。卖辣椒的妇女对我笑了笑,轻声说:"用不着!"

说着就来了一个买主,问的果然是那句老话:"辣椒辣吗?"卖辣椒的妇女很肯定地告诉他:"颜色深的辣,浅的不辣!"买主信以为真,挑好付过钱,满意地走了。不一会儿,颜色浅的辣椒就所剩无几了。

又有个买主来了,问的还是那句话:"辣椒辣吗?"卖辣椒的妇女看了一眼自己的辣椒,信口答道:"长的辣,短的不辣!"果然,买主就按照她的分类标准开始挑起来。这轮结果是,长辣椒很快告罄。

看着剩下的都是深颜色的短辣椒,我心里想:这回看你还有什么说法?

当又一个买主问"辣椒辣吗"的时候,卖辣椒的妇女信心十足地回答:"硬皮的辣,软皮的不辣!"我暗暗佩服,可不是嘛,被太阳晒了半天,确实有很多辣椒因失水变得软绵绵了。

卖辣椒的妇女卖完辣椒,临走时对我说:你说的那个办法卖辣椒的都知道,而我的办法只有我自己知道。

（来源:2017 年 4 月 12 日搜狐网）

3.商品介绍注意事项

理货员在进行商品说明时,需要注意的事项,具体如表6-23所示。

表 6 - 23　商品说明注意事项

注意事项	具体内容
坚持实事求是	理货员在进行商品说明时,要以事实为依据,无中生有、亏大其词,恶意攻击其他品牌以突出自己商品的行为都是不可取的
随时注意顾客反应	理货员不要喋喋不休的谈论自己的偏爱或自认为重要的商品的特性和优点,要根据顾客的反应进行有针对性的解说
积极探询顾客需求	理货员在对顾客进行商品介绍的过程中,应该通过询问与倾听来了解顾客的需求。在为顾客介绍某商品的特性后,可以随即询问顾客的想法,如"您觉得怎么样啊""您认为呢?"等
控制介绍商品的数量	过多的商品会使顾客眼花缭乱,难以取舍,因此,理货员在向顾客介绍商品时,应该先抓住顾客的需求,只介绍2~3款满足顾客需求的商品即可
控制好商品介绍的时间	理货员在向顾客进行商品介绍时,应该注意控制好时间。长时间的商品介绍,会使顾客注意力分散,影响顾客对商品说明的理解

4. 与同类产品进行比较

通过同类产品进行比较,突出自身产品的独特优势,刺激顾客的购买欲望,这是理货员常用的销售技巧,如表 6 - 24 所示。

表 6 - 24　与同类产品进行比较的介绍技巧

项目	具体内容	案例
产品特性	通过比较产品的外观、质量、功能等方面,突出产品的特点	"我们这款轿车玩具的外形设计很独特,它既有个性又富于变化,卡通车身只有 25 厘米长,您还可以根据自己的喜好定制车身颜色,选购内饰及配件,现在非常受欢迎。"
顾客利益	通过对比产品能够给顾客带来的各种利益来突出产品	"我们的酸奶含有大量的易于吸收的乳酸钙,要是经常喝,不仅能够补充营养,而且还能够增加钙元素,对防治骨质疏松有一定的益处。"
产品价格	通过向顾客对比各产品价格,来突出产品具有独特的性价比	"我们这款手机专门为学生设计,其性价比非常优越,功能丰富,质量可靠,价格还便宜,才 1000 元多一点儿,而其他品牌这种配置的最起码要 1200 元。"
促销活动	通过向顾客比较促销活动,突出机不可失,促使顾客购买	"为了回报消费者对我们的产品的支持,现在我们正在进行买 5 赠 1 的活动,机会难得,您可千万别错过啊!"

技能五　商品陈列

1. 商品陈列技巧

（1）日配品的陈列

零售企业门店里的日配品主要指面包、蔬菜、乳制品、豆制品、果汁饮料、冷饮等,要坚持每天配送及商品陈列的先进先出原则,以确保其新鲜。

日配品的陈列主要是冷藏柜陈列和集中陈列。例如,豆腐,每天周转快,顾客购买率高,可以运用集中陈列法。

(2)水产品的陈列

零售企业门店中的水产品可分为新鲜的水产品、冷冻的水产品以及盐干类水产品。新鲜的水产品又可以分为活的水产品和非活的水产品,不同类型的水产品其陈列方式各不相同。

①活鱼、活虾、活蟹等水产品要以无色的玻璃水箱进行陈列,以满足顾客要求新鲜的需要。

②新鲜的、非活的水产品的陈列一般用白色托盘或平面冷柜在其上铺一层碎冰进行陈列,以确保其质量和新鲜度。摆放时整鱼鱼头朝里,鱼肚向下,碎冰覆盖的部分不应超过鱼身长的 1/2,不求整齐,但要有序,仿佛鱼在微动的感受,以突出鱼的新鲜感。

③冷冻水产品一般被陈列在冰柜中。产品的外包装应该留有窗口,或者用透明的塑料纸包装,顾客能够通过包装清楚地看到产品实体。

④盐干类水产品诸如盐干贝类、壳类等。这类水产品被用食盐腌制过,短期不会变质。使用平台陈列,突出新鲜感。

(3)肉品类的陈列

肉品类能否销售出去的关键就是看它的新鲜状况,因此,在设计肉品类陈列时,保持其新鲜状况是其首要原则。

①肉类陈列可以按精肉、上肉、三层肉、无骨猪排、肋骨等分类陈列,也可以按家禽肉、牛肉、羊肉、猪肉、加工肉食品等分类陈列。

②冷藏的肉品必须放在-2~2℃的冷藏柜里。

③各种加工肉食品包括:香肠、肉丸、腊肉等,可悬挂陈列,温度以 1~8℃为宜。

2. 商品陈列注意事项

在遵循商品陈列原则的基础上对商品陈列以后,还有一些细节值得注意。

①无论是陈列在货架上,还是陈列在柜台里的每一件商品,都必须"面"向顾客,也就是说,要将商品的正面朝外。

②商品的价签应该填写清晰完整,并与商品一一对应;贴价签时要使其面向顾客。

③如果有宣传画册,应该放在顾客易见易取的位置,否则将失去其宣传的意义。

④使用 POP 时要注意其大小是否恰当,位置是否和商品相对应。

⑤特价商品应该有相应醒目的特价标志,吸引顾客的眼球。

⑥同一种商品可能会有不同规格,在陈列的时候,会将它们陈列在一起,其中,主打规格也就是顾客购买最频繁的规格应该占据最好的陈列位置。另外,同一商品如果有不同颜色,那么陈列时应该遵照由浅到深或者由深到浅的顺序陈列。

⑦有些商品在陈列的时候需要通过搭配相关物品来营造某种情境或者气氛引起顾客注意、促进销售,在进行搭配的时候,要注意搭配物品与商品之间是否和谐适当。

【视野拓展】

2019 中国"新鲜时刻"杯水果陈列大赛奖出炉

3 月 21 日,由联商网主办,新鲜时刻、生鲜传奇(自媒体)协办的 2019 中国"新鲜时刻"杯水果陈列大赛落下帷幕。

经过激烈的竞逐,8 个作品脱颖而出分别获得特等奖、一等奖和二等奖,以下为获奖门店及获奖作品:

特等奖 1 名

爱客多仁美店——巴黎之恋

一等奖 2 名

新乐武威星光购物中心店——西瓜铺子

佳和中心店——"泰"不一样

二等奖 5 名

超市发学院路店——水果皇后的风采

物美万象汇店——欢乐童年

华润万家重庆 Ole 超市观音桥店——水果集市

华冠乐活城店——生态小田园

红府超市中心广场店——女神节,绽放你的美

另外,网络投票前 10 名的作品获得了人气奖,它们分别是:

新世纪家得乐西城红场店——缤纷芒果节

爱客多仁美店——巴黎之恋

爱客多冠亚店——浪漫地球

新乐武威星光购物中心店——西瓜铺子

超市发学院路店——水果皇后的风采

佳和菏泽店——人生起落以橙待人,以初心致匠心

比优特超市会展店——如此狂"热"

物美大兴店——蔬心果意

金都百货中心店——丰收

佳和中心店——"泰"不一样。

水果陈列大赛通过评选挖掘门店好的陈列,让水果更具生命力,鼓励企业利用陈列表现水果的主题和内涵,对消费者人性和购物习惯进行洞悉,进而能有效地拉动销售。

(来源:2019 年 3 月 21 日联商网)

技能六　补货

1.补货要求

理货员在补货时,要掌握补货的要求,具体如表 6-25 所示。

表 6-25　补货要求

要求	具体内容
定时	在每天营业前、营业高峰到来前和商品缺货时必须进行补货
非定时	根据具体销售情况,及时补充货架空位

续表

要求	具体内容
丰满	无论是货架、端架还是促销区都应保证商品丰满
先后顺序	补货区域的顺序应为端架、堆头、货架
	补货品项的顺序应为促销品项、主力品项、一般品项
先进先出	对食品和有保质期限制的商品必须保证销售时间的先后顺序
保证质量	认真检查商品质量
位置准确	不能随意更改陈列排面和陈列方式
价签准确、对位	检查价格标签是否正确,商品补货位置必须与价格标签所示陈列范围对应
操作现场无障碍	不堵塞通道,不影响门店清洁,不妨碍顾客自由购物
保留应有空位	当某种商品需补充又无法找到库存时,要将其位置保留

(1)操作现场无障碍

①所有卡板均应在通道同一侧放置。同一通道的卡板,同一时间内不能超过 3 块。

②有存货卡板的地方,必须同时有员工作业,不允许有通道堆放卡板,又无人或未安排人员作业的情况。

③货架上的货物补齐后,应马上处理通道上的存货和垃圾,存货归回库存区,垃圾送到指定地点。

(2)保留应有空位

①查询系统库存数据是否有库存。

②当确定属于缺货时,不允许用其他货物填补,也不允许采用拉大相邻品项排面的方法填补空位,要保留其本来占有的空位,将"暂时缺货"标签放置在货架上。

③只有当确实需要撤除其货位时,应在改变陈列图后,才能实施。

2.补货步骤

理货员在补货时主要步骤:

(1)确定补货商品

由于陈列在货架上的商品会不断地被顾客买走。因此,理货员在门店巡视过程中,要及时发现、统计待补货架,确定需补充的商品。

(2)领取货物

理货员应及时到内仓或货场内存货区等商品存放的地方取货。

(3)商品处理

理货员在上架前,要对商品进行处理,具体如表 6 - 26 所示。

表 6 - 26　商品处理

类别	具体内容
箱、布、塑料等包装的五金、百货、纺织、食品等商品	开箱、拆包、核对数量。按其销售规律和经营习惯，将商品拆解成最小销售单位
生鲜、促销等需操作打理商品	分类、加工、捆绑、加防盗扣等处理
有保质期限要求的各类商品、用品	检查商品质量，包括检查保质期、条形码、外包装是否干净、整洁等
需分装商品	根据情况和商品内容，按整数重量或整数金额计量分别装袋，以方便顾客拿取
清理商品	发现有损坏、变质或弄脏、残缺等质量问题，应将其清理出来，另行处理

（4）商品标价

检查每件即将上架的商品，注意待补商品与架上商品的价格是否完全相同，必须保证每件商品都有清楚无误的价格显示，并保证与标价相符。

（5）补货上架

再次检查核对欲补货陈列的价目卡是否与要补上去的商品售价一致，应先将原有商品取下，将新货补充到货架后排，最后再将原有商品摆放在前排。

（6）冷冻、生鲜食品三段式补货

对冷冻食品和生鲜食品的补充要注意采取三段式控制补货量，即上货量的分布应在早晨开业前上一部分货，中午补充上一部分货，下午营业高峰到来之前再补充一部分货。

熟食、鲜奶等冷藏陈列商品在上架时，应注意以下 3 点：

①不要超出控制线码放，以免影响风幕，造成暖气进入。

②不要将商品放在冷气回风口上，进风口 50 厘米以内不要堆放杂物。

③商品码放要整齐，柜内各层之间必须留有缝隙，以保证柜内冷气通畅循环。

（7）补货后期工作

①将剩余商品重新归位，将补货后剩余商品封箱，放回原来的库存位置。

②垃圾处理，将拆箱后的杂物等垃圾清理出售货区域，保持补货区域的卫生。

③检查通道，最后检查通道，有无遗漏的商品、卡板、垃圾、价格标签等其他杂物。

3. 商品上架前事项

（1）开箱取货

开箱取货是最基本的商品上架前的事项，对所有已按销售单位包装好的商品都适用。理货员只需核对商品名称、规格等，以确定该商品补货位置是否正确，打开商品运输包装，检查商品单位包装质量、保质期等，按要求排列上架。

（2）搭配捆绑

促销活动中会常采用搭配捆绑的方法。对于临近保质期的商品，经常要将几个同类商品捆绑在一起，适当降低价格，来吸引顾客，以薄利多销的方式，增加商品销售量。如"酸奶买 8 赠 1"活动，就是将 8 袋非临近保质期的酸奶与 1 袋临近保质期的酸奶组合在一起，用透明胶带或带商标的专用胶带捆绑后，上架销售。

利用商品在使用上的关联性进行捆绑搭配,以促进销售,如"牙膏买1赠1",就是买一支牙膏送一个玻璃口杯,捆绑在一起上架销售。理货员在操作时,只需检查商品质量,按预定要求搭配商品,做好捆扎工作即可。

(3)加工捆扎、装盒

生鲜蔬果类商品上架前进行加工捆扎、装盒,具体如表6-27所示。

表6-27 生鲜蔬果类商品加工捆扎、装盒要求

类别	具体内容	备注
预冷降温	对刚进货的蔬菜浸湿降温,要进冷藏库保鲜	—
	对不需要入库的打开包装散热	
	有的则要用冰水处理,使商品降温,然后进入冷藏库保存	
清理捆扎	摘取黄叶、残叶、败叶在水中清洗	主要用于长形叶菜类,如菠菜、芹菜、小白菜等叶菜类
	将叶类菜切除根部约1厘米,以直的姿态根部朝下放入水中浸泡约15分钟	
	捞出放置片刻后进行拆分,一般分成一斤重左右	
	用带孔的塑料袋捆扎,称量、记数打价签后上架	
袋装和盒装塑封	按质量要求对商品进行挑拣,分成不同等级	主要用于小型根茎类、果实类和豆类,果实类散装商品,同时也包括各种干果类包装
	同种商品用规格一样的包装盒或包装袋分装	
	分装时应整齐排列,塑封包装,称重记数,打价签后上架	
整形包裹	进行挑拣、分类、整理,要使其外形美观	主要用于较大型含有一定水分的蔬果,如大白菜、圆白菜、香蕉,火龙果等
	为保鲜在其表面加一层保鲜膜	
	称重、记数、打价签后上架	
果篮加工	根据不同的规格选取水果,所选水果必须保证质量,品种应在6种以上,颜色至少要在5种以上	主要用于节假日顾客作为礼品赠送之用
	水果摆放在果篮中,应按颜色搭配,外观美丽、价平超值,可见水果应有6种,可见颜色应有5种	
	透明包装纸覆盖严实、美观,果篮提梁可加装饰	
	价签贴在果筐侧下部便于顾客取掉的部位	

(4)熟食加工装盒

熟食加工主要包括各种熟肉、肠、素什锦、豆制品等。一部分熟食商品是在进货时商品已具备销售单位包装,理货员要检查商品质量,查看商品保质期,按要求打好价签。超市自制商品需要整块的商品进行切割、装盒或将散货排列装盒,如大块的酱牛肉、素什锦、豆制品等。

①同种商品装入规格固定的塑料盒中,排列整齐美观。

②用包装机热烫完成包装。

③称量商品、计数、打价签,应将价签贴于统一位置,准备上柜。

(5)半成品配菜加工

理货员在加工半成品配菜时,主要分为 3 个步骤:

①认真阅读配方表,按照要求准备所需原料,对加工的菜、肉等原材料,包括配料,进行挑拣清洗等质量处理,根据需要进行切割(丝状、丁状、片状或条块状)。

②将加工后的原料及配料按要求码放入盒,加保鲜膜热封。

③将条码或价格签贴在右下角,不要妨碍顾客观看包装盒内商品。

(6)肉类商品

肉类商品上架前的操作,具体如表 6-28 所示。

表 6-28　肉类商品上架前面操作要求

类别	具体内容	备注
新鲜肉品 分割装盒	按部位、等级标准进行分割 将分割后的肉品分别装盒 称重、计价、打贴标签 准备入冷冻展示柜	操作卫生 分类、质量等级准确 装盒注意美观,给人以新鲜感 价签打贴位置统一
即秤即售 肉类商品	按标准分割法分出瘦肉、五花肉、里脊肉、板油、肋骨、腔骨、棒骨等(羊肉同样按标准分割) 分别标价上柜	清洁卫生,按质标价 牛羊肉与猪肉必须分台出售

(7)海鲜商品

①鲜活水产品宰杀后应清洗干净,用无毒透明包装材料包装。

②称量、计数、打价签,应置于冷藏柜内保存待售。

③要求宰杀工具清洁,保存时间不能过长,应尽快补货到位。保证冰台符合陈列保鲜要求。

4.补货上架

理货员在进行补货上架时,具体的操作如表 6-29 所示。

表 6-29　补货上架

类别	具体内容	备注
货架商品	检查所备商品是否正确 按照货架上原排列方式,遵循先进先出原则,将新补商品按要求排放在货架后端 将原有商品排在前面,保证货架丰满 检查价格标签是否对位	—

续表

类别	具体内容	备注
端架、堆头	端架、堆头陈列商品,周转速度会较快,必须重点关注,按陈列特点及时补充商品	—
	注意先进先出,将补充的商品放在下面	
生鲜果菜	随时根据顾客取走的量加以补充	补货关键是掌握上货量,既要有丰满感,又不能过多
	果菜的陈列面积须与周转量成正比例且比例适当,若比例过大,则在货架的滞留时间长;若比例过小,则每日补货的次数频繁	
	果菜陈列时间必须小于该品种时温度、湿度下商品品质状态所能维持的生命周期	
鲜活品	鲜活类商品一天的销售量不能一次上齐,一般在早晨营业前上货为预销售量的40%,中午补充30%,下午营业高峰到来再补充30%	补货关键是把握上架的时间和投放量

【项目训练】

1. 训练目的

果蔬近几年是销售量上升趋势最明显的品类,消费者本着追求健康和品质生活的需求,中国人均水果年消费量在快速攀升。好的陈列不仅是一种艺术,更是兼具实用性,是对消费者人性和购物习惯的洞悉,进而能有效地拉动销售。水果作为生鲜的重点品类,其色彩丰富、形状各异,陈列造型更趋多元化。

2. 训练步骤

①给每位同学发放常见果蔬陈列方式表,如表6-30所示。

②各位同学在企业实操过程中搜集相关图片和视频信息,对照检查门店果蔬的陈列方式。

③同学们分享果蔬陈列的心得体会。

④鼓励同学对果蔬陈列进行讨论,结合促销时点和主题,提创意果蔬陈列的建议。

表6-30　常见果菜陈列方式表

陈列形式	陈列蔬菜	陈列方法	具体事例
圆机型	主要用来陈列圆形的水果和蔬菜	先排底层的侧边和后边,最后再排底层的中间部分	苹果,柚子,西红柿,茄子等蔬果
圆排型	主要用在陈列体积较大一点的果菜	首先用挡板将商品的两侧固定起来,防止其松垮塌落,然后放置底层商品,每层商品重心相对,层层向上,给人一种整齐有序的感觉	冬瓜、椰子、甜瓜等蔬果

陈列形式	陈列蔬菜	陈列方法	具体事例
交错型	主要用于陈列长身、瘦体蔬菜	摆放时,层层之间要根茎相对,整体呈方形	芹菜,蒜等
格子型	主要陈列圆形及小体积的蔬菜	摆放时首先用挡板排成格子形,然后将不同品种的商品放在各个格子内陈列,既可以防止商品松垮塌落,又可以防止使商品的摆放给人一种整齐有序的感觉	—
盘子型	适合散装和部分蔬果的陈列	用白色盘子将蔬果覆盖后固定陈列	葡萄、切片西瓜、香蕉等
斜立型	陈列大白菜	每棵白菜都紧靠在一起,根部朝下斜立着,由于相互之间是侧靠着的,重心在侧面,其根部不容易损坏,顶部或菜心部分不易张开,又确保了蔬菜的新鲜性	大白菜
堆积型	包装过的商品、袋装商品、长形的商品	先摆好前面的和边上的部分、然后向上堆到一定的高度,就是堆积形,在运用堆积形陈列商品时,前面的商品要摆放整齐,两个侧面可用挡板或商品自身进行固定,第二层商品的重心应该在底层两个商品的链接点上,依次上堆,数量递减	—
面对面型	适合形式整齐划,陈列较多数量的蔬果	将包装过的蔬果两排为一组,组与组之间跟对跟或头对头地陈列	—
搭配型	两种以上的商品陈列在一起,来获得理想的对比视觉效果	通过搭配对比,各种商品的色彩显得更加鲜明,更引人注目,形体特征也更加明显	大小搭配,长短搭配,红绿搭配,粗细搭配,黑白搭配,黄绿搭配等
阶梯型	事先准备好阶梯形的陈列架,将不能堆积陈列的果菜放于架上	架上的商品要排放整齐,层层有序,以显示商品的丰满与多样,在采用阶梯形商品陈列时,要注意商品形体大小的搭配,颜色搭配,使其整体有一定的层次感和立体感	—

项目七　防损员操作实务

【知识目标】

了解防损员的岗位特点和岗位职责；

熟悉防损员的每日工作流程；

了解防损员的职业道德、意志品质和心理素质要求；

熟悉并掌握防损员的专业素质要求。

【素能目标】

能够准确判断损耗的原因；

能够掌握重点区域和部门防损的工作要点；

能够熟悉操作常见的防损设备；

能够做好突发事件处理和安全管理。

任务一　认知岗位要求

【任务导入】

去年 9 月 15 日中午,北京沃尔玛××门店的防损员在超市里上班时,发现一名疑似曾在超市偷过东西的男子。防损员一直跟着他,发现该男子选购商品后到自助收银区扫码结账时,并没有将购物车中的全部商品扫码。当男子推着购物车出卖场时,防损员立即上前将该男子拦住,自称姓郭的男子也承认了自己确有部分商品没有结账。

经清点,郭某的购物车内有散装花生米、咖啡、小麦粉等商品未结账。接着,防损员调取了此前的监控图像,发现郭某之前多次采用同样手段窃取过超市的商品,防损员立即报警。

超市员工和办案民警共同对超市自助扫码区域的监控摄像头拍摄到的图像进行查看,并扣除郭某已扫码结账的商品信息,确认郭某于 7 月 6 日、7 月 18 日、8 月 1 日、8 月 4 日、8 月 18 日、8 月 27 日都通过部分商品未扫码结账的方式进行了盗窃,被盗物品从日用百货、食品饮料到粮油服装,成本共计 2000 余元。

在法庭上,郭某及其辩护人认为,超市内的自助结账系统把结算货款的责任转嫁给顾客,超市应自行承担出现的经济损失;而他在扫码结账后已通过超市员工的检查,得到保安人员确认后才离开超市,因此未将部分商品扫码结账的行为不是盗窃犯罪。

(来源:2019 年 7 月 17 日《北京晚报》)

请思考:

如果你是超市负责人的话,你将如何加强自助收银区域防损力量呢?

【任务分析】

自助收银结算设备更为灵活和便捷,可以提升顾客收银结算的效率,减少排队,同时减轻收银人员的压力,因此,自助机正受到越来越多顾客的欢迎。虽然自助收银结算设备可能会带来货损风险,但也不需大幅增加防损人员,可以采用科技手段不断优化防损技术和设备。除了布局 AI 视频监控,还可以使用 FRID 电子价签、称重等方式达到自助收银防盗防损的目的。除此之外,还可以使用有人脸识别功能的自助收银结算设备,人脸识别功能可以更了解顾客身份,减少个别顾客的侥幸心理,起到震慑作用。

【知识导航】

知识一 岗位职责

1.防损员岗位特点

(1)基础岗位

防损员是顾客到门店购物时,第一眼见到的员工,原因有如下几点:

①工作在门店营运第一线且在门店的最外围。

②担负的工作量较大,肩负门店防盗、消防、治安的重任。

③维护门店的经营秩序和治安秩序,对保证其正常运行起着重要的作用。

(2)窗口岗位

顾客在门店自由选购商品,可以不直接和防损员直接接触,但遇到麻烦或其他特殊情况就必须和防损员打交道。所以,在门店里,除收银员外,防损员是与顾客接触比较多的人员,其一言一行、一举一动都代表着所在零售企业的形象。

(3)安全岗位

门店陈列着五颜六色、功能不同、风格各异的商品,个别顾客或员工可能经不起商品的诱惑从而产生小偷小摸等不良行为。门店内人来人往,也使得一些社会上的盗窃团伙有机可乘,乘人不备将商品盗出门店。因此,防损岗位又担负着企业及顾客财物安全的重任,防损工作的效率往往对门店的经营业绩有着直接的影响。

2.防损员岗位职责

防损员岗位职责,具体如表 7-1 所示。

表 7-1 防损员岗位基本职责表

职责	具体内容	备注
监察、防止损耗	监察前台收银损耗	—
	监察商品损耗	
	监察营运损耗	
	监察后台管理损耗	
	监察收货损耗	
	参与商品盘点	
	参与内部稽核	
确保安全	负责门店出入口、停车场和周边的安全	—
	负责门店顾客、员工的人身和财物安全	
	负责维护门店各区域良好的营业秩序	
	负责在紧急情况下疏散顾客、保护现场	

续表

职责	具体内容	备注
风险控制	负责排除门店内的安全隐患	—
	负责门店消防设施完好,消防通道通畅	
	负责门店防火、防盗、防盗、防自然灾害、防恐吓等基础预防工作	
	负责门店食品安全监督工作	

3. 工作流程

以下是某超市防损员一日的工作流程,仅供参考,具体如表 7-2 所示。

表 7-2　防损员一日工作流程

时间段	工作内容	备注
8:00—8:30 开店前	员工进场前清场工作,配合值班经理进行门店保安系统解除工作	—
	员工通道管理,非本店员工严禁入内	
	检查货架上货品是否安全	
	检查仓库的消防通道是否通畅,以及部门的货物堆放是否超高,货物高度是否影响监控探头的视线,如果有问题需在开店前整顿完毕	
	检查收银台的报警器是否损坏,如存在需通知工程部在开店前修理好	
	检查收货通道是否畅通	
	检查整个门店照明是否有问题	
	巡视门店,在开店前5分钟不允许手推车乱停乱放	
	在收货区的防损员要对送货车辆进行合理调度	
	开店前5分钟开启进口的消防卷帘门,做好开店准备	
8:30—22:00 营业中	收银台前的防损员就位,密切监督收银员的工作,不许顾客从收银台进入门店,并配合便衣工作,同时维持收银秩序	—
	收货区垃圾口的防损员要对从门店内出来的纸板箱进行检查,以及对销毁商品进行监督	
	收货区防损员要对收货工作进行监督,加强侧门、边门的巡视	
	门店外围防损员要维持好顾客的机动车、非机动车、出租车的停放与管理	
	保证出口处的秩序,入口的人流秩序,店外交通正常,手推车要及时回收	
	便衣员工的日常抓窃工作	
	机动员工在门店巡视,以便及时发现和处理情况,检查员工有无违规、门店通道是否畅通无阻	
	日常处理小偷工作	
	对员工通道的管理	
	对员工食堂的管理	
	对打卡处的管理	
	对厂方促销的管理	
	消防中心员工关于消防的正常管理与检查工作	
	办公室区域来访处的正常接待工作	
	顾客服务台的调试单和对调单的签字、审核工作	
	清场及对下班员工的物品进行检查工作	

时间段	工作内容	备注
22:00—23:00 关店后工作	在收银员全部下机后放下卷帘门	—
	对调换商品和已坏商品进场时进行清点和签字	
	将反扒收入送交金库	
	门店外用卷帘门(员工通道以外)全部放下	
	检查收银台的报警器是否完好	
	检查水、电、煤气是否关闭,生鲜的专业设备是否关闭,不必要的照明是否关闭	
	是否有顾客滞留,门店的音乐是否关闭,冷冻设备是否拉帘上盖	
	购物车是否收回到位	
	收银机是否关闭,保险柜门是否锁好,报警器打开是否正常工作	
	对报废的统计表、偷窃者的统计表进行整理	
	检查门店内是否有空的垫板和垃圾等未处理	
	监督现金是否全部缴、锁入金库	
	完成全场清场工作、配合值班经理进行系统保全设置工作	
23:00—7:00 夜间工作	做好夜间门店监控工作,防止发生意外事件	—
	如果发生意外事件,按治安、消防及紧急处理事件处理流程执行,并通知支援人员及相关主管	
	夜间要对门店外围的死角进行巡视,避免不必要的损失	
	监控室的人员不得玩忽职守,如酿成重大损失须负法律责任	
	夜间的员工不得喝酒、带人进值班场所进行娱乐活动,一经发现严肃处理	

知识二　从业要求

1. 职业道德

防损员职业道德规范基本要求,主要包括6个方面,具体如下所示:

①爱岗敬业。爱岗敬业要求从业者要热爱自己的岗位和职业,乐业、勤业、精业,以恭敬、负责的态度对待工作,兢兢业业、专心致志。

②诚实守信。诚实守信是为人处事的基本准则。它要求从业者要真心诚意、实事求是、不虚假、不欺诈。在商业经营上则要讲究信守合同、诚信无欺、质量为重。

③办事公道。办事公道就是要求人们要公平、正义,恰如其分地对待人和事。尽可能做到不偏不倚,不徇私情,对所有工作对象,一视同仁、不偏袒、不歧视。

④服务顾客。服务顾客要求从业者全心全意地为顾客服务。对服务对象热情服务,主动、耐心、热心、细致、周到,努力提高服务质量、提高业务技术水平。

⑤奉献社会。奉献社会要求从业者把自己的知识、才能、智慧,毫无保留地、不计报酬地贡献给社会。培养社会责任感和无私精神,将公众利益、社会效益摆在第一位,处理好"义"

和"利"的关系,处理好个人利益和社会效益的关系,把奉献社会的职业道德落到实处,充分实现自我价值。

⑥保守秘密。保守秘密是每一个企业或组织从业人员都必须遵守的道德规范。对公司认定为"绝密""机密""秘密"的文件或事项要严格按公司要求给予保密。

2.意志品质

防损人员需具备的品质如表7-3所示。

表7-3　防损员意志品质要求

类别		具体内容
意志修养	认同	要求有清晰的角色意识。务必认清应该做什么,不该做什么;应该说什么,不该说什么。角色认同的基本要求是用"假如我是……"的思路将心比心,推己及人,设身处地,进行角色互换,站在对方的角度来思考和处理问题。
	自制	要求冷静、沉着,不受对方的情绪所影响。做到你发火,我耐心;你粗暴,我礼貌;你埋怨,我周到;你有气,我热情。
	宽容	要求宽以待人,得饶人处且饶人,把一切"面子"都留给别人。有宽容心才能有效地自制。
	平衡	要求理智、观念与情感、情绪保持平衡。例如,理智上强调顾客第一,但良好服务并未得到应有的回应和社会支持,造成观念上和情感上的冲突;做得不好时会得到来自各方面的责骂,但做得好时,却没得到认可,由此产生委屈心态;工作时间长,精神负担重、疲劳,使防损员懒得去理会顾客的要求、感觉和反应。上述这些如不能很好地平衡,意志修养将会前功尽弃。
品质修养	见物不贪	人人都需要物质财富,但在追求物质财富时需要特别注意:聚财不贪。"家有黄金万吨,一日不过三顿";享乐不可极。享乐是一种诱惑,必要的享乐能使人生更丰富多彩,能使工作更充满活力,但乐极往往生悲;不义之财不可取。财物是一种诱惑,只有反抗诱惑,才能有更多的机会做出高尚的行为来。克己自律应从第一次开始。
	与人为善	人人都需要他人的友善、关爱、帮助、支持、鼓励、赞扬、指教、尊重和信赖,人人与人为善,才可能达到上述这些美好的期望。
	做事求上	做一天和尚撞一天钟的工作态度和作风不符合社会需求。科技进步、时代发展,需要人们比以往付出更多的辛劳去掌握日新月异的知识和技术。作为服务人员,对工作与学习,知识与道德,今日与明日等关系应当有一个比较明确的认识。

3.心理素质

对于防损员的素质要求,不同的零售企业因性质及所具规模不同而有不同的要求。但各企业对防损员的身体素质最基本的要求是身体健康强壮、体格健全,动作协调、反应敏捷。形象、身高、体重、视力符合一定的标准。

防损员是门店安全、商品损耗防止、营业监察等工作的把关人。要求遇事沉着、自制、应变能力强,善于观察、责任心强、记忆力好。防损员应当随时注意锻炼自己,使自己养成上述良好的习惯;同时防损员是门店最先接触顾客的人员,要求谦虚、热情、与人为善,随时为顾客解决力所能及的问题。

良好的心理素质是防损员出色完成本职工作的重要保证,防损员的心理素质与业务能力有极为密切的关系。良好的心理素质,能帮助防损员敏锐地观察事物,周密地分析问题,尤其是在情况紧急、问题复杂的时候,能保持清醒的头脑,临危不惧,遇事不慌,这样才能及时准确地解决问题。

良好的心理素质,具体体现如下:

①独立思考。在任何情况下,都应有清醒的头脑,有自己的主见,不轻易受别人的暗示和影响,不人云亦云。不管是单独执勤,还是集体行动,防损员都要有判断是非和分析问题的能力。

②果断。防损员经常做的是防范性的安保工作,由此遇到的事情多为突发事件,如果优柔寡断,势必会误事。防损员应具有沉着机智,多谋善断的性格,这是由防损工作的性质和特点所决定的。

③自制力。防损人员在遇到突然刺激时,要沉着冷静,抑制感情冲动,不受对方情绪影响,应坚持遵守工作纪律,履行工作职责,不因自己的一时冲动而影响工作。

④观察力。防损员在工作过程中,会接触到大量的信息,有些极不明显,有些瞬息万变,稍纵即逝。这就要求防损员有敏锐的观察力,及时有效地发现可疑的人与事,以便采取果断措施,加以防范,及时有效地抑制恶性事件。

⑤快速反应能力。防损员必须具有灵敏机智的应变能力,即在各种突发事件面前,要头脑镇定,处变不惊,从容应对,这样才能处理好各种突发事件。

⑥心理平衡。防损员的工作每天要面对顾客、供应商、内部员工等各色人员,难免遭人误解。要求防损员要随时克服受委屈、受冤枉的心态,提高心理承受能力,在理智、观念与情感、情绪上保持平衡,以达到良好的心理状态。

⑦积极向上。防损员身兼多个角色,必须要有学习精神,做事向上,在工作中学习,在学习中工作,通过学习锻炼自己的思维能力和解决问题的能力。

4. 专业素质要求

作为一个合格的防损员,需要具备多方面的基础知识及专业知识。

①防损员应了解与门店有关的安全常识。如什么是危险品、危险物品的种类,门店容易发生哪些安全隐患,碰到紧急情况如何疏散顾客、如何防火和如何救援等。

②防损员履行职务时应了解相关的法律常识。如什么是违法、什么是犯罪,什么是侵犯公私财物的行为,什么是违反治安管理的行为等。

③防损员在监察门店运营时,应了解商品的属性、分类、摆放、储藏方法等。

④防损员在履行损耗控制职能时,应了解门店的收银、收货、仓库盘点等各项操作过程。

任务二　技能操作实务

【任务导入】

中国商业联合会商业防损专业委员会发布的《第六次全国商业安全调查报告》显示,2016年中国零售商业损失额高达1810亿元,商业损失率为0.71%,与上年同期的0.69%相比有所上升。内、外盗仍是造成商业损失的主要原因,而舞弊和贪腐已成为商业内盗损失的重要因素之一。建立合规经营制度与制定职业道德准则的企业,在降低商业损失方面效果显著。目前,许多零售企业开始重视合规经营,并制定职业道德规范。

事实上,由于防损培训缺失及零售业供应商派遣的驻店员工比例增大,零售业近5年损失率在逐年上升。此次报告的调查对象为传统零售商企业(不含供应商)及其防损工作负责人,覆盖了24个省、自治区和直辖市,共187份样本。报告显示,在造成商业损失的主要原因中,内部盗窃单笔平均损失486元,外部盗窃单笔平均损失298元。因此,控制内盗是商业防损的重要任务。而内部盗窃最主要的表现方式是偷窃商品,最次要的表现方式是偷窃现金。其他造成商业损失的原因还包括业务流程错误、供应商盗窃欺诈等。

(来源:2017年6月5日中国商网)

请思考:

如果你是超市负责人的话,你怎样加强监控力量,防止内盗?

【任务分析】

超市的内盗对经营的成功是一个非常严重的威胁。这就要经营管理者努力解决好员工偷盗和欺诈问题,从而在防止员工偷盗造成损失的同时,还要在运营的方方面面充分发挥安全措施的潜力的作用,采取行之有效的防范措施来预防偷窃。在日常经营管理中,应强化控制措施和防盗流程,以发挥防微杜渐作用,尽最大的努力去阻止偷盗行为的发生。

【技能培养】

技能一　防损的预防

1.商品损耗

商品损耗是门店接收进货时的商品零售值与售出后获取的零售值之间的差额。例如,如果某一门店(超市)收到了价值10000元的零售商品,完全售出后,门店(超市)只实现了9000元的收入,那么就存在着10%的损耗;商品的价值减少了1000元。统计资料显示,在"商品损耗"中,88%是员工作业错误、员工偷窃和意外损失所导致的,7%是顾客偷窃,5%则属供货厂商偷窃,其中尤以员工偷窃所遭受的损失最大。

2.员工偷窃产生的损耗

(1)现金短缺

①没有按收银键,并且私自记录金额数字。

②消费者更换商品时,没有正确地操作收银机,办理退换货手续。

③在开放的收银机抽屉中工作,并且伺机把钱从收银机中取出。

④向消费者宣称特价品或折价品已终止,从而以原价销售。

⑤在退货中做手脚,将现金拿走。

⑥在回收的酒瓶中做手脚,登记错误的数目造成现金流失。

⑦直接从收银机中将钱拿走。

⑧少找零钱给顾客。

⑨折换(折价)券的错误使用。

(2)商品短少

①将商品放入空纸箱或垃圾箱内,待纸箱或垃圾箱运出店外,将商品拿走。

②利用衣物夹带商品,如把物品放在皮包或大衣口袋中携出。

③复制商店的钥匙,伺机偷窃。

④故意破坏商品,如将包装破坏、拆损或缺角等,使商品无法销售,从而自我取用。

⑤将低价商品的包装盒弄空,放入高价的商品而购为己有。

(3)员工购物

①员工在上班中购物,或下班后购物,携购物袋进入办公室,再将其他商品放入购物袋中。

②现场人员与收银人员勾结,高价低卖或改以人工手打方式输入收银机,或漏打若干品项。

(4)员工监守自盗

①收银员将自己的朋友或亲属所购买的东西,漏打或私自降价出售。

②员工将自己所要购买的商品,先用低价标签贴上,再结账。与收银员相互串通,以低价打入收银机。

③在补货时员工相互串通,不是把所有的商品都上架,剩余的由下班的人员带走。

④员工先将商品拿到休息室,趁无人时,再将商品放入包装内携出。

(5)员工出入管理不严密

①员工未依规定从出入口进出。

②利用下班或外出时,夹带商品。

③下班或轮休期间,进入工作场所。

(6)开门或关门人员稀少时

每日早晨开门或夜间关门时,人员稀少,是偷窃的易发时段,尤其是连锁经营的门店(超市)。

(7)门禁管理疏松时

清洁门店内或维修设备、装潢时,也是商品被盗的高发时段。

3.员工偷窃的预防措施

员工偷窃的预防措施,具体如表7-4所示。

表7-4 员工偷窃的预防措施

类别	预防措施	备注
员工购物	禁止员工在上班时间购物,若在午休或吃饭时间欲购物者,其所购买的商品须存放于指定场所,待下班后才能取走,不能带入门店	—
	下班后购物者,应于打完卡后才能购买,并且由前门出入,不得在现场逗留	
	若轮值晚班,可于下班前,利用休息时间购买,但不可携入休息室,必须存放在指定场所	
监守自盗	严格执行员工监守自盗处罚办法	—
	随时注意每位下班人员所携带的物品,查对发票金额	
出入管理松懈	严格要求员工上下班时,由规定的出入口进出	—
	员工离店时,一律自动打开所携出的物品进行检查	
	若有购物者,须主动出示收银小票	
开关门时	确实做好开、关门的工作	—
	仓库门需随时锁上,并记录进出的时间及次数	
	设定时间启动夜间保安措施,以确保安全	

4. 员工作业错误

(1)员工作业疏忽

①商品有效期限未予检查。

②商品价格标示错误,高价低标未予察觉。

③对于调高价钱的商品,未予立即调整。

④现金管理不当。

⑤账目查核表错误。

⑥仓库及门未锁好,遭到偷窃。

(2)盘点不当的损耗

①数错数量。

②看错或记错售价、货号、单位等。

③盘点表上的计算错误。

④盘点时遗漏品项。

⑤将赠品记入盘点表。

⑥将已填妥退货表的商品计入。

⑦因不明负责区域而作了重复盘点。

(3)员工作业手续不当

①商品调拨的漏记。

②商品领用未登记或使用无节制。

③商品进货的重复登记。

④漏记进货的账款。

⑤坏品未及时办理退货。

⑥退货的重复登记。

⑦销售退回商品未办理进货退回。

⑧商品有效期检查不及时。

⑨商品条形码标签贴错。

⑩新旧价格标签同时存在。

⑪POP、价格卡与标签的价格不一致。

⑫商品促销结束后未恢复原价。

⑬商品加工技术不当产生损耗。

(4)预防措施

①定期检查货架上的商品有效期限,并做好"先进先出"的商品管理,并定期检查。

②定期检查商品价格的标示,有无错误或漏标。

③员工详细填写班次分析表,以查核员工的工作情况,若有异常,即预警。

④对调高价钱的商品,应立即更换标签,更换时要先撕下旧标签,再贴上新标签。

⑤员工填好账目查核表,表中应有应收账款、现金支付表、移转、价格变动及损坏报告等项目。

⑥对现金的管理,也应有详细的支付明细。

⑦定期检查仓库、后门的锁是否锁好,警铃效用,各项设备是否功能完好,使各种可能发生损耗的因素降至最低点。

5.供应商

(1)供应商不当产生的损耗

①发票上有涂改过的痕迹。

②以交换商品,来代替有争议的账目。

③只有发票复印件。

④在未盘点验收之前,带进新商品。

⑤点收自己送来的商品,并且留下发票。

⑥以先前的商品项目,代替后面的商品项目。

⑦在点收前,并未带着商品到所指定的货架区域。

⑧不给任何人检查未拆封的箱子。

⑨在进货登记簿上,并未填明正确的进出时间。

⑩误记交货单位(数量)。

⑪供应商套号,以低价商品冒充高价商品。

⑫混淆品质等级不同的商品。

⑬擅自夹带商品。

⑭随同退货商品夹带商品。

⑮换取商品时,收受不确实。

⑯暂时交部分订购的货物,造成混乱。

⑰与员工勾结实施偷窃。

(2)供应商不当的预防

①供应商填写进货时的进出表单。

②只在规定的时间内进货,不允许营业高峰期进货。

③不让多位供货厂商同时进入门店内。

④在指定的区域内检查进货商品。

⑤所有的进货商品都要计算,并且要触摸和实地勘查。

⑥签收单据之前,要先检查有无任何变动的商品项目。

⑦让所有的货品从前门进入。

⑧在签收单据后,自己保留原始的发票,以免遭涂改。

6.订货不当

(1)订货不当的损耗

①订货太多或太少。

②应订货而未订货,不应订货的却订货。

(2)订货不当的预防

①订货要适量,不然退回货品时,不但要花费时间、金钱与人力(退货商品分门别类整理),无形中也增加了营运成本。

②订货时严格重申选低利润商品的品种数,高利润商品的构成比例自然就会增加。

③进货前要检查门店及仓库存货状况。

④参考以前进货数量、单价及回转率。

7. 验收不当

(1)验收不当的损耗

①商品验收时点错数量。

②门店员工搬入的商品未经点数,造成短缺。

③仅仅验收数量,未进行品质检查所产生的错误。

④进货的发票金额与验收金额不符。

⑤进货商品未入库。

(2)验收不当的预防

核对送货票据与商品,先确认为本门店所订货无误后,再查核下列项目:

①检查商品名称是否与规格、大小吻合。

②核对数量。以箱为单位来核对,但对于打开的箱子,要检查里面的数量。

③打开检查外表有破损或污垢的商品,检查商品上的日期及进货日期。

④对于破损的商品,要当着送货员在场时,确认好破损的数目。

⑤营业时间外的验收。

有些商品在未营业前就必须送到,可以事先和供应商约定好,商品送到时,先放在特别准备好的箱子里,等防损员来了之后,再进行验收。

8. 退货

(1)不良品的退货

①污、破、损的商品。

②超过期限的商品。

③数量超过或不足的商品。

④没有订货却送到的商品。

(2)正常商品的退货

①正常商品原则上是不退货的,但是商品好卖与否,往往不易掌握,所以若商品的销路不是很理想的话,应可以办理退货。

②加工食品、糖果、饼干与杂货的退货,应填写退货票据,要退的商品应暂时放置在仓库里保管,不可和正常的在库品混合在一起。

③门店(超市)新开张或周年庆时办理促销的商品,在活动结束后,没有卖完时,留下所需的库存量,恢复原价销售,其余的退货。

(3)退货的手续

制作退货票据,请供应厂商经办人员签字,其注意事项有:

①当场检查票据,然后在退货单上填写必要事项,若更正送货票据时,必须请收货人当场签名或盖章。

②请送货员当场确认,签名后退货。

9. 顾客行为不当

防损员要会识别顾客的不当行为,并做好预防工作。

(1)利用大宗业务

①大批量购买商品。

②使唤员工拿这拿那。

③连续要指定的空包装箱。

④在精品柜拿取烟酒时,以各种缘由分散员工的注意力,要求帮他做其他的事情。

⑤顾客会主动帮助搬运商品,并把商品放在他指定的位置。

⑥购物交易的时间可能在员工就餐、换班的时间。

对此类情形,可以用以下预防措施:

①严格按公司规定的大宗出库流程进行。

②必须严格遵循先收钱后发货的原则。

③对贵重商品100%视线跟踪,防范调包。

④顾客有强烈要求或出现其他情况时,必须安排专人看护所有集中放置的商品。

⑤婉言拒绝顾客的不合理要求。

⑥岗位防损员必须坚守岗位,不要做与工作无关的事。

⑦大宗业务商品出库尽量从收货口出库。

(2)利用高额商品

①顾客购买商品数量金额较大,但无心进行实质性还价的,接待的员工必须有足够的警惕。

②确认顾客身份、单位的真实性。

③在门店财务确认支票符合要求后,员工不因为顾客的要求就把支票给对方保管。

④由资深员工陪同到银行办理转账手续,在支票交银行柜台之前亲自审核转账受理单位和转账金额。

⑤如果转账的日期之后1~2天就可能是周末或长假,对此付款方式要特别警惕。

⑥转账支票的货款到账后再发货。

(3)利用假烟(商品)调包

①商品是贵重的烟或金器、珠宝等。

②顾客有1~2人或更多,顾客表现得很有钱。

③顾客与你询问很多,或要你做某一件事,这件事会使你的视线离开你要保护的商品,哪怕这片刻的时间可能只有几秒钟。

(4)利用假烟(商品)调包注意事项

①商品未付款前必须做到对商品100%视线控制。

②顾客看完商品马上将商品收回柜台再做顾客所要求的其他事情。

③精品柜商品必须严格遵循先收钱后发货的原则。

④不要同时为两位顾客拿取商品。

⑤在员工就餐、换班时,杜绝出现管理的空当时间。

10.常见偷窃手段

超市偷窃嫌疑人有两大基本类型:业余的和职业的。两类偷窃嫌疑人使用的掩藏手段相似,且他们的目的相同——拿走商品,不被人发现。超市偷窃嫌疑人使用的手法具有独创性,手法不断改进。因此,应该不断地观察偷窃嫌疑人最新趋向,并加以防范。

(1)就地消费

卖场内零称零卖的商品是偷窃嫌疑人光顾最多的地方,如饮料、面包、糖砖、炒货、火腿肠、果冻等,他们以品尝为借口,吃喝完毕后扬长而去,有的试吃没有节制。

(2)出厂封口法

超市偷窃嫌疑人把出厂封口完好的箱子里面的物品取出,更换装入贵重的商品,然后用胶带或胶水把封口封好,箱子就像刚出厂一样崭新。偷窃嫌疑人结账时,只按箱子上的价格付款。

(3)衣服掩藏法

用改装过的衣服掩藏商品是一种古老的偷窃方法,但是这种方法今天依然流行。大衣、风衣和毛衣做个大内衣袋后就可以掩藏较大件的商品。偷窃嫌疑人有时候把商场的衣服穿在自己外套的下面走出商场。

(4)购物袋掩藏法

现流行的手法是偷窃嫌疑人离店之前把偷窃商品塞入购物袋,这些购物袋可以是从其他超市带来的购物袋,也可能是以前用过的被光顾超市的购物袋,有些偷窃嫌疑人伪造收据(带来的或在商场找到的)订在购物袋上,把购物袋放在购物车上,买一件大而便宜的商品,然后把贵重的商品放在下面,购物袋放在上面,蒙混过关。

(5)换穿

偷窃嫌疑人将旧的鞋或衣服换成门店的衣物穿在身上,或将本店的领带、帽子、袜子直接穿戴在身上。

(6)掏空

在无人的地方,借挑选商品之机,把包装丢弃,这样便于隐藏。

(7)弄旧

偷窃嫌疑人故意把商品的表面弄污、弄旧,或刮去表面的文字,以造成是自己带进超市的旧商品的假象。

(8)退还货标签

这类标签专为退货、换货设计,但落入偷窃嫌疑人手上则会有助于偷窃,空白的退货标签要保管好,关门之前把多余的标签保存在安全地方。

(9)买一带一

一人首先埋单出收银台,另一人拿了未付款的商品在收银台外等,二人会合后,将商品合二为一带出出口。

(10)收银机电脑小票

电脑小票必须是专为防复制、防伪制、防骗退货而设计的,收银机收款条应放在现金办公室,多余的卷头卷尾要销毁。

(11)婴儿车、婴儿背带法

婴儿车是商场偷窃嫌疑人偷窃得手的一条独特的途径,偷窃嫌疑人会把商品藏在婴儿车、婴儿背带里,用毛毯盖住商品或者用小孩遮住商品。

(12)假冒身份法

假冒者通过假冒他人身份进行偷窃。有时,会冒充供应商取退货商品,有时会冒充工作人员企图把商品搬到另外一个地方。

(13)孕妇法

为了便于行窃,女性偷窃嫌疑人有时会装成怀孕来协助行窃。孕妇装有相当的空位来掩藏商品。捉拿看起来像孕妇的女偷窃嫌疑人时一定要小心。

(14)大腿叉夹法

这种方法主要是穿连衣裙或长裤的女偷窃嫌疑人使用的掩偷商品的独特技巧,女偷窃嫌疑人把商品放在衣服里搁在大腿中间或用胶布和松紧带加以固定。职业偷窃嫌疑人经验丰富,可以把商品夹得稳稳当当而不被人发觉。

(15)联手合伙作案法

偷窃嫌疑人"结偷"或叫三两个朋友一起行窃。这些人会在距离正在掩藏商品的同伴较远的地方向商场员工提问或请求帮助,分散员工的注意力,这种方法也会用在当偷窃嫌疑人藏好商品后,以便帮助偷东西的人离开商场而不被发现。

(16)声东击西

以一人作饵明目张胆往衣服里塞东西,故意让员工发现。另一个人则悄无声息地偷,防损员往往为抓一个而忽视其同伙。

(17)同谋及其作用

偷窃嫌疑人在同伴不知道的情况下可以行窃,有时偷窃嫌疑人的同伴是起掩护作用的,除非偷窃嫌疑人的同伴在偷东西,否则不要截停他,当偷窃嫌疑人有机会把赃物传给同伴时,如果不清楚商品在谁手里,请千万不要捉拿。基本上职业偷窃嫌疑人与有经验的同犯合作,有时偷窃嫌疑人的同犯只负责分散营业员的注意力,而职业偷窃嫌疑人则去超市的另一处行窃,他们可能会制造混乱情况。

(18)充填

将包装好的商品拆开,加入同类的商品。

(19)高价低标

将价格低的标签贴在价格高的商品上,以此获取价格差异。

技能二　收银区防损

1.现场巡视

(1)收银员作弊(内盗)迹象

防损员在巡视时,如果发现有以下迹象就需要特别留意。

①在收银机周围发现藏匿的现金。

②员工抱怨收银机有问题。

③收银员在收银时,总是留意周围的同事,神色怪异。

④经常借口离开收银台。

⑤非结账、收大数时,经常打开收银机点钱。

⑥收银机旁有计算器、计算的废纸。

⑦不给顾客流水小票。

⑧经常有超过正常范围多或少收款的现象。

⑨有非正常的顾客退货,不通过管理人员而自行退货。

⑩保险柜的现金经常有盘亏现象。

⑪经常出现出错机的现象。

⑫经常出现大额短款现象。

⑬收银机前经常放置杂乱物品,遮挡收银显示屏。

⑭收银员取消单品、单据的次数较多。

⑮每小时销售额、销售量以及平均购买率低于其他收银员的行为。

⑯收银员空闲,但顾客却在排队等待交款。

⑰无原因的一个收银员替换另一个收银员收款。

⑱手输商品编码与商品不相符。

⑲把商品叠加一起,用手输入太多商品,却只扫一件的条码。

⑳连续扫价格低的商品条码,而放行其他商品。

(2)应对措施

①要经常在收银台周围巡查。

②经常检查废纸篓的作废小票,对收银台遗留散货、杂物必须在规定时间内清理,确保机台无遗留有效商品条码、小票及其他单据等。

③对收银时在收银台放计算器,带涂改液或商品条码的行为立即纠正。

④每天查看后台的相关报表。

⑤顾客要求退货时,通知店长(经理)或其他管理人员。

⑥留意顾客手握小件物品放在收银台边缘,不买单带出门店。

⑦注意员工的个人消费情况。

⑧经常估算顾客所购物品是否与实际价值相近。

⑨定期盘点其营业款和备用金,并认真登记每次的盘点情况。

⑩盘点营业款和备用金时,必须有两个持有保险柜钥匙的人同时在场进行;发现有差错,立即查找原因。

⑪监督收银员不得带私人钱钞进入收银工作区。

⑫坚持不定时查机。

⑬监督收银员在非结账、收大数时不可以打开钱箱点钱。

⑭收银员不可以自行操作取消单。

⑮做好每日收银员的长短款记录。

⑯监督收银主管的改单、整单取消等操作。

(3)巡视

①监督检查收银员营业款上缴和备用金包存情况。监督收银员在指定的区域做单,禁止在门店单独做单,制止收银员将营业款带出做单区域,不定期检查收银员是否带有现金、卡之类的物品。

②因收银员出现错误或防损员认为有必要时,可以对收银机进行现场盘点,并将结果通知收银员。

③当顾客投诉收银员少找钱时,应进行现场盘点查实,并将结果通知收银主管。

④发现收银员漏输、错输、流失商品等情况应及时提醒收银员更正。

⑤收银员因操作错误或应顾客要求而使用的更正,取消情况经现场查证后进行授权。

⑥对因收银员挂单商品的更正、取消情况,防损员在未查明时不给予授权。

⑦对收银员丢失挂单商品的,要先进行结算,待查证后再作适当处理。

⑧出现吃卡情况,应先在插卡机上查询,确认吃卡后按公司规定处理,并监督处理冻结、挂失的储值卡。

⑨当收银员与顾客发生纠纷时,应及时通知收银主管,并迅速到场协助解决。

(4)注意事项

①在现场巡视中遇到以上问题需要处理时,一定要按照程序认真对待,不可擅自做主,以免造成失误。

②现场巡视期间,工作要迅速、准确,语气和蔼,有责任心。

③接到投诉后必须认真查实,经两人查看录像带后,转告服务台或收银主管通知顾客。

④现场巡视时遇到电脑死机,应立即通知信息管理部人员或收银主管。

⑤现场巡视期间不得与防损员、收银员、收银班长、收银主管或其他无关人员聊天。不得做与工作无关的事情。

2. 柜台操作失误

(1)柜台打错价

①防损员应去柜台核实,确定是柜台人员标错价的,要求收银员应按低价收款,收银员应将差额部分单独作现金结算。

②防损员在电脑小票第二联上标明"商品标价××元,差额××元。"然后签名。

③收银员拿着该小票找柜台人员补回差额部分,通知相应的区域主管。

(2)柜台贴错条码

①防损员去柜台核实,确定是柜台人员贴错条码的,应重新贴上正确的条码并及时通知相应的区域主管。

②防损员在电脑小票第二联上标明"××商品贴成××商品。"然后签名交给收银员,由收银员下班后交收银主管。

3. 授权卡的使用

(1)授权卡使用规定

①授权卡主要用于对收银的取消、更正等操作。门店可以根据自身的需要给防损员配备固定的授权卡,持卡人员应当严格按照门店规定保管和使用,保证门店利益不受损害。

②授权卡只限于当班期间使用,严禁转借或作其他用途。如授权卡遗失,应立即报告上级领导,通过程序将遗失的授权卡作废。

(2)授权卡具体操作

①取消、更正单项商品。在未结算前,收银员要取消更正某商品时,由防损员查证后按取消或更正键在收银机上刷卡授权,收银员输入该商品的条码并确认。

②删除整笔交易。因"储值卡"无法使用或应顾客要求而须将未结算的整笔交易删除时,由防损员现场查证后按"整笔交易删除"键,在收银机上刷卡授权。

③以上情况,收银员不必保留电脑小票,授权资料可从后台查询。

4. 现场盘点

(1)现场盘点的规定

①防损员应每天有选择地对收银台进行现场盘点。

②现场盘点应填写"收银情况抽查表",并由防损员和收银员签字确认。

③盘点对象由防损部相关管理人员或以上人员根据收银员短款情况、便衣人员反映情况和其他情况确定。

④盘点时间不固定,由防损相关管理人员通知收银部相关人员到达收银区,临时公布盘点对象,现场突击盘点。盘点过程严格保密。

⑤收银相关管理人员负责将盘点对象的现金、刷卡单、代币券等所有操作资料进行整理,防损相关管理人员监督押送至收银中心进行清点。清点时,当事收银员必须在场。

⑥防损相关管理人员负责核对盘点结果,对盘点情况进行登记(相关人员签名),并将情

况报告直接上级。盘点出现的差异情况仅限防损部相关管理人员知道,禁止向任何无关人员公开。

⑦针对盘点差异情况,由防损部相关管理人员立即展开调查。

(2)现场盘点步骤

防损员在现场盘点的步骤,具体如图7-1所示。

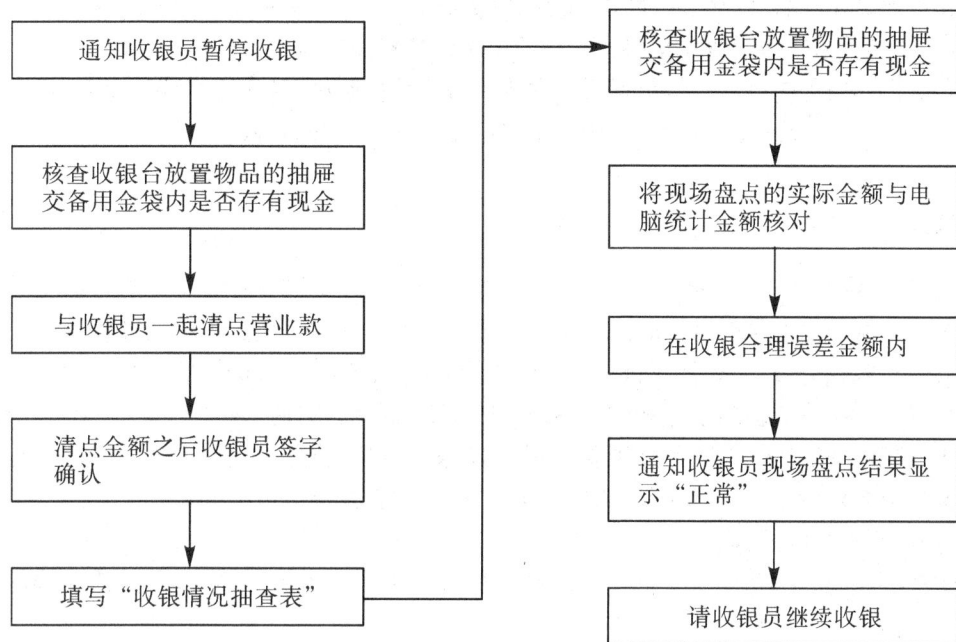

图7-1　现场盘点步骤图

5. 收银机异常情况

收银机异常情况是指因网络故障或系统异常等原因,造成门店所有收银机不能正常收银,需要采用手工收银的情况。防损员对下述操作进行监察:

①监察收银员和抄写人员在第一单交易和最后一单交易注明收银员号和收银台号,每一笔交易的流水号,并在收银单上签名。

②监察收银机纸整卷使用,不能拆散使用;如收银纸因故被撕断,则需在断口的上半部分和下半部分处补签名,注明收银台号、流水号。

③手工收银单第一联给顾客作购物凭证,第二联留存供查账及补录入。

④如顾客使用银行卡付款,收银员应在手工收银单上注明卡号及发卡银行。

⑤如有更正、取消,可直接在该商品上画横线并由防损签字证明。

⑥开单销售柜组的商品,在收银机出现异常情况时需开一式三联"购物单"销售。收银员收款后,在购物单上盖收银专用章和私章,留下收银联,将顾客联、柜组联交顾客。柜组人员发货时,在购物单上注明"货已发",并收回柜组联,将顾客联交顾客。

6. 作废小票

为严格监督收银作废小票的操作流程,避免不正当操作现象,对收银作废小票的监督应注意以下事项:

①对结算中,因顾客或其他因素造成录入商品作废,需"作废小票"者,必须检查顾客选购商品与预作废小票等情况是否相符,小票作废后须将未付款商品即时返回超市内散货区。

②对顾客未出收银 EAS 出口要求退换货者(原则上顾客退换货必须在服务中心进行),必须由防损员现场监督收银主管、收银员的退货操作,监督所退商品即时返回门店内散货区,并由收银主管、收银员、防损员在作废小票上签上姓名、工号、日期、时间。

③对扫描完毕后,因顾客原因未能进行结算者,必须由防损员现场检查顾客选购商品与预作废的挂账小票是否相符,小票作废后须将未付款商品即时返回门店内散货区。

④防损部领班或以上人员负责每日对收银员原始作废小票、作废小票检查表、汇总表等进行检查,核对人员的签名,及时对作废小票频繁、情况异常的收银人。

技能三　生鲜防损

1. 造成生鲜损耗因素

生鲜食品的损耗是超市食品损耗的一个重要部分,防损员要注意对生鲜食品损耗的控制。要想有效控制,首先要了解造成损耗的原因,才能采取针对性的措施。

生鲜区所经营的多属于非标准、保存条件特殊的商品,再加上现场产品生产加工所涉及的管理过程和环节比一般商品烦琐复杂得多,需要管理控制的关键点增加,如果供、存、产、销之间的衔接协调不当,产生损耗的环节自然就多,损耗的原因分述如下:

(1)生产责任的原因

①产品品质。部分由超市自行生产的产品质量达不到出品标准要求,而造成减价或报废所致的损失。

②工作疏忽造成损坏。由于员工工作疏忽大意导致设备或原料损坏。

③产品卫生问题。生产环境卫生达不到标准,影响了品质及其外观,最终影响销售。

④设备保养、使用不当。由于设备养护和使用不当,设备达不到原定的正常使用寿命而提前报废退役,或者加大了设备运行成本。

⑤生产正常损耗。是指在产品加工过程中由于水分散失或工具沾带等原因造成的一定比例的损耗,这是所有损耗中唯一可视为合理的损耗。

(2)管理的原因

①变价商品没有正确或及时处理。由于生鲜商品因鲜度或品质不同,致使价格变化比较频繁,如果管理不到位,变价商品得不到及时、准确的处理,就会产生不必要的商品或价格损失。

②店内调用商品没有登记建账。生鲜经营各部门之间常会发生商品和原料相互调用的情况,如果各部门的有关调用未建账或记录不完整,就会在盘点账面上出现较大的误差,造成库存流失。

③盘点误差。在生鲜盘点工作中,由于管理无序,或盘点准备不充分,对于盘点的误差不能及时查明原因,必然会出现常见的盘点误差损失。

④订货不准。生鲜部门订货管理人员对商品销售规律把握不准或工作不够细致,原材料或外购商品订货过量,往往无法退换或逾期保存而造成商品或减价损耗。

⑤员工班次调整。在员工班次调整期间,由于新的岗位需要一段适应时间,这个阶段属于损耗高发期。

（3）后仓管理的原因

①有效期管理不当。生鲜商品和原料需要进行严格的有效期管理，做到超市防损管理"先进先出"，如果管理不当，就会出现较大的损失。

②仓管商品和原料保存不当而变质。由于生鲜商品和原料的保存环境和温度、湿度条件达不到要求，也会造成变质损失。

③设备故障导致变质。因冷藏、冷冻陈列和储存设备运转不正常或出现故障，导致变质损失。

④破损、索赔商品管理不当。破损及索赔商品在待赔期间管理不当，发生丢失等，将无法继续获取赔偿。

（4）销售前区管理的原因

①标价错误。生鲜销售区的商品标价错误，包括各种价格标签、POP 和品名等错误，造成售价损失。

②顾客索赔退换损失。因顾客对商品投诉出现的退换货损失。

（5）其他原因

①管理操作标准问题。在生鲜管理中，必须建立一套严格的管理和生产操作标准，确保加工制作程序无误，才能生产出足够数量的合格产品，损耗的发生多与管理操作标准的制定和执行水平相关。

②产品管理问题。生鲜产品经营中保持供、存、产、销之间的动态平衡关系是生鲜区经营管理的关键，但由于人为原因和外界因素影响，管理相当数量的商品和原料并非易事，如果把握不当或经验不足，损耗和积压往往频繁出现。

③人为因素。在生产过程中发生意外事故以及偷吃偷拿、有意打错价格标签的员工故意行为。

在经营过程中真正弄清这些原因，认真分析和积累经验，损耗的"黑洞"就会逐渐变得可以透视和控制，损耗控制的回报将从利润增加中反映出来，如表7-5所示。

表7-5 生鲜管理失误损耗表

类别	具体内容	备注
全局管理	变价商品没有正确及时处理，由于生鲜食品因鲜度和品质不同，致使价格变化比较频繁，如果管理不到位，变价商品得不到及时、准确的处理，就会产生不必要的损失	—
	店内调用商品未登记建账，生鲜食品各部门之间常会发生商品和原料相互调用的情况，如果各部门的有关调用未建账或记录不完整，就会在盘点账面上出现较大的误差，造成库存流失	
	盘点误差，在生鲜食品盘点工作中，由于管理无序或盘点准备不充分，对于盘点的误差不能及时查明原因，必然出现常见的盘点误差损失	
	订货不准，生鲜部门订货人员对商品销售规律把握不准或工作不够细致，原材料或商品订货过量，往往无法退换或逾期保存，而造成商品损耗或减价	

类别	具体内容	备注
后仓管理	收货单据计数错误,在收货环节上,由于相当一部分为非标准商品和原材料,因鲜度、水分含量和冷藏温度等的不同,收货的标准受收货、验货人员的经验影响较大,出现判断误差和计数错误的可能性也较大,这里也不排除人为故意造成的误差	—
	退换、索赔商品处理不当,部分超市未设立索赔商品管理组或专职人员,或管理工作不到位,对索赔商品得不到及时处理,无法取得合理的索赔商品补偿,使得本可挽回的损失扩大化	
销售前区管理	标价错误,生鲜销售区的商品标价错误,包括各种价格标签、POP和品名等错误,造成售价损失	—
	收银计数错误,这类错误常出现在两个环节:第一,非标准生鲜品在称重计量时打错商品名称,出现计价错误;第二,收银台对商品扫描时发生计数错误	
	内部和外部偷盗行为,生鲜商品和原材料因其可直接食用的方便性,偷盗发生率较高。一般来讲,水果、熟食、面点等商品的偷盗损耗率会高一些,且一旦失窃不易查证	
	顾客索赔退换损失。因顾客对商品投诉出现的退货、换货造成的损失	

2. 生鲜各环节损耗的控制

生鲜的损耗无处不在,流程中的每个环节都可能产生损耗。采购、订货、验收、搬运、储存、加工、陈列等一系列细节都必须注意,因为生鲜的损耗对毛利的影响很大。在采购人员与供应商交易时,必须彻底了解商品规格、等级、鲜度及价格,才能让供应商了解经营者的需求,并提供符合条件的商品给门店。

（1）采购环节

假如供应商不明白采购的需求,提供的商品不符合超市销售的要求,而采购又将这批商品买回去的话,损耗就开始发生了。所以采购人员不仅要会买商品,更重要的是要会卖商品,要充分了解门店的消费者需要什么样的生鲜商品。假如门店位于高档消费区内,那么采购应该采买质量好的商品,因为顾客注重的是质量,而非价格。假如门店位于低消费区内,采购就应该买次等规格、等级,但鲜度好的商品,因为很多顾客比较在意价格高低,可见,采购的专业能力对控制损耗而言很重要。

（2）订货环节

订货原则是以销制订,也就是预估明天销多少,就订多少,再加上安全库存减去当日库存即可。那么如何知道明天大概会销多少量呢,要从以下几个方面把握:

①看历史销量、去年此时的销量、昨天的销量、上周的销量等。

②看等级规格及价格并进行市场调查后,视商品销售力度订货。

③是否为促销品。是惊爆品,还是一般促销品。

④是否为季节商品。是季节商品者,要大量陈列。

⑤是否为节假日。若是节假日要加大订货量。

⑥看天气预报。若恶劣气候会影响产区作物或运输作业,就要多订货。若只是一般雨天,来客数会下降,订货要保守些。

⑦病虫害。如禽流感、猪瘟等会影响销售。

⑧媒体报道。如瘦肉精、注水肉、毒韭菜等,会影响销售。

⑨当日库存数量。每日必须盘点才能知道正确的库存数量,了解库存数量,订货才能准确。

(3)库存安全

安全库存是准备应付临时的销售或送货不及时的措施。会受到库存空间的大小、是否为新品上市、是否耐储存等因素影响。订货工作应该由主管级以上人员来做,但是很多门店都由员工来订货甚至由促销员订货,由于员工与促销员没有订货概念,蒙着眼就下订货单,也不管销量,也不管库存,所以损耗就居高不下,更不用谈毛利润了。

(4)验收环节

生鲜商品的质量受湿度、温度、时间及受污染程度而呈现加速劣变,温度过高或过低、湿度过高或过低、时间越长、受污染的程度愈高,品质就愈差。生鲜的验收标准不好确定,它不像食品等有一个很明显的界限去区分好或不好,所以就很容易造成生鲜验收的损耗。要防止验收损耗必须从以下两方面入手:

①验收者必须具有专业经验。一般超市验收工作由收货部来执行,但收货部门人员对生鲜不够专业,要如何验收生鲜品的品质呢?建议由生鲜部门的专业人员来验收生鲜品的品质,而收货部验收数量较合适。

②由于生鲜品受来源、温度、气候、品种、时间等因素的影响而产生品质变化,需要充分了解货源、产地、批发市场等整体品质,再将异常品质情况告知验收者,才能将产销部门的品质标准达成共识,而让符合品质要求的生鲜品进入超市,避免品质不合格的商品滥竽充数,而造成损耗。

(5)搬运的损耗

有些生鲜品的特性是不耐堆叠、碰撞或掉落的,如草莓、木瓜、香蕉、梨、叶菜、西红柿等,在搬运过程要更加留意,避免堆叠太高或方式不对,造成外箱压损或粗心的搬运引起商品掉下的损耗。一般蔬果轻微外伤一时看不出来,但经过半天之后,就开始出现明显伤痕,损耗就出现了。

(6)储存的损耗

生鲜品有一明显特性就是生命周期很短,一般只有1~2天的保质期,所以商品在仓库的存放管理就显得非常重要。商品入库首先要标明日期,无论用书写方式还是以颜色来区分,产品包装箱上都必须标示入库日期;其次,必须遵守"先进先出"原则,也就是进货日期久的要先使用。在冷库内必须隔墙离地,以利通风保持均匀低温。商品堆放要分类,才容易找到要先出的商品。不可堵塞出风口,以防温度上升,鲜度下降。另外,要定时记录库温、分开储存、保持库内清洁等以防止损耗发生。

(7)加工的损耗

加工作业必须遵守加工作业标准。

①在蔬果部分,如清洗、降温、分级、包装、称重等作业。

②在配菜部分,如食谱名称、食材配方、食材重量、食材切割、食材放置、包装方式等作业。

③精肉部分,如分割下刀部位、切割形状、切割厚度、放置室温时间、包装重量、包装方式等作业。

④熟食部分,如配方比例、原料处理、烹调方式、烹调时间、烹调温度等作业。

以上这些作业标准都必须以书面方式公布,用来培训员工并作为员工加工作业标准的依据。若加工作业没有标准,每次做出来的成品外观、口味、色泽都不一样,顾客就不会重复购买,做出来的成品卖不出去,就形成了损耗。

(8)陈列的损耗

①陈列必须注意商品的稳定性,商品堆得过高、斜度过大或没护栏保护,很容易让商品掉落地面,造成损耗。陈列设备不当,如与商品的接触面过于尖锐、温度过高或过低,也会造成损耗;陈列量不当,如陈列量过少,顾客认为是选剩品所以不购买。陈列量过大,超出可销售的最大量,都会造成损耗;陈列位置不当,无法吸引顾客的视线,销售受到影响所造成的损耗。

②其他的损耗包括未及时变价的损耗。员工或顾客偷窃的损耗。磅秤错误的损耗、良品谎报弃品的损耗。标价错误的损耗等。

由以上产生损耗的种种原因可知,生鲜经营必须注重细节,要彻底执行门店标准,否则损耗将会处处找"麻烦"。

(9)生鲜经营损耗控制经验

①损耗目标管理,共同订下损耗目标,以此为激励和约束,并且定期评估。

②库存控制、产销平衡。

③自营的生产数量与销售数量必须保持平衡,即陈列保证丰富的量感,库存又不能超越、积压。

④适时折价、减价。

⑤生鲜经营因鲜度是有时间性的,每天超过晚上七点以后,生鲜区的蔬菜、面包、熟食打折出售,销售效果很不错。

⑥低温控制。在精肉、鲜鱼等区域,温度的设定对鲜度影响很大。正常情况下,冷藏库最好控制在0℃左右,冷冻库最好控制在−18℃以下。鱼肉陈列柜的温度应维持在−20～−2℃,蔬果在5～8℃,日配、熟食(冷食)则以2～5℃为宜,熟食(热食)在50～60℃。

⑦湿度控制。如叶菜类需在100%湿度下保存最好,水果要80%～90%,鱼肉类要70%～80%,太干燥不利于生鲜保鲜。

⑧设备检查、维护。落实专人负责,定点定时巡回检查、查核,特别是冷冻冷藏设备,每天都要作3次温度检查记录。其他设备至少每天要求作运行记录,发现问题,及时维护。

⑨做好生鲜产品二次开发工作。将即将过期卖不掉的商品,提前回收,转到其他生鲜部门去加工成熟食制品、半成品配菜,或者其他促销赠品,这方面的转化品种较多,毛利也大一些。生鲜品二次加工和品种深度开发可以归入适当的部门,以便灵活经营促成良好的转换,这是经常被忽略,却有助于降低生鲜损耗的方法。例如:切片面包可转制为面包干、三明治,蔬菜水果可转制为各式配菜、快餐、果盘、果汁,肉类可转制为调理肉、半成品肉菜,水产品可转制为半成品配菜等。

在有效期内的鱼、肉类可做成配菜;或在有效期内的肉类可转化成肉丸、绞肉、汉堡等。蔬果可制成果汁。生鲜半成品配菜也可正常转化成熟食品,又如调味鱼块炸成熟食块,这些是灵活经营,防止损耗的有效方法,但要在有效期内,一定要控制好鲜度、品质。

⑩有效期管理解决方法。生鲜商品有效期管理是一项十分烦琐,但又必须要认真对待的工作。需要安排专人整理货架,明确岗位责任或班组责任制,所有产品的封口纸颜色隔日交替使用,如单日为红、双日为绿等,建立严格的有效期管理工作检查和复查制度。

⑪作业规范化、标准化。制定相关的操作流程及规范,明确各岗位的权利和义务。另外,制作生鲜各类商品的验收标准表,区分精肉类、鲜鱼、日配、蔬果、干货、烘焙食品、熟食及原料、耗材等,逐项明列,验收货部门严格把关。

⑫损耗控制管理。所有废弃的生鲜商品,必须按类别进行登记后才可扔掉。每次盘点时,对损耗过大品项,要进行原因分析且管控。对于损耗责任归属,个人或部门经理要理清,且要与薪资或绩效挂钩,损耗过大要减薪。

3. 生鲜作业防损管理

(1)标准要明确

重点为生鲜食品的验收标准,可分肉类、水产、干货(土特产)、蔬菜、水果、烘焙食品、熟食及原材料、耗材等分别制定,由收货部门严格把关。

(2)产销要平衡

大、中型综合超市自产品牌食品的生产数量与销售量必须随时衔接,既保证必要的数量,又不能造成积压。

(3)生态转换

这在生鲜食品经营中非常重要。如快要死去的鱼类,可剖成生鲜配菜,蔬菜、水果可制成果汁、果盘或配菜,肉类可加工成肉丸、肉馅等。生鲜食品—半成品配菜—熟食品的正常转化,是灵活经营、防止损耗的有效方法,但一定要控制鲜度、品质。

(4)对生鲜食品重点管理是获取利润的基础

生鲜食品种类繁多,不同类别的生鲜食品价值和易损程度是有区别的,因此,在经营管理运作中,既不能眉毛胡子一把抓,也不能捡了芝麻丢西瓜,而要有所侧重。

①应用"20/80分析法"对生鲜食品进行优选,将那些利润率高、损失率低、销售额比重大的界定为主力商品,进行重点管理。对那些利润低、损失率较高、销售额比重小的界定为非主力商品,进行一般管理。

②有的超市将生鲜食品分为A、B、C三类,分别采取不同的管理方式。

A类商品:实行重点控制,定时定量采购。

B类商品:实行一般控制,适时进行调整。

C类商品:实行简单控制,即时售弃转换。确定生鲜食品管理重点的基础是交叉分析,既要看损失率,又要看销售额比重。

③一般超市为了提高生鲜食品配送中心加工作业的效率,大都采取一次加工、集中配送的模式,这种模式的一个致命弱点是较难确定一个准确的加工量,以保证各门店既无剩货又不缺货。所以在这一模式下,无论直接损失还是间接损失,损失率都会很高。

要降低损失率,重点要放在控制配送中心加工作业的进度上,变一次加工为多次加工,变集中低频率配送为高频率配送。应当指出的是,在运营中要尽量控制加工配送成本的增加,针对不同类别的商品采取不同的加工方式,对重点商品(A类商品)实施多次加工、高频率配送,对非重点商品(B类、C类商品)采取一次加工、集中配送的模式。

除上述ABC分类方法外,还应注意3个方面的问题。一是实行目标管理,大多数超市都有店内的损耗指标,遗憾的是很多超市生鲜部门并没有将指标进行分解细化。大量经营生鲜食品成功的超市以目标为激励和约束,定期评估,动员全员参与,不失为一种降损行之有效的办法。二是进行存货控制。三是实行朝夕价格,根据不同销售时段,进行适时减价是一种降损的选择。

技能四　重点区域防损

1. 烟酒、高档、日杂等部门

①在装卸、上货架时对易碎的商品要轻拿轻放。

②高档商品必须设专人看管、设立专柜。

③烟酒商品要注意防潮、避免挤压变形。

④对塑料瓶、易拉罐、纸包装的商品,注意不要挤压,或用硬物划伤瓶体,防止瓶体破裂。

⑤如发现顾客在未交款之前使用商品,应及时劝其到就近款台去结款。

2. 日杂区

①洗衣粉等商品的包装袋易破口,因此不要过分挤压,如发现物体漏出,要及时清理。避免弄脏其他商品。

②香皂、牙膏等商品易被顾客弄破包装,导致无法继续售卖,因此要加强此类商品的监管力度。

③纸类商品易被开破,甚至被偷用,在取此类商品时不要用力过大,另外要保持干燥、整洁。

④如发现商品(香皂、洗衣粉等)被拆包装,可用双面胶粘住,或采取其他措施及时进行补救。

⑤装卸时,注意检查木排的钉子,不要将商品放在钉子上,避免划破包装袋。

⑥一定要在高档化妆品上粘贴防盗签,并加大监管力度,防止商品被顾客试用后不能售卖。

⑦对受损的但尚能使用的商品要及时报损,以便合理处理该商品,最大限度地减少损失。

3. 米面食品区

①袋装的米、醋、酱油易破袋,注意不要过分挤压,如发现商品有漏出,要及时清理,避免弄脏其他商品。

②罐头等商品的瓶体易破损,因此要轻拿轻放,并且摆放整齐,防止商品被摔坏。

③饼干、山楂片等商品容易碎,要注意防止顾客将商品弄碎。

④防止顾客偷吃散货,另外散台旁边经常有散货掉出,要及时清理。

⑤榨菜、肉罐头、果酱等商品的保质期相对本部门其他商品较短,因此要注意此类商品的保质期。

⑥要防止干货、糖等商品受潮。

⑦防止盒装商品受到挤压而损坏外包装。

4. 冰柜冷藏区

①因许多商品需要低温保存,要特别注意立封柜、冰岛、冷库制冷设备的运转情况,如发现异常现象应及时通知设备组。

②每天要仔细检查商品（尤其是面包、奶制品等变质的商品）是否在保质期内。

③如发现有人偷喝酸奶、钙奶等商品，要及时制止并监督其到就近款台结款。

④对于临近保质期的商品要及时退货，否则过了保质期就只能报损，造成不必要的损失。

⑤及时将顾客丢弃的冷冻商品（尤其是冷冻水饺类商品）放回原位，继续售卖。

5.玻璃制品、不锈钢制品区

①玻璃制品、陶瓷制品易碎，要轻拿轻放防止商品受损，如发现货架和地上有破碎的商品要及时清扫，防止破碎品伤人。

②要注意高压锅等商品的配件是否齐全，同时要注意防止表面被划伤。

③要注意防止碰掉脸盆、饭盆等陶瓷制品表面的釉。

④摆放刀具时，要注意保护刀刃，防止其磕碰后卷刃。

⑤小勺等商品的条码易脱落，要注意检查。

6.音像、图书、文化用品区

①要在光盘等音像制品上粘贴防盗签。

②保持图书的整洁。

③对玻璃相架、陶瓷艺术品等商品，要轻拿轻放、防止破损。

④要防止图书、笔、本等商品的表面被划伤。

⑤要防止笔、相册、笔记本等商品的内芯脱落丢失。

7.家电区

①在装卸、搬运和上货架时，一定要小心、谨慎，不要使商品受到任何损坏。

②从高架取货进行叉车作业时，要注意人员和商品的安全，叉车要带有护栏，并且有员工指挥。

③注意不要丢失一些小零件、小配件。

④注意电源、电线的安全，不要使其超负荷工作，避免电线过热，发生短路或引起火灾，如发现异常现象，要及时通知设备处。

⑤多数商品需要有人介绍，详细地为顾客做介绍。

⑥在为顾客送货的过程中，不能出现任何损坏。

8.百货、小家电、玩具区

①灯泡类商品易破损，要轻拿轻放，防止商品受损，如有破损，要及时清理，避免伤人。

②注意高级电动玩具、台灯等商品的安全，防止受损。

③注意装卸、搬运家具时不要使其被硬物划伤。

④要在高级皮包上加防盗扣，并注意不要划伤表面。

⑤要注意不要丢失配件。

⑥玩具类商品易被顾客玩弄变脏，因此要及时打扫，保持其表面干净。

⑦发现顾客在地上玩玩具或拍球，要及时制止，避免弄脏弄坏商品。

9.纺织、服装、鞋帽区

①对卫生要求较高，因此要保持商品货架地面的洁净。

②发现商品开包后，要及时封住，防止弄脏里面的商品。

③毛巾等商品上的条码易脱落,因此要注意检查。

④注意不要将被子类商品的表面划伤。

⑤袜子等商品的种类、型号较多,因此价签指示要准确。

⑥要在高档服装、鞋帽上加防盗扣,并注意不要将商品划伤。

⑦商品的种类较多、型号较多,价签要指示准确。

⑧鞋类商品的条码易脱落,要注意检查。

⑨防止有人故意将衣服、皮鞋划伤。

10. 其他重点区域

(1)员工出入口

①检查员工的上下班考勤、工作餐考勤,员工进出是否按规定执行考勤制度,有无未打卡或未登记、请人代打卡、替人打卡等违规事件。

②非上下班、工作餐的员工进出,是否有管理层的批准,并登记员工的进出时间。

③员工是否将私人物品带入门店(超市),如属于必须带入门店(超市)的物品,是否已进行登记处理。

④员工是否盗窃财物,是否将禁止带出门店(超市)的物品带出,特别是防盗门报警的时候。

⑤对外来的来访人员进行电话证实、登记、检查携带物品等。

⑥对携带出场的物品进行检查,对所有在本通道携带出的物品进行检查。

(2)收货口

收货口的监管要点,具体如表7-6所示。

表7-6 收货口监管要点

类别	具体内容	备注
门禁	防损员同收货部门共同负责收货门的打开和关闭工作	供应商人员进入收货区必须办理登记手续,进出实行安全检查
	任何部门的任何人员(除收货部授权员工和授权岗位),都不能从收货口进出	
	供应商人员必须在收货区指定的范围内,超出范围或需要进出门店(超市)楼面的,必须办理登记等相关手续、出入安全检查手续	
收货	由防损员协助维护现场的收货秩序	所有员工不得接受供应商任何形式的贿赂和馈赠
	查处收货员和供应商的各种不诚实、作弊行为,查处收货员接受贿赂或赠品的行为	
	对重要的收货程序进行检查,保证所有商品的数量、品名均正确,保证所有已经进行收货的商品放入收货区内	
	检查是否由本门店的员工亲自进行点数、称重的工作,有无供应商帮助点数、称重现象,或重复点数、称重的现象	
非商品收货	对于供应商的赠品、道具等商品进出,须核实收货部是否正确执行相应的收货程序	必须有赠品的标签和携入、携出清单手续
	是否正确使用单据、标签	

续表

类别	具体内容	备注
退换货	对每一单退换货必须进行核实,核实品名、包装单位、数量、换赁的品种是否正确以及单货是否一致	—
	保证所有退出门店(超市)的商品必须正确无误	
出货	对转货或个别大单送货,防损员要逐单核查,包括封条、品名、数量、包装单位	—
	目送货物离开收货口	

（3）垃圾口

①检查生鲜垃圾桶是否有异样情况,所有的垃圾是否属于该丢弃的范围,垃圾是否经过处理。

②检查垃圾,保证所有垃圾中无纸箱、纸皮等可以回收的废品,回收纸皮离开门店不走垃圾口。

③检查门店的垃圾袋,保证没有未执行报废手续的商品混杂在垃圾中。

④检查收货部的垃圾桶,保证所有报废商品必须经过相应的处理程序和处理手段,使其彻底失去使用价值。

（4）精品区

①顾客只能从进口进入,从出口出去。

②顾客不能将非精品区的商品带入精品区内,只能暂放外边。

③顾客在精品区内购买商品,必须在精品区内结账。

④检查顾客的小票是否与商品一致,特别是包装是否符合精品区商品的包装要求。

⑤解决电子防盗门的报警问题。

（5）门店入口

①禁止所有员工在上班时间内从门店入口处出入。

②所有顾客进场秩序良好,无拥挤现象。

③超过尺寸的提包,提醒顾客进行寄存后才能进入门店。

④顾客不能将与本门店类似的、相同的或难以区别的商品从入口带入门店,要进行寄存后才能进入。

⑤保证顾客遵守其他的入场购物规定,如不能带宠物等。

（6）家电提货口

①每一单提货的大家电商品,必须有防损员检查签字。

②防损员检查是否有收银小票,收银小票是否有异常,商品品名、型号、货号与小票是否一致,数量是否与收银小票一致,已经提货的商品的小票是否盖有检测、提货章,商品的包装是否已经封好。

③提货的顾客秩序是否良好,顾客是否站在规定的提货台区域的外面。

④提货的门是否随时关闭,是否对出门的商品进行登记。

⑤收单处是否控制提货的流程,提货的各种印章是否在抽屉中。

技能五 常用防损设备

1. EAS 防盗设备种类及特点

EAS 防盗设备种类及特点,具体如表 7-7 所示。

表 7-7 EAS 防盗设备种类及特点

类别	优点	缺点
射频系统	检测率高,设备及耗材造价相对较低,商品保护范围有一定的局限性	易受环境因素的影响,标签易被金属锡箔纸屏蔽
声磁系统	检测率高,标签可以贴在锡箔纸上使用,商品保护面大,软标签体积小,便于隐蔽	设备及耗材造价较高
电磁波系统	标签可反复冲消磁使用	检测率低,安装门距窄

2. EAS 防盗设备组成系统

(1)保护商品的设备

在 EAS 防盗设备中,保护商品的设备,具体如表 7-8 所示。

表 7-8 保护商品的设备

类别		说明	备注
标签	软标签	尺寸小,易于粘贴,隐藏在商品内,常用于化妆品、食品等商品的保护,但是不能重复使用	—
	硬标签	体积较大,难以破坏,寿命长,能够重复使用,常用于服装、鞋帽等商品的保护,但必须依靠专业取钉器才能打开	
香烟保护盒		用于高档香烟的防盗保护,盒内有标签感应,可重复使用,在收银台用专门开启设备开启	—
硬盘保护盒		用于对硬盘、U 盘等商品的保护,可重复使用,在收银台用专用设备开启	—
酒瓶保护扣		用于对高档酒、饮料及瓶装、罐装物品的保护,外形类似绳圈,可自由伸缩,可重复使用,在收银台用专用设备开启	—

(2)解码开锁设备

①解码设备。安装在收银台用于解码的设备,用于软标签的解码,分为解码器和消磁器两类。

②开锁设备。用于开启硬标签的专用设备,一般放置在收银台,有枪式和扣式两种。

③防盗检测天线。由发射天线及接收天线组成,一般安装在顾客出口,如果商品未消磁,天线便会发生感应,发出声光报警。

3. EAS防盗设备操作方法

EAS防盗设备的操作,主要包括以下几个步骤:

①将"电子标签"附着或附加于商品上。

②在门店出口通道处安装检测器。

③付款后的商品由专用工具(开锁器、解码器)将"标签"从商品上取下或消除、使商品通过检测器时不产生报警。

④未付款商品(附着"电子标签")通过出口时,通道检测器检测出"标签",即引发报警,防损员需拦截顾客携带商品出门。

4. 监控系统

为保障门店的安全、监控异常情况,通常门店安装监控系统。该系统不仅可以看到顾客的购物情况,还可以提早发现犯罪分子,并可进行录像以作为证据,对那些有不良企图的人也起到一定的威慑作用。尤其在收银台上方安装监控,不仅可以观察顾客付款情况,还可以监督收款人员的工作情况,减少失误。监控系统通过布防点设计,能够覆盖整个门店,门店内所有人员的活动情况都可尽收眼底。

(1)监控系统组成

监控系统组成,具体如表7-9所示。

表7-9　监控系统组成

类别	具体内容	备注
现场摄像	每套设备由摄像机、变焦镜头、云台、安装支架、防尘罩、电源等组成	—
机房控制中心	机房控制中心的设备是由画面处理器、长时间录像机(或电脑硬盘录像机)云台及镜头控制器、操作平台、显示器等组成	—
综合布线	由视频电缆、多芯控制电缆、电源线组成	—

(2)工作原理

①由安装在门店各个区域的摄像机将图像实时传输到机房控制中心。

②通过画面处理器、长时间录像机等配套设备,将整个门店的营运活动录像下来。

(3)工作程序

①开机前清洁监控机屏幕。

②按正确顺序开机。

③已调整好角度的屏幕严禁随意调动。

④不得随意挪动监控设备位置。

⑤不得频繁开关设备。

⑥出现故障应立即汇报并通知有关人员维修。

⑦由于对监控中心的各项工作必须保密,无授权人员不得随意入内。

⑧监控中心要保持干净、整洁,监控员要熟悉系统性能并能熟练操作,定期通知厂家维保。

5.监控系统维护

在对监控系统进行维护过程中,应对一些情况加以防范,尽可能使设备的运行正常。

(1)随时

负责监控系统的防损员,要对监控系统及设备的运行情况进行监控,分析运行情况,及时发现并排除故障。

①网络设备、服务器系统、监控终端及各种终端外设。

②桌面系统的运行检查,网络及桌面系统的病毒防御。

(2)每月

①对容易老化的监控设备部件一次进行全面检查,一旦发现老化现象应及时更换、维修。

②根据监控系统各部分设备的使用说明,检测其各项技术参数及监控系统传输线路质量,处理故障隐患,协助监控主管设定使用级别等各种数据,确保各部分设备各项功能良好,能够正常运行。

③对长时间工作的监控设备维护一次,如硬盘录像机长时间工作会产生较多的热量,一旦其电风扇有故障,会影响散热。

④定期对监控系统和设备进行优化:合理安排监控中心的监控网络需求,如宽带、IP地址等限制。

⑤提供每月一次的监控系统网络性能检测,包括网络的连通性、稳定性及宽带的利用率等;实时检测所有可能影响监控网络设备的外来网络攻击,实时监控各服务器运行状态、流量及入侵监控等。

⑥提供每月一次的定期信息服务:每月第一个工作日,将上月抢修、维修、维护、保养记录表以电子文档的形式报送监控中心负责人。

(3)每季度

①至少每季度进行一次设备的除尘、清理,扫净监控设备上的尘土,对摄像机、防护罩等部件要卸下彻底吹风除尘,之后用无水酒精棉将各个镜头擦干净,调整清晰度,防止由于机器运转、静电等因素将尘土吸入监控设备机体内,确保机器正常运行。

②检查监控机房通风、散热、净尘、供电等设施。室外温度应在-20～60℃,相对湿度应在10%～100%;室内温度应控制在5～35℃,相对湿度应控制在10%～80%,留给机房监控设备一个良好的运行环境。

③对易吸尘部分每季度定期清理一次,如监视器暴露在空气中,由于屏幕的静电作用,会有许多灰尘被吸附在监视器表面,影响画面的清晰度,要定期擦拭监视器,校对监视器的颜色及亮度。

6.对讲机

对讲机为门店内部通信工具,门店有关人员因工作需要使用,如主管人员、防损员、收银员、值班电工、服务台人员等。这样,在工作中沟通起来更为简便、迅速。

(1)对讲机使用要领

①携带对讲机应确保随叫随答,接收信息传递必须快速、准确、清晰、简单扼要。

②使用时按下"PTT"键,与对讲机保持约10厘米距离讲话,讲毕松开"PTT"键。

③放在易于接收的地方,确保随叫随答。

④如对讲机讲话时间超过 10 秒或不便于在对讲机内交谈的内容（如涉及公司业务、顾客投诉、储值卡、打折等事宜）时，应说"请到××位置或者服务中心"。

（2）优先使用对讲机情形

①级别优先。在使用对讲机时，职务高的有优先使用权。

②紧急情况优先。如果发生火警、盗警、汛情及其他紧急情况，有优先使用权。

③特殊情况优先。如公司组织大型活动，接待重要人物参观，正在进行设备调试等特殊情况时有优先使用权。

（3）对讲机用语

①使用对讲机呼叫他人时，应先表明自己身份（或代号），通话结束应讲"完毕"。

②正常称呼。防损部内部呼叫使用呼叫代号，其他部门及人员呼叫使用职务或直呼其名。如可呼叫为："某经理，某某呼叫，收到请回答"，答应为："收到，请讲"。

③不在门店范围应回答："我在外面，稍后再联系"。

④在洗手间时应回答："不便回答，稍后再联系"。

⑤如遇紧急情况，应请对方速到指定位置。

7. 防盗报警的处理

（1）验证

当系统报警时，不能认定就是有商品被偷窃。每一位顾客都是清白的，除非已经掌握确凿的证据。

（2）顾客服务

当系统报警时，防损员要迅速到报警现场，必须具备热情、微笑、得体的态度服务顾客，不能因为自己的态度、表情、语言得罪顾客，引起纠纷和赔偿。

（3）和平解决问题

坚决避免与顾客在门口发生争执，不能影响其他顾客的正常通行，不能引起堵塞和围观。

（4）确认是否为商品引起的报警

将商品与人进行分离，确认是不是商品引起报警，若确认属于商品报警后：

①进一步查找商品报警的原因。

②通过目测查看有无带感应标签的商品，将其取出核实是否属于未经消磁的商品。

③查看收银小票，查看有无未结账的商品。

④礼貌地请顾客到收银台结账。

（5）确认引起报警的原因

让顾客反复几次经过安全门，确认是何原因引起报警。若是顾客引起报警，应礼貌地请顾客自行检查是否有忘记结账的商品放在身上。顾客若承认，则应由顾客结账。顾客若不承认，则请顾客到安全办公室协助处理，不要在出口处与顾客发生争执。

8. 各种情景报警处理

（1）顾客空手出门店时，引起报警

顾客空手出门店时，引起报警的处理措施：

①友好地留住顾客，请顾客后退。

②请顾客逐个通过安全门，确定是哪位顾客引起报警。

③若该顾客两次通过安全门依然报警,则友好地提醒顾客有无在门店购物而忘记付款。

④顾客若肯定回答,请顾客到收银台付款,顾客若否定回答,请他再次过安全门,报警后请求顾客协助找到感应标签。

⑤若顾客坚持否定或有异议,可以请顾客到办公室处理。

(2)顾客带着商品出门店时,引起报警

顾客带着商品出门店时,引起报警的处理措施:

①友好地留住顾客,请顾客后退。

②请顾客携带商品逐个通过安全门,确定是哪位顾客引起报警。

③采取"人物分离"的方法,顾客与商品分别单独通过安全门,查看商品是否引起报警。

④若商品未引起报警,则按顾客空手出门店情景处理。

⑤若商品引起报警,则同顾客一起查看商品中有无带感应标签的,带有感应标签的商品是否在收银小票上。

⑥判断商品属于已付款未消磁的,请收银员重新消磁并感谢顾客。属于未付款的,请顾客付款或到办公室处理。

【视野拓展】

全球超市因盗窃损失千亿,AI"抓贼"靠不靠谱?

近几年,为提高超市运行效率,节约人力资本,大量识别和物联网技术竞相登场。据外媒报道,沃尔玛已经开始在使用一种叫作遗漏扫描检测(Missed Scan Detection)的计算机视觉技术。这种技术通过摄像头运转,能够检测商品在收银台的移动,若发生未经扫描的商品被装入袋子等可疑情况,即反映给收银员,从而避免这类商品被带出。

据悉,沃尔玛已经在超过1000家商店部署了该系统,有效降低了盗窃、库存损失、扫描错误等事件的发生率。

降低高额盗窃损耗,零售商各显其能。保点系统公司发布的全球零售盗窃晴雨表显示,在调查的24个样本国家中,入店行窃在18个国家零售损耗原因排名中高居榜首。在中国,零售盗窃成本达到几千亿人民币,无论是商家还是消费者都需要承担这一成本。

为降低损失,全球各地零售商花样百出,电子防盗系统、库存控制技术、RFID等竞相登场。在日本,NTT与Earth Eyes合作打造"AI Guardman系统",通过摄像头捕捉顾客的所有动作,并将其与"可疑"行为匹配,实时监测疑似盗窃的行为。这套系统在测试阶段就助各店铺减少了约40%的商店盗窃案件。中国作为对人脸识别技术非常宽容的国家,有83%的零售企业有意愿参与人脸识别数据库建设。

超市防盗"黑科技"引发伦理争议。从以上来看,这些防盗"黑科技"主要通过摄像头与识别技术发挥作用。不过,"针无两头尖,蔗无两头甜",目前这些措施无法有效排除外界干扰因素,在人山人海的超市中,无法识别商品或人脸的情况并不少见。

除技术有待进一步提升外,人工智能、人脸识别等技术在超市的应用趋势也引发了各种讨论,消费者主要顾虑集中于侵犯顾客隐私、算法存在歧视、消费者知情权难以保障等方面。机制与监管方面缺少完善的体系及标准,这不能不令人忧虑。

实际上,针对这一问题,世界各个国家与地区也正在探索。欧洲已陆续颁布一系列AI规则,包括2018年的数据隐私法、2019年的《可信赖AI的伦理准则》等。我国政策文件中,在使用人工智能技术维护社会安全稳定的同时,推动伦理与法律建设的字眼始终被提及。

2019 年 5 月份,我国成立人工智能研究院智能伦理与安全研究中心并发布《人工智能北京共识》;同年 6 月 17 日,又发布《新一代人工智能治理原则——发展负责任的人工智能》,提出了人工智能治理的框架和行动指南。

不可否认,公众对技术的担忧并不能阻止其前进步伐,人工智能技术也将越来越多地从智慧城市、公共安全、能源金融等领域渗透到社会生活的方方面面,因此,及时制定相应监管法规至关重要。这一系列措施的出台,有利于在人工智能技术深入社会之前,把控其发展,克服监管机构被迫追赶新兴技术的模式,从而避免出现公众担心的科技危机。

（来源:2019 年 6 月 24 日中国安防展览网）

技能六　安全作业控制

1.运输作业安全控制

（1）运输安全

运输安全是指保证员工本身的运输安全、商品的运输安全、顾客的以及环境设施的安全等方面。

①从事运输工作的员工必须正确使用运输工具,主要是手动叉车、运输车等,电力叉车必须由叉车司机来操作。

②安全运输必须保证商品的摆放符合安全标准,商品摆放整齐、稳固,对于高空货架的作业,商品必须用安全皮筋或缠绕膜进行捆绑。

③安全运输包括空车作业过程的安全,如空车时不能载人等。

（2）装卸安全

装卸安全指保证员工本身的装卸安全、商品的装卸安全、顾客的安全以及环境设施的安全等方面。

①门店人员在装卸时必须有正确的劳动姿势,以避免造成自身的伤害。

②员工装卸时,必须使用必要的个人防护用品,以保证人身安全。

③装卸时,必须树立保护商品或物品不受损失的意识,用适当的方式进行装卸,坚决避免野蛮装卸。

④装卸后商品应摆放在安全的区域内,不能将拆卸后的商品及设施随便放在通道上,以免伤及过往的同事或顾客。

（3）搬运安全

搬运安全指保证员工本身的搬运安全、商品的搬运安全、顾客的安全以及环境设施的安全等方面。

①员工在进行搬运时,必须有正确的劳动姿势和操作规程,以避免造成自身的伤害。

②必须使用必要的个人防护用品,以保证人身安全。

③必须正确使用搬运的工具,专业的工具由专业人员操作或必须取得上岗证。

④必须有保护商品不受损失的意识,以适当的方式进行搬运,保证商品不受损坏。

⑤必须注意周围的环境,包括人、物、设施,既避免危险因素的侵害,又避免伤及周围的顾客、同事或设施等。

2.常用设备操作安全控制

（1）叉车

许多大型门店,特别是仓储式门店,其叉车直接在门店作业,叉车在行驶和作业中要注意避免撞着或碾着顾客,撞倒货架及货物,更为重要的是要注意以下安全使用的规范:

①使用手动叉车前,必须经过培训。

②叉舌必须完全进入卡板下面,将货物叉起,保持货物的平稳。

③平稳摆放商品以防商品坠落;堆码商品应距烟感喷淋头 0.5 米以上,不靠近电源热源。

④商品不得堆放过多过高,以免因超重而导致叉车损坏或挡住行走视线。

⑤叉车只能一人操作。

⑥严防被叉车碾伤脚。

⑦叉车空载时,不能载人或在滑坡上自由下滑。

⑧叉车不用时,必须处于最低的状态,且存放在规定的地方。

⑨叉车的载重不能超过极限。

⑩损坏的叉车必须进行维修或报废,不得使用。

（2）卡板

①搬运木制的卡板时,要戴好防护手套。

②不要在积水多的部门使用木制卡板,如生鲜部门的操作区域冷(藏)库内。

③空卡板不能竖放,只能平放或平着叠放。

④空卡板必须及时收回到固定的区域,严禁占通道、门店及各出入口。

（3）电梯

①无论客梯、货梯,如停电,应第一时间报修。

②在电梯关门时,不要进入电梯。

③不要使用客梯大批量运送货物。

④禁止儿童在电梯上玩耍。

⑤电梯的开关要安装在安全的地方。

（4）梯子

梯子只能存放在规定的地方,不能在通道、紧急出口、仓库门口、门店内存放。

①梯子使用前必须检查梯脚和横档是否安全,如横档断裂,则不能使用。

②检查梯子下的地板是否平整,有无积水、油污等易导致滑倒的因素。

③梯子必须 100% 完全打开平放,不能双脚站在梯子的最上一层的梯板上操作,应用正确的姿势使用梯子。

④如感觉梯子不稳定时,操作时要请他人帮助固定梯子。

⑤移动梯子时,注意不要碰倒上面的商品、消防管道等,以免伤人。

⑥选择适当高度的梯子,如果作业高度超过 2.5 米,则不适合使用梯子。

⑦梯子高度不够时,不能攀爬货架或用纸箱、椅子、购物车等作为替代物。

⑧坏梯子必须用明显的标签标明,必须及时维修,不能临时捆绑使用。

3. 水、电等操作安全控制

(1) 电器开关

①使用开关前,必须接受专业人员使用培训。

②使用开关前,必须了解开关的具体控制功能。

③使用开关、插座前,必须检查双手、电线等物品是否潮湿、有水。

④当开关、插座损坏时,不要拆卸,要请求专业人员修理。

⑤当操作结束时,必须关闭设备、关闭电源。

⑥清洁开关须在关闭电源后,方可进行。

⑦不要对自己不熟悉或不了解的电源开关进行操作。

(2) 电器

①员工必须具备基本的用电安全常识。

②垃圾、纸屑、商品等不能靠近电源插座或电源箱,以防导致火灾。

③在使用临时电源或插座之前,要检查电线外壳有无破损,如有破损,要贴上明显标志,以防他人误用,再找人来维修或更换。

④如发现设备电源部分有破损或异常现象,首先立即断开电源,封闭现场后汇报给相关管理人员。

⑤电器设备使用过程中必须注意防止带电部分接触到水源,接触电源部分时,一定要确保手干燥无水。

⑥员工必须严格遵循国家有关电气安全法律法规进行操作,确保用电安全。

(3) 用水

①随时监督水龙头、水池的完好状况,如有损坏应立即监督修复。

②工作结束后需及时关闭水源。

③使用沸水作业时,需有足够的措施和意识防止烫伤。

(4) 燃气

①操作人员必须经过燃气具安全使用的培训,正确使用燃器具。

②进入操作间及点火前,应嗅闻室内有无燃气外泄的异味,如发现有漏气现象,应立即上报部门相关管理人员及门店安全管理部门。

③操作人员使用燃气具时,必须在现场看管,不得擅自离岗。

④保证燃气操作间有良好的通风,灶间周围不能存放其他易燃材料。

⑤每日营业结束后,要对燃气具进行安全检查,燃气管道总阀必须关闭,确认安全后方可离开。

⑥燃气具要进行日常清洁保养,如发生故障,应由专业人员处理,不得擅自拆改燃气具及附属设备。

⑦维修部定期检查燃气系统,每半年对所有燃气具进行一次检修。

⑧燃气具操作间的油烟管道、油网必须经常清洁,以免积油过多,发生火灾。

⑨禁止非专职操作人员上岗操作燃气具。

4. 其他安全事项控制

(1) 化学用品及危险

①所有化学用品及危险品的容器(含稀释液)必须有明确的名称标示、使用说明书或使

用方法。

②员工在使用化学用品及危险品前,必须经过培训,必须全面了解其性能、使用方法、注意事项以及紧急处理提示。

③员工在使用化学用品及危险品时,必须按要求采取防护措施。

④所有化学用品及危险品的容器的存放必须在规定的地方、以合适的方式进行存放。

⑤所有化学用品及危险品溢出时,按正确的方法处理,特别是有毒性、腐蚀性物品的处理,不能伤及人员健康。

(2)电的使用及维护

①凡是进行与电有关的操作,必须由持有电工证的专业人员进行,其他人员不得进行电线、电器、电力设备的拆卸、改装、维修等。

②对于涉及用电故障的维修,采取报修制度,报修部门填写表格,由维修部统一维修。

③严格执行国家《电业安全操作规程》,电工必须配备绝缘保护工具,用电设施采取必要的接地、接零装置,以保护操作人员免于触电事故。

④所有"危险"的区域,必须张贴明显的警示标语、标牌或通用符号以示提醒。

⑤公共区域的电闸、开关,必须明确标明"开"与"关",店面人员操作开关前,必须通过维修部的培训。

⑥配电房、风机房等特殊区域,不得进行明火作业、电动工具的切割、打钻作业,不得放置易燃易爆商品。

⑦对营业区域内的照明灯、代照明设备、临时电线、插头开关、各种用电设备(如生鲜部的生产加工机器)、小型电器(如电饭锅、电熨斗等),维修部必须进行例行的检查并记录,防患于未然。

⑧维修部和使用电力设备的营运部门必须存档有关电力设备操作的注意事项、使用说明书等有关文件。

⑨所有仓库必须安装防爆灯,每层楼面必须安装应急灯。

⑩配电装置柜(盘)前不得存放任何物品。

(3)专用电力设备

①专用电力设备使用是指专业人员(如电工、空调工、电梯工等)在使用专用电力设备时应注意的安全事项。

②使用前未取得专用电力设备的培训和上岗证,不得操作设备。

③专用电力设备的操作、清洁,必须按有关的使用规程进行。

④专用电力设备的故障必须由专业人员来修理,不得私自拆卸。

⑤为专用电力设备设立保养、维护、交接的制度。

(4)停车场

①对停车场任何暂时无法排除的障碍必须有提醒顾客注意安全的警示。

②及时疏通停车场内堵车现象。

③监督购物车及时清理归位,不得阻拦停车或行驶。

技能七　消防安全

1. 消防系统构成

（1）消防标志

消防标志是指门店内外设置的有关消防的文字或图形的识别符号,如"禁止吸烟""危险品""紧急出口""消防设备"等。

（2）消防通道

消防通道是门店在建筑设计时留出的供消防、逃生用的通道。消防通道必须保持通畅、干净,不得堆放任何杂物堵塞通道,防损员对此负有监督检查职责。

（3）紧急出口

紧急出口是门店发生火灾或意外事故时,需要紧急疏散人员以最快时间离开凶险地时使用的出口。紧急出口必须保持通畅,不得堆放任何商品杂物堵塞。防损员对此负有监督检查职责。

（4）消防疏散安全图

疏散图是表示零售门店各个楼层紧急通道、紧急出口和紧急疏散通道的标识图。它提供在危险的时刻如何逃生的途径,指示行动的方向、通道、出口。疏散图需要悬挂在各门店显著位置,供员工和顾客使用。

（5）消防设施及器材

消防设施是指用于火灾报警、防火排烟和灭火的所有设备。消防器材是指用于扑救初起火灾的灭火专用轻便器材。

①火灾警报器。当火警发生时,门店的警报系统会发出火灾警报。

②烟感（温）感探测器。烟（温）感探测器平均分布在门店的天花板面,通过消防控制中心与消防主机相连接,当门店的某一空间烟雾达到一定浓度时,烟感探测器会及时发出报警信号通过连接导线传送报警信号至消防主机,起到自动探测、报警作用。

③喷淋系统。喷淋系统水管分布在门店各楼层的上部空间,内有高压消防水源,其出水口上有红色的玻璃球喷淋头,当门店某一地点出现火情,温度达到 68℃ 时,玻璃球会自动爆开,使高压消防水喷出起到灭火作用。每个喷淋头有效保护面积约为 12 平方米。

④消火栓。当火势较大,用灭火器无法扑灭火时,可使用消火栓。通常在使用时需要两人以上配合操作,一人铺开消防水带并连接喷射端水枪,另一人则将水带连接在消防箱内的水管上,待水带全部展开后迅速打开水阀,两人一同握住喷枪开始灭火。

⑤灭火器。当火警发生初期,可使用灭火器进行灭火。该设施分布在门店的各个位置,主要是 2 千克和 4 千克两种,型号为干粉式 ABC 灭火器,结构分为瓶身、压力表、保险销、铅封、提把、压把、喷嘴,有的还配有喷射胶管。

⑥消防门。当火警发生时,放下或关闭消防门,可以隔离火源,阻止烟及有害气体的蔓延,缩小火源区域。平时严禁在消防卷帘下方存放物品,一旦发生火灾,消防门不能完全落下,火势及浓烟即可从缝隙蔓出,不能起到相应的隔烟隔火作用,分区隔离失效,造成严重的危害。

⑦内部火警电话。当火警发生时,所有人员均可以打内部火警电话报警,便于迅速组织灭火工作。

（6）监控中心

监控中心是门店设置的监控系统的电脑控制中心,控制门店消防系统、保安系统、监视系统。监控中心通过图像、对讲系统,能 24 小时对门店的各个主要位置、区域进行监控,第一时间处理各种紧急事件。

(7)紧急照明

在火警发生,门店内的所有电源关闭时,应急灯会自动照明。

(8)火警广播

当火警发生时,广播室都必须进行火警广播,引导顾客疏散,稳定顾客情绪。

2.门店基本消防安全监督

①随时保持消防通道通畅,严禁物品摆放堵塞消防通道。

②任何物品摆放不得影响消火栓、灭火器、电闸及红外监控器等设施的正常使用,物品与电闸、开关、喷淋头、探测器的间距不得少于 50 厘米。

③仓库内灯具垂直下方禁止存放可燃物品(纸、棉制品等),其垂直下方与储存物品水平间距不宜小于 0.5 米。

④商品存放应做到防潮、防高温,严禁坐、踏商品,商品上柜时应使用围栏或指定专人监护。

⑤搬运多层商品时,必须进行包扎,以免散落堵塞通道。

⑥不得用湿毛巾擦拭带电设备。

⑦大功率设备不得与其他设备共用同一开关。

⑧按照门店要求做好消防器材的检查工作,并如实记录,发现问题及时汇报。

3.各部门消防安全监督

(1)专柜

①专柜内严禁使用油类燃料,严禁吸烟,使用的液化气应符合消防要求。

②必须按照门店规定的用电标准使用用电设备,不得超负荷用电。

③已经审定的用电设备,不得随意更换或增加。

④专柜设备需维修时,须通知门店维修人员配合,方可开展工作。

⑤专柜使用的接线板,须选用经过工程组技术人员鉴定合格后的产品。

⑥营业结束后或设备使用完毕,应当及时关闭设备的电源(冻柜、自动水泵除外)。

⑦不允许乱接乱搭电线、改变原有线路走向。

⑧不允许随意移动用电设备位置。

(2)食品加工区

①门店内的餐饮加工严禁使用明火烹饪,严禁使用液化气。

②用电设备较密集的地方,应尽量避免同时使用数台用电设备,应注意设备的散热和室内的通风。设备摆放不宜过于接近,不得挡住设备的散热口。

③已经审定的用电设备,不得随意更换或增加,不得随意移动摆放位置。

④营业结束后或该设备使用完毕,应立即关闭设备电源(少数必须通电的除外)。

⑤电热炉具在使用过程中,应有专人看护。

⑥电炉、电热壶在使用时,其下方的台面必须为不燃材料制作,附近不得有可燃物质存放。

⑦注意电热炉具的功率和导线规格的匹配,防止由于导线超负荷而发热融化,引起火灾。

⑧防止电热炉具余热接触可燃物引起火灾。

（3）仓库

①库房内应保持良好的通风装置，且经常保持阴凉干燥。

②库房内禁止一切明火。

③商品堆垛之间留出通道，主要通道的宽度至少保持 2 米，小通道至少保持 1.5 米，以利于操作和通风。

④定期对堆垛进行检查，并及时翻垛通风。

⑤库房内电气线路和设备，不可超负荷运行，每周对线路和设备进行一次以上的检查。若出现短路、绝缘老化等异常情况，应立即全面检查，进行检修。

（4）缝纫加工收存

①烫熨设备应装有温度调节自控装置，通电时应有显示标志。

②持温暂时不用时，应放在不燃材料制成的托架上。

③烫熨结束后应立即断开电源并待烫熨设备冷却后收存。

④烫熨设备通电状态下不得长时间放置在衣料上或工作台上。

⑤使用人离开或营业结束后，必须断开电源，并确信烫熨设备已冷却方可收存。

⑥烫熨设备附近不应存放易燃物品。

（5）值班室

①禁止将易燃、易爆物品带入值班室。

②值班室内禁止吸烟，并贴有"禁止吸烟"、"110"报警电话和"119"火警电话等标志。

③值班室配有应急疏散指示图、内部消防安全指南、紧急电话录、所在区域的派出所电话和地址等。

④人离开房间时，应将房内的电灯关掉。

⑤值班室内禁止使用电炉、电熨斗、电烙铁等电热工具，禁止使用射灯和动用明火。

4. 消防器材及设施日常管理

①门店中所有的消防报警设施、灭火器材必须建立档案登记，包括在门店中的分布图，防损部门、工程部各留档案备案。

②防损部门全权负责门店所属的消防报警设施、灭火器材的管理，负责定期检查、试验和维护修理，以确保性能良好。

③除每月检查外，在重大节日前，防损部门要对场内所有的消火栓、灭火器等器材、装备进行特别检查和试喷，并在器材检查表上进行签字确认。

④各部门对本部门区域内设置的消防器材，由义务消防员进行管理和定期维护，发现问题要及时上报防损部门。

⑤严禁非专业人员私自挪用消防器材，各部门的消防器材因管理不善而发生丢失、损坏，该部门应承担一定责任或经济损失。

⑥消防器材放置区域不能随意挪动，或改做商品促销区域。在划定的区域内，不能陈列、促销商品，更不能随意在消防器材上休息或置放物品。保持器材区域内的通畅，严禁以任何理由阻挡、遮盖、装饰、侵占、利用、拆除消防设施及消防标志。

⑦禁止无关人员动用消火栓内的设备，禁止将消火栓用于其他工作。

⑧消防器材，特别是灭火器，必须按使用说明进行维护，包括对环境和放置的特殊要求。

⑨其他未述的有关消防器材、设施的管理规定按《中华人民共和国消防法》所规定的有

关条款执行。

5.消防报警系统检查

对消防报警的检查包括日检、月检和年检,具体如表7-10所示。

表7-10 消防报警系统检查

类别	具体内容
日检	对消防火灾报警控制器进行自检功能检查
	按主机复位键,检查主机系统是否有异常、故障;然后按消声键,消去控制器的声音;再立即按复位键,或恢复至机器报警前的正常状态
月检	逐个检查楼内端子箱、箱门关闭及箱体情况是否良好,外观是否洁净完好,箱内接线是否良好;完成日检全部内容
	控制器主要工作电压测试;手动方式和自动方式的转换、交流电源和备用电源的转换是否正常
	对不洁净烟感器、温感器进行清洁,对可能接触不良的部位进行加固
	公共场所烟感器、温感器安装倾斜度不大于45度,与底座接触是否良好,外观是否洁净完好
	随机抽取不低于5%的烟感器喷烟后查看报警是否正确;任选两点手动报警进行模拟报警,测试报警功能是否正常,如在检查中发现问题,应立即修复
年检	对所有公共部位的烟感器和温感器进行外观检查,对有污渍的进行清洁
	查看设备、设施使用年限是否超期,特别是手提式、轻便的灭火器应及时更换
	进行抽点、模拟式连动检查,是否需要完善、修正
	对楼层内端子箱进行内部清扫、接线紧固

6.火灾处理

为确保门店在发生火灾时能够得到迅速的处理,防损部门员工应在自己负责区域迅速组织各部门员工按照职责有条不紊地做好灭火、疏散和抢险等应急安全工作。

(1)小范围火情处理

①柜组发生火情,如因用电引起的,应立即关闭电源,然后用灭火器灭火,切记不能用水灭火。然后,通知维修部进行处理。

②操作间或厨房的炸锅(炸炉)因油温较高或使用不当,导致油类起火。开始时,可把炸锅(炸炉)等加盖,使其熄灭。也可用灭火毯、足够量洗好的蔬菜或足够覆盖锅口的湿报纸等盖住锅口灭火。另外,也可使用干粉式灭火器进行灭火,严禁使用水进行灭火。

③小范围火灾,如灭火器不能立即扑灭,可用消火栓进行灭火。

(2)火灾报警

一旦门店出现较大火情,防损人员应立即报警,可以直接拨打"119""110"向指挥中心报警,也可以向专职消防员报警,向上级领导和现场群众报警。向"119""110"指挥中心报警应讲清的内容有以下几点:

①区域道路,门牌号码。

②单位名称,建筑物特征。

③着火时间、着火部位,燃烧物质及火势大小。

④报警人姓名、电话号码等。

（3）火灾发生处理技巧

火灾扑救原则应当先人后物，先老、弱、病、残后一般人员；先贵重后一般；先易燃易爆后一般；先重点文档资料后一般。

①冷却法。冷却法是灭火的一种主要方法，灭火剂在灭火过程中不参与燃烧过程中的化学反应。

②隔离法。断绝可燃物，将可燃烧的物质分离。如把火源附近的可燃、易燃、易爆和助燃物品搬走，关闭可燃气体、液体管道的阀门，以减少和阻止可燃物质进入燃烧区；设法阻拦流散的易燃、可燃液体，拆除与火源相毗连的易燃建筑物，形成防止火势蔓延的空间地带。

③窒息法。使可燃物无法获得空气中的氧气而终止燃烧。如用沙土、水泥、湿麻袋、湿棉被等不燃或难燃物质覆盖燃烧物。喷洒雾状水、手粉、泡沫等灭火剂覆盖燃烧物；用水蒸气或氮气、二氧化碳等惰性气体灌注发生火灾的容器、设备，密闭起火建筑、设备和孔洞；把不燃气体或不燃液体（如二氧化碳、氮气等）喷洒到燃烧物区域内或燃烧物上。

技能八　突发事件处理

1. 突发事件种类

门店的突发事件通常有：

①自然事件（如台风、大雨、火灾、停电、建筑物垮塌等）

②人为事件（如抢劫、诈骗、炸弹威胁、内部、外部纠纷等）

③店内事件（如员工、顾客意外伤害或受伤，突发疾病等）

④店外事件（如停车场附近交通事故等）

2. 自然事件预防处理

（1）大雨来临

大雨来临的预防处理，具体如表 7 - 11 所示。

表 7 - 11　大雨来临的预防处理

类别	具体内容	备注
大雨来临前	成立相应的安全防护小组	—
	事先应认真了解近期天气预报，并做出详细预警预案	
	对门店周围的排水设施认真排查，有堵塞现象时，尽快处理，或联络有关部门进行疏通	
	全面检查商品、设施的防雨、防水状况	
	妥善将易被雨淋、水淹的公司财产放于安全处所，确保安全	
大雨来临后	安排人员及时排除积水	—
	门店门口采取防滑措施	
	加强人员巡逻，防止意外事故的发生	
	将顾客聚集于宽敞、易于疏散的区域	
	预防不法人员趁机滋事	

（2）台风来临

①安全防护小组应立即组织公司所有人员做好台风来临前准备工作。

②对店面公司财产的防风情况进行全面检查。

③维修部负责对外围设施进行检查、加固。

④使员工及顾客远离玻璃门，到建筑物最牢固的区域（一般来说，支柱之间是建筑物最牢固的地方）。

⑤关闭所有门窗及电源。

⑥注意接听电话，及时、快速传达公司规定事项。

⑦如发生灾害必须支援时，应及时调集机动应急人员，尽量减少损失。

⑧台风过后，及时处理损坏的东西，清扫现场，恢复门店正常营业。

（3）停电

事先有通知的停电分两种情况，如表7-12所示：

表7-12 事先有通知的停电的应对

发生时间	应对措施
营业时	通知各岗位值班防损员停电时间，防止无关人员进入
	防损部应立即增加收银区防损人员，对收银员手工收银进行严格监督，监督收银款及时缴库
	入口处的防损员停止顾客进入门店，并做好解释工作；收银台防损员注意观察每位顾客，防止某些顾客夹带未付款商品外出
	由机动人员、便衣人携带手电、警械等，入场巡逻（尤其是仓库、门店、安全出口等），保障门店人、财、物安全，以防止突发事件发生
	各营运部门负责人须立即组织员工分货架现场值班，保护好公司财产，对店内顾客进行疏散并作好解释工作
	请工程部派人巡视门店，检查应急灯的工作情况
	收银中心等重点部位派防损员携对讲机，警械留守
	防损部须详细记录停电时间、发生事项，上报公司相关负责人，并由防损部存档
非营业时	防损部须立即通知各岗位防损员停电时间，严守岗位
	值班人员应立即通知各部门人员，在停电前离开营业场所、仓库
	组织防损机动人员携带手电、警械等入场巡视、清查门店及仓库，督促员工撤离
	巡视紧急疏散通道、消防门、检查紧急照明系统是否正常
	停电后，防损部须组织人员对全店进行连续性巡视，预防意外事件发生
	防损部须详细记录停电时间、发生事由，上报公司相关负责人，并由防损部存档

突然停电也分两种情况，如表7-13所示：

表 7 - 13　突然停电的应对

发生时间	应对措施
营业时	防损部须立即加派入口防损员,停止顾客进入,并做好解释工作
	收银区防损员严密观察,防止顾客夹带商品外出,监督收银员工作,保证收银款及时缴库
	迅速给机动、便衣防损员配置电筒,警械并入场巡视,保障店内人、财、物的安全,防止意外事件发生
	立即通知工程部人员,查清停电原因,并立即采取应急措施
	督促并帮助各部门,特别是冷冻部门及时对商品进行转移和处理,尽量降低商品损失
	各营运部门负责人须立即组织员工分货架现场值班,保护好公司财产,对场内顾客进行疏散并作好解释工作
	工程部须立即巡视全场应急照明系统
	防损部须对紧急疏散通道,消防门等处进行检查,并在重要地点派人留守金库、收银台等加派防损员看守、保护
	防损部须详细记录停电时间、发生事项,上报公司相关负责人,并做好存档
非营业时间	防损部须立即给机动人员配置电筒、警械等入场巡视
	值班人员须立即通知维修部值班人员,查清停电原因,立即采取应急措施并做好记录
	店内各部门员工,留在原地,如无通知,不得随意走动离开;巡视人员着重巡视门店、仓库、疏散通道及消防门等地方,连续性巡逻,必要时可留人留守
	防损部须详细记录停电时间、发生事项,上报总经理或店值班经理,并做好存档

3.人为事件预防处理

（1）抢劫

预先防范应当做到一定要将每天的营业额及时存入银行,事先投保,安装防盗系统。

当发现可疑人物,应当进行以下几种措施：

①当发现可疑人物时,发现者应立即向防损部或上级报告。

②防损部立即安排人员进行严密监视。

③立即通知各岗位值班防损员,加强戒备,以防止意外情况发生。

④通知监控值班防损员对重点区域（如收银台、出口、入口等）进行实时监控录像。

⑤通知便衣防损员跟踪监视,并加强重点区域巡逻。

⑥情况解除后,防损值班工作记录表上应详细对可疑人员出现时间、次数及外貌特征等进行记录,并存档备案。

（2）员工打斗

①员工打斗,应迅速予以制止,将当事人交相关部门处理,如当事人不听劝阻时,可与值班防损员或公司其他人员合力制止。

②打斗现场若有其他员工围观时,为防止围观者鼓噪、起哄或使现场情况复杂化,应迅速将肇事者双方带离现场处理。

③当事态趋于严重,难以控制时,应立刻打电话请警方协助处理。

④保持立场公正,绝对不能偏袒当事人任何一方。

⑤员工出现过激行为,无理取闹时防损部应立即制止,必要时报警处理。

⑥事发时若为下班时间,应即刻通知防损部经理或店值班经理,情况严重时,请派出所协助解决。

(3)员工与顾客

①员工发现有顾客被扒窃时,应立即提醒顾客并协助抓获向110报警。

②员工与顾客发生口角或打斗时,防损员须立即予以制止。

③疏散围观顾客和员工,恢复正常秩序,将当事人带至防损部办公室,了解起因,公正调解,并请当事员工的部门经理一起处理,若有必要,请警方协助处理。

④如一方受伤,派一名公证人和另一方一起到医院验伤,并协助处理医疗费用问题。

⑤打斗所损失本公司财产由打斗责任人承担赔偿责任。

⑥记录事件发生经过(最好能当场摄像)、处理结果、当事人姓名、地址电话等报店负责人,并在防损部存档。

(4)顾客之间的矛盾

①顾客之间发生打斗,迅速派防损员制止。

②将打斗当事人带离现场,疏散围观人员,减少影响,并恢复正常工作秩序。

③一般小矛盾,调解并尽量化解矛盾,安排当事人先后离开门店。

④如打斗双方对调解不服或已给双方造成伤害,并提出无理要求时,请警方派员或交送警方处理。

⑤打斗双方对本店所造成的损失,本店有要求赔偿的权利,视后果,如有必要,本店保留法律途径处理的权利。

⑥及时记录,并报告店长及店值班经理。

(5)不法分子滋事

①当店内有不法分子滋事时,店值班经理应立即调集防损员,予以制止。

②通知所有在岗防损员加强巡逻,防止其他破坏。

③对于已造成破坏的肇事者,请派出所处理,并保留索赔及法律追究责任的权利。

④如制止无效时,即电请警方协助。通知所有备援人员前来支援,封闭所有进出口。

⑤疏散相关区域人员,监控录像负责对滋事现场录像,并保护重点区域。

⑥详细记录滋事分子面貌、特征、人数,有无枪支、刀械,驾车种类、车牌号码及滋事原因等报告警方,并由防损部存档。

⑦将事件报与店长及店值班经理。

(6)群体事件处理(聚众斗殴)

①抓住苗头,及早发现,争取解决在萌芽阶段。

②事件发生,防损部须立即调集备援防损人员,及时制止。对未斗殴起来的要驱散,对正在斗殴厮打的要责令或强制他们放下械具,停止武斗,尽量以和平方式调解处理,如事态严重,立即与警方联系。发现伤者,要及时送往医院抢救治疗。

③立即疏散相关区域所有顾客,并将贵重物品转移、保护;详细记录发生冲突原因,尽可能用录像记录下参与人数、为首人员、体型特征等,以作证据。

④及时通报总经理及店值班经理。

(7)食物中毒(含投毒)处理

①通知职能部门及店长,决定是否有必要报警,如有人中毒立即拨打120进行急救。

②店长如决定报警,立即拨打110报警。

③协助警方进行现场处理,加强食品门店的检查,对可疑商品进行处理。

④做书面报告与总结。

⑤追踪事件直到妥善解决为止。

(8)炸弹报警

对于得到的"炸弹"信息,首先确定真伪:对炸弹威胁人的来电进行记录,通电话时应稳住对方,问清缘由,尽量通过谈判达成协议。同时,通知高层管理人员及警方;对于纸条、信件等其他方式,一经发现立即报警,并将记录报总经理及店值班经理。

①在确定无疑已有炸弹威胁后,第一时间通知警方,告知本店地点、电话,请求帮助。

②用事先对全体员工约定的广播语对全场进行广播,让全体员工都知道门店出现紧急状况。

③各部门负责人配合防损部立即打开紧急消防门,疏散顾客,请顾客带走私人财物,但要时刻警惕保护公司财产的安全。

④各个岗位工作的防损员及员工协助顾客由最近的疏散通道撤离至安全地段。

⑤门店内便衣、机动人员,除协助疏散顾客外,需防止有人趁乱打劫、制造混乱,保障顾客安全撤离。

⑥防损部负责组织人员对门店周边进行戒严。

⑦警方赶到后,迅速将情况向警方汇报,并配合其工作。

4. 顾客受伤(突发疾病、摔倒等)的预防和处理

①在场员工应立即先给顾客查看伤情。

②由具备资质的员工对伤者进行初步的应急处理。

③叫其他同事向客服部门(或领导)报告。

④采取一定措施对出事地点进行封锁。

⑤倾听顾客讲述所发生的事情经过,并注意周围可能的不安全因素。

⑥安慰受伤顾客,在管理人员到来之前,不能将受伤顾客带离现场。

⑦对有出血现象顾客进行帮助时必须带胶皮手套,以防止血液病原体病菌的感染等。

⑧对突发疾病应第一时间通知120救护车,并尽可能地给予救助。

⑨应将关于事件的所有情况尽快做好记录,及时向有关保险公司汇报情况。

5. 店外事件预防和处理

(1)停车场附近交通事故

在门店管辖范围内或停车场内发生交通事故时:

①在场员工应立即报告上级增援事发现场。

②将事发现场用绳索圈定,等待交警处理。

③如果有人受伤应帮助呼叫120救护。

④如情况允许,则对受伤者现场实施救护,以赢得最佳救治时间。

(2)突发刑事案件

在门店管辖范围内或停车场内发生刑事案件时:

①在场员工应立即报告上级增援事发现场,并同时报110出警。

②将事发现场用绳索圈定,保护好现场,等待公安处理。

③如果有人受伤应帮助呼叫 120 救护。

④如果情况允许,则对受伤者现场实施救护,以赢得最佳救治时间。

6.事故或犯罪现场保护

(1)事故或犯罪现场保护的任务

①封锁看守现场,布置警戒,维持秩序。在公安人员到达勘查之前,应根据现场内部状态和周围环境划定保护区把犯罪现场封锁起来,在保护区周围设岗警戒,禁止无关人员进入或滞留于现场,并用最快的方法及时报告公安保卫部门。

②适时采取紧急措施。保护现场阶段所采取的紧急措施包括:抢救人命、排除险情、排除交通障碍、监视控制犯罪嫌疑人等。

③及时了解案件情况。防损员到达现场后应及时收集现场被保护前的各种情况,目击人员对可疑人、可疑情况的议论、反映等,注意发现、搜集各种线索,必要时还可登记在场的有关证人以配合公安人员的后续调查。

④向勘查人员作详尽汇报。在现场勘查人员到达以后,防损人员应主动、及时向勘查人员提供发现案件、发生经过、现场保护以及其他掌握的有关现场的一切情况。包括现场保护前的情况及采取的保护措施,现场发生变动、变化的情况等。以便勘查人员采取相应的勘查对策和其他措施,使勘查工作有重点、有目的地进行和开展其他侦查活动。

(2)门店内现场保护方法

①门店内事故现场的保护,通常是将出事故的区域绕以绳索,将可能留有发生事故的破损部件、碎片、残留物、致害物等一并封闭起来,布置警戒,张贴布告,禁止一切人员入内。禁止围观人员靠近现场,以防破坏现场外围的犯罪痕迹物证。

②要求事主、目击证人等候公安人员或勘察人员到场,待公安人员或勘察人员到达现场后,听从其安排。

(3)露天现场的保护方法

对于发生在室外的露天现场,通常是划出一定的范围布置警戒。保护范围的大小原则上应包括犯罪分子实施侵害行为的地点和遗留有与侵害行为有关的痕迹物证的一切场所。实践中通常的做法是先把范围划得大一些,待勘查人员到达现场后根据情况进行调整。具体方法是:

①对于范围不大的露天现场,可以在周围绕以绳索或撒白灰等作警示标记,防止他人入内。

②对通过现场的道路,必要时可临时中断交通,指挥行人或车辆绕道而行。

③对现场上重要部位及现场进出口,应当设岗看守或者设置屏障遮挡。

④对院落内空地上的现场,可将大门关闭,如内有其他住户,可以划出通道方便住户进入。

⑤当环境发生改变时(如天气),要对现场上易变的痕迹物证采取适当的保护措施。

(4)现场痕迹物证的保护方法

无论是室内还是露天现场,对发现的血迹、手印、脚印、车辆痕迹以及被破坏的物体、作案工具或其他遗留物等,都要特别注意保护,以防止有关的痕迹物证受到损毁。

①利用标示的方法加以保护:在发现有痕迹物证处用粉笔等物圈画出来,以免痕迹物证被人为破坏。

②利用记录的方法加以保护:如在保护过程中必须移动现场物品时,可将移动前现场的

状况详细记录下来(注意任何人员不得擅自移动现场)。

③利用遮盖的方法加以保护:因气候因素影响可能使痕迹、物证受到破坏时,可以用脸盆、塑料薄膜等洁净的遮盖物将其盖住,但忌用带有浓烈气味的器皿物品遮盖。

④遇有特殊情况,如急救人命、抢救财物、排除险情等,必须进入事故现场或者必须移动现场上的某些物品时,应当尽量避免踩踏事故现场的物品。对于必须移动的物品,在拿取时应选择适当的部位以免破坏原有的痕迹。

【项目训练】

1.训练目的

商场、超市是人流最密集的地方,一旦突发恶劣天气,极易造成人员及财产损失。面临高温、大风、雷雨等强对流天气和持续频繁降雨时,容易导致各类事故的发生。门店要充分认识安全生产和恶劣天气灾害防御的严峻形势,加强隐患排查、监测预警,切实做好防范恶劣突发天气造成灾害的防御工作。

2.训练步骤

①给每位同学发放突发恶劣天气应对表,如表 7 - 14 所示。
②各位同学结合自己所在的实操门店,对照检查应急措施是否齐全到位。
③同学们分享自己工作中防范突发恶劣天气的措施。
④鼓励同学开展讨论,并提出完善应对各类突发恶劣天气的建议。

表 7 - 14 突发恶劣天气应急措施表

项目	突发事件应对要点
台风暴雨	检查加固门店的霓虹灯、太阳伞、灯箱、照明等设施,做好防风、防雨措施,视情况切断大型霓虹灯招牌、灯箱的电源
	检查配电箱(柜)、临时路线(设施)的防水情况
	检查排水沟、排水井等排水设施,保证排水畅通
	拆卸户外挂旗、条幅、彩挂、氢气球等悬挂物
	与物业管理处协调,尽可能消除各种隐患
	在可能有坠落物的区域疏导车辆及人流
	在危险区域需加围栏,禁止行人进入
	巡视门店、仓库、理货区等地方,检查门窗、屋顶、墙面是否漏水
	检查配电设施是否进水、漏电
	检查及时清理雨水沟口的杂物,保证排水畅通,并做好房屋漏水应急准备
	关闭所有与外墙连接的空调新风口,防止空调吸入大量雨水损坏内墙装修
	发现商品、设施遭到损坏等情况时,应立即上报
	准备应急沙袋防堵洪水、准备排水的设备
	将处于低洼地不能沾水的商品等撤离
	当门店出现重大险情时,门店应该通知上级

项目	突发事件应对要点
冰雪天气	外围的积雪要及时清理(如撒盐等),及时铲除冰块(特别是人行台阶),避免顾客滑倒
	出入口通道、员工通道等处要铺上地垫、刮雪板等,尽量除去顾客鞋上的积雪和泥垢;在出入口处放置警示牌提醒顾客注意湿滑路面及水渍
	注意厨房、档口、面包房内烟道及烟罩等的清洁处理,及时清理排烟口的冰雪,保持烟道畅通
	定期巡查屋顶积雪情况,防止屋顶不堪承受重量而坍塌。在保证绝对安全的前提下,可以进行屋顶的积雪清除工作
	门店应及时加固易被雪压倒的临时搭建物
	不可以让雪将消防设施(如消防水龙头、消防栓等)覆盖,应随时巡视并清除附在上面的积雪,并注意保持安全出口清洁通畅
	门店要储备应急照明物料,足量储备发电机柴油,确保发电机组能正常运作,以防暴雨引起的大面积停电
	检查供暖、供水管道,防止老化破裂或冻裂
	提醒顾客驾车要保持安全距离,低速行驶,最高车速不要超过30公里/小时,转弯时不要超过10公里/小时
	暴雪期间出现商品短缺,必须及时张贴缺货信息,避免顾客产生不满情绪
高温天气	高温作业的员工,应采取通风降温的防护措施,避免直接暴晒在阳光下,同时应两小时轮换一次
	应准备茶水、绿豆汤等解暑饮料
	对带电设备要采取隔热措施,避免负载过大,温度过高
	空调温度应控制在26度,避免内外温差过大导致感冒
	服务台应准备防暑药物,如人丹、清凉油、万金油、风油精、十滴水等,服务台员工应具备基本的急救知识和技能
	一旦发生中暑,应将病人抬到阴凉通风处躺下,给病人解开衣扣,用冷毛巾敷在头部颈部,并及时就医
沙尘暴	走路、骑车少走高层楼之间的狭长通道。因为狭长通道会形成"狭管效应",风力在通道中会加大,会带来一定的危险
	广告牌由于安装不牢,在强大风力的作用下有可能倒塌;而一些老树由于已经枯死,根基不牢,也非常有可能在大风天气中断裂,会对行人造成危险
	轻型车在高速行驶中可能被大风掀起,要在车上放重物,或者慢速行驶
	大风天气中侧风向骑行,很有可能被大风刮倒,造成身体损伤
	要注意携带口罩、纱巾等防尘用品,以免沙尘对眼睛、呼吸道系统造成损伤
	及时关闭门窗,必要时可用胶条对门窗进行密封
	外出时要戴口罩,用纱巾蒙住头,以免沙尘侵害眼睛和呼吸道而造成损伤
	沙尘暴天气时不宜出门,尤其是老人、儿童及患有呼吸道过敏性疾病的人

项目八　促销员操作实务

【知识目标】

了解促销员的工作项目和工作要求；

熟悉并掌握促销员的典型工作任务；

理解促销员的素质、知识和理念要求；

掌握吸引顾客、接触顾客和促进销售的知识。

【素能目标】

能够做好促销工作的知识储备和情感准备；

能够根据门店要求合理摆放促销台和促销商品；

能够合理利用各类活动吸引顾客兴趣；

能够利用好促销技巧，积极促进销售。

任务一　认知岗位要求

【任务导入】

某促销员说："理货是超市人员干的活,我干吗要替他们干? 有这工夫我还多卖几件货呢! 卖出货去就是钱! 哪家敢不给我陈列好我就投诉他家的理货员。"

而超市人员说："以前你们的产品卖的与×××差不多,但现在×××至少是你们销量的5倍。"主管问:"为什么?"理货员说:"这不是明摆着的嘛,×××比你们的排面好啊,人家的货摆在黄金位置的2、3、4层,而你们的产品在最下方的第5层,人家的排面比你们大4倍不止,人家摆的整齐、擦得干净占尽了地利、人和,肯定要比你们卖得好啊!

主管苦着脸说:"你们也太厚此薄彼了吧,给×××这么好的排面,把我们放在最下面,日期不好了也不管,难道我们是后妈生的啊!"理货员说:"这不能全怪我啊,人家×××服务好,促销员每次过来都整理排面,一开始给你们的排面和×××是一样的,可是你们的促销员从来没人整理排面,自然慢慢地就让×××给挤掉了啊。我一个人管理这么多货架,需要上的货太多了,很难每家都照顾过来,而且这类产品总的销量就是这么大,谁家卖的多与少跟我没关系,我的货架贡献率都一样,再说了×××现在卖得比你们量大得多,我当然要把最好的位置给最好卖的产品啊!"

如果你是主管的话,你怎样合理安排促销员的工作职责呢?

【任务分析】

促销员要有认真做事的态度、丰富的理货经验和陈列技巧,更要有竞争的意识和终端陈列全面超越竞品的目标。能够和超市理货员协调优化产品陈列位置,合理使用厂商费用打造重点形象样板,有促销活动时跟超市人员申请免费堆头等,这样才能促进商品销售。

【知识导航】

知识一　岗位职责

1.促销员工作项目

在销售现场面对顾客,促销员是一个推销员,他们直接和顾客做面对面沟通,向顾客介绍产品,回答顾客提出的问题,诱导顾客做出购买决策。把产品卖出去是促销员的天然职责,但成为一个好的促销员绝不只是把产品卖出去这么简单。销售既然是涉及买卖双方的事,那么站在顾客与企业的角度,促销员的职责包括以下几个方面:

(1)提供服务

服务能吸引顾客,创造销售机会,缔造销售佳绩。服务首先是态度问题,促销员面对的是人,推销是心和心的交流,所以促销员要用热情去感染对方。热情所散发出来的活力与自信,会引起顾客的共鸣。

其次,服务是方法问题。促销员向顾客提供的服务包括金钱及非金钱性服务。前者如对顾客的优惠、提供奖品等;后者包括 5 个方面:正确的礼仪、亲切而专业的建议、提供有价值的信息、售后服务的安排、提供购物的乐趣和满足感。

(2)做出最佳选择

①了解顾客对商品的兴趣和爱好。

②帮助顾客选择最能满足他们需要的商品。

③向顾客介绍所推荐商品的特点。

④回答顾客对商品提出的疑问。

⑤说服顾客下决心购买此种商品。

⑥向顾客推荐连带性商品和服务项目。

⑦让顾客相信购买此种商品是一个明智的选择。

(3)宣传品牌

促销员不仅要销售产品,更是销售产品背后的品牌,要在流利介绍产品的基础上,介绍产品的品牌价值,介绍一种品牌承诺,让顾客不仅买到产品本身,更是买一份放心。为此,促销员要做好在终端与消费者的交流,向消费者宣传本品牌产品和企业形象,提高品牌知名度。

(4)销售产品

利用各种销售和服务技巧,提高消费者的购买欲望,实现更多的销售。此外,带动终端服务员做本产品销售。

①传递产品知识、企业信息:向终端店员介绍自己的公司和产品信息,让他们在了解情况的基础上做好销售。

②示范:促销员可进行销售示范,教会终端店员如何销售自己的产品。

③联络感情:与终端店员沟通感情,以激励其销售积极性。

④利益激励:赠送礼品、样品、返利、开展销售竞赛等。

(5)陈列产品

做好终端产品陈列和 POP 维护工作,保持产品的整洁和标准化陈列。

(6)收集信息

促销员要利用直接在门店和顾客、竞品打交道的有利条件,多方面收集并向公司反馈信息。

①收集顾客对产品的期望和建议,及时妥善地处理顾客异议,并及时向主管汇报。

②收集竞争品牌的产品、价格和市场活动等信息,及时向业务人员汇报。

③收集终端对公司品牌的要求和建议,及时向主管汇报,建立并保持与门店良好的客情关系,获得最佳的宣传和促销支持。

④了解终端的销售,库存情况和补货要求,及时向业务人员反映。

(7)填写报表

完成日、周、月销售报表及其他报表填写等行政工作,并按时上交主管人员。

(8)其他

完成主管交办的各项临时任务及终端安排的有关工作。

2.促销员工作要求

(1)进入超市时

上班前的准备和精神状态对一天的工作相当重要。因此,最好提前10分钟入店打卡,留下这10分钟做以下准备工作:更衣、整理头发,检查员工牌是否戴正,衣帽是否得当,指甲是否修好,皮鞋是否光亮,一切完毕,对着镜子会心微笑一下,然后轻松自如地走上岗位。

(2)上岗时

进入岗位时,主动向上级和同事问好。然后做以下检查:

①设备是否运转良好。

②电源开关是否开启。

③电灯是否全亮。

④墙纸是否起皱或损伤。

⑤查看上一班的日志,与上一班人员做好交接,记下重点,然后考虑这一天工作有哪几件重要事项,如何处理。

(3)在工作时

每日8小时工作,是发挥才干和力量的黄金时段,也是考验员工品格和职业道德的时候,必须做到"五不"。

①不打私人电话。

②不扎堆聊天。

③不干私活。

④不随意改动工作规则。

⑤不离岗串岗。

(4)接听电话时

①接听细节。接听电话时,首先问好,自报姓名:"您好!××门店××"。然后仔细倾听对方电话内容,请对方认可,尤其是带数字的,必须复述以请对方确认。

当对方已表示表达结束,促销员可以询问"还有别的什么吗?",当对方表示没有,才可说"您放心,我一定办好。"对方说"谢谢",可回答"不客气,这是我应该做的。"最后说再见。

②对方电话打错时。如果对方电话打错了,促销员应该委婉地说"对不起,这是××部,××部的电话号码是××",绝不可以生硬地说"对不起,这不是××部",然后就将电话"砰"地挂上。

③当对方需要留言时。若对方要找促销员所在部门的某位同事,而她又不在,促销员应委婉地说"对不起,××不在,您能留言吗? 我一定转告"。当对方同意留言,则须立即取出纸笔认真倾听、记录,等对方说完后,促销员再复述一遍,请对方确认,然后进一步问"还有其他需要留言吗?"待对方说"没有"后,并发出"再见"的结束语,方可说"我一定转达,请放心,再见。"而绝不能简单地说"××不在,你等会再打电话吧"。

若对方不愿留言,促销员可恳切地说"能告诉我您的电话吗? ××回来我请她给您回电话",千万不要用盘问的语气问"你是谁? 有什么事? 你跟她什么关系?"也别简单地说"我不知道她去哪了,什么时间回来没准"等。

(5)接受任务时

当促销员接受任务指令时,应该垂直站立在离上司3步远的左前侧或右前侧,神情专注,认真倾听,最好拿出小本记下要点。

如对上司的指令不明确,待上司安排完毕后,可再认真地询问"我有不太明白的地方,能询问一下吗";对方同意后,再提出问题,最后把任务要点复述一下,上司同意你离开方可离开。应注意绝不能说"不""不会""不行""我干不了""这不是我干的""太难了""干砸了我不负责""干倒可以干,有什么好处"等。

(6)向上司汇报工作时

员工向上司汇报工作要简洁、准确,最好按"5W1H"的重点进行汇报。

(7)遇到顾客或同事时

遇到顾客或同事,主动问好。问好时面带笑容,两手自然垂直,声音柔和。在向顾客问好时,不要太近或太远,以三步距离为宜。

(8)顾客向员工询问时

顾客向员工询问或投诉时,不能说:"不""不懂""不行""不对""不会""不知道""不是我管的"等,而要实行"一次性到位",即顾客的问题在你这里一次获得解决,决不能以不是自己部门的事为由往外推诿。确实是自己解决不了的事,应婉转地请顾客稍等,同时立即向上级或值班经理询问,从而给顾客满意的答复。

(9)营业结束后的清场工作

当对最后一位顾客说"谢谢惠顾,欢迎下次光临"的时候,一天营业中的最后一项工作也就开始了。但记住不能在有顾客的情况下做任何下班前的准备。那么,打烊(收市)要做哪些工作呢? 可以将其概括为"打烊(收市)十件事":

①收银账务核对好。

②营业款项缴点好。

③营业单据保管好。

④要货申请填写好。

⑤送货余款落实好。

⑥零乱商品整理好。

⑦仓库柜门要锁好。

⑧电源开关检查好。

⑨防损措施准备好。

⑩清场记录填写好。

(10)自觉接受安全检查

①须自觉服从防损员按照规定执行的各项治安管理措施,并主动合作。

②员工上下班须使用指定的员工通道,工作时间须严格按本部门所规定的路线行走。

③员工上下班打卡时,应主动打开拎包接受检查。携带物品出超市时,应将防损部统一印制并由本部门经理签发的单据出示给防损员后方能通行。

④员工在门店内各项活动均要严格遵守《员工规范》,管理人员在岗位范围内有权纠正员工各种违章违纪行为。

⑤凡捡到顾客遗失的物品,第一时间交到总服务台或客服中心。

3.促销员典型工作任务分解

(1)准备:规范到位,设定目标

①物资准备:促销服装检查;促销台按标准摆放;产品生动陈列;品尝物资摆放与连线要注意规范,不妨碍消费者;宣传物资陈列要生动面向消费者;人员站位地点选择要在主通道、客流集中区宣传引导等。

②心理准备:调整自身工作状态,自我激励;设定工作目标,能激发自己工作热情;微笑练习;自我放松等。

(2)观察:寻找目标消费者

按从上到下,再由下而上顺序观察可接触范围内的消费者,要点如下:

①穿着:服饰档次;是否干净得体考究;鞋子款式和干净程度等。

②判断家庭角色:单身;已婚;夫妇;母子;家庭主妇;老人(根据产品适合人群和促销目标消费者确定,尤其重视中年妇女为重点消费目标)。

③购物篮或购物车内已选购物品:观察其已选购物品的价格和数量,初步判断其购买目标和消费水平。

④确定是否为目标顾客:根据以上观察判断是否为本次促销产品的目标消费者。

(3)拦截:留住目标消费者

①问候:根据距离利用适度声音问候,引起消费者注意。如"您好,能帮您选购点什么吗?""您好,您需要选购××产品吗?"尽量避免:"打扰您一下,我能给您介绍下××产品吗?"等带有明显推销痕迹的话语出现。

②站位:消费者右侧45度站立,距离大于一臂,少于1.5米。

③微笑:微笑的效果和礼貌在此就不必再次阐述了。

(4)询问:侦察目标消费者购买目的

①询问是否选购促销产品类商品:通过消费者目光和购物篮(车)内有无同类产品判断,适度发问。

②询问购买目的:送礼(朋友、家人、子女、老人);自用;特殊用途(福利、宴会等),可以结合产品询问其购买目的,最好以二选一形式出现,便于消费者回答,并不涉及其隐私。

③询问最终使用者是谁:询问最终使用者是谁(自己、家人、孩子、老人、上级、朋友等)以便针对消费者购买心理进行讲述和推荐。

④感知消费者购买注重要点:根据第一感觉和语言技巧,探知消费者选购注重的要点(品牌、包装、生产日期、价格等)。

(5)互动:向消费者描述展示产品

①利用类比,阐述产品:阐述产品特点;突出与以前产品的区别或与同类产品的优点,但

切记不能诋毁同类产品。如"您用过去屑的洗发水吧，我们现在的产品与以前单纯去屑的洗发水不同，是以调理为主，滋养头皮表皮组织，控制油脂均衡分泌，使之不产生头皮屑，从而达到去屑、止屑的效果。"

②生动展示，量出砝码：将产品最为生动的一面展示给消费者。如国家免检标志、中国名牌标志、国家品牌计划等相关权威认证画面和文字。

③阶段询问，诱导互动：避免"王婆卖瓜"式的滔滔不绝讲述。适时用3～5句话与消费者产生问答互动，关键信息给予"是、否"式问答。

④引导消费者关注的问题由消费者自己解答。同上，对于消费者关注的问题，以问答式或"是、否"式问题，由消费者自己得出结论。

(6)诱导：抛出活动政策优惠利益

①活动优惠政策：注重突出此次活动的优惠政策，并强调活动优惠期限或数量，强化购买欲望。

②比照促销前产品自然条件：比照同类产品自然条件(规格、价格等)或自己产品前期情况，对促销优惠政策予以强化。

(7)算账：给出实惠比照

①合算成本，突出节省或多得部分：突出促销优惠政策带来的节省费用成本数字或赠品、捆绑品、试用品等的价格，造成最大化的节省数字。

②按计量平均消费者使用成本：对于关注价格为主的消费者，按使用期限等计量单位核算计量单位成本，最小化价格因素影响。

(8)契机：抓住成交机会

①倾听消费者的选购暗语：注意消费者的面部表情变化和眼神变化，通过消费者神态和动作、语言发觉消费者关注要点和决定购买的契机。

②区分消费者类型：区分实惠型、自以为是型、犹豫型、自主型等众多类型消费者，并通过相应策略进行互动。

③适时抛出购买请求：选择出现的消费者购买征兆，抛出请求其购买要求，促成消费者购买行为的发生。

(9)施压：促成选购行为发生

①利用语言技巧，化解消费者疑虑：利用"数量选择式"问题进行劝导，促成消费者选购决定，并避免"是否式"问题造成消费者放弃。如"您看您既然这么了解××产品，那您看是买一件还是两件呢？"

②适度施加购买量的压力：对于"犹豫型"和"浏览型"消费者不能放弃，适度增加其购买压力。例如："您看您看了这么长时间，一看就是个行家，您看这么好的产品您是不是都觉得必须买一件了，也算帮我一个忙啊！"

(10)提示：阐述使用方法和注意事项

①阐述使用方法：在消费者决定购买的同时，帮助消费者拿取产品，并递予消费者(手里、购物筐、购物车等，大件产品应帮助顾客运送)并及时说明使用方法。

②说明注意事项：同上并重点阐述。

(11)推荐：帮助找寻购买目标和提供建议

①询问其他购买目标：决定购买并将产品交予消费者后应主动询问是否可以为其提供其他帮助和服务，以便拉近与消费者的客情关系。

②投其所好提供参考意见和内部消息：针对消费者身份和特征(家庭角色、年龄等)提供相关促销信息，加强消费者的好感度确保实际购买。

(12)延续：制造再次购买机会

①感谢选购：陪同消费者一段距离，并表示感谢选购产品，希望使用后多提使用意见和建议，同时对促销员的工作有什么建议和意见，拉近关系。

②制造下次购买机会：感谢后提出如果使用好或感觉不错，欢迎下次再选购本产品。

③制造扩展购买机会：希望使用后感觉不错可为其宣传一下，推荐给亲戚朋友等。

知识二 岗位要求

1.基本素质要求

(1)基本素质

①身体素质。促销人员要求相貌端正、身材匀称、身体健康，能讲流利普通话，具有一定气质，18～35岁的女性。

②爱岗敬业。顾客更容易信赖爱岗敬业的员工，同时这一素质对公司的队伍建设也至关重要。

③吃苦耐劳、诚实稳重。促销是一项极其辛苦、枯燥的工作，吃苦耐劳、诚实稳重的精神是必不可少的。

④较强的沟通、说服能力。促销是一项说服性的沟通工作，善于沟通和说服者更容易成功，因为所有沟通的要旨在于倾听，说服的关键在于听懂听透。

⑤协调关系、解决问题的能力。导购工作是与人打交道的技巧性工作，因此，协调、配合、解决的能力就显得非常重要。

⑥为顾客着想，具有较强的服务意识。把顾客的问题当作自己的问题来考虑和处理，是建立良好顾客关系的重要前提。

⑦自我管理、自我提高。加强业务学习，完善自我，在不断提高自身专业素质的同时能有效提升销售效果。

(2)强烈的推销意识

对促销员而言，推销意识就是要有"我一定要把产品卖给顾客"的观念。强烈的销售意识是导购员对工作、企业、顾客和事业的热情、责任心、勤奋精神和忠诚度的结果，能使促销员发现或创造出更多的销售机会。

(3)熟练的推销技巧

促销员要掌握产品知识、顾客心理、推销技巧及相关知识，更需要创新能力。

创新是销售工作的生命线。敢说敢干是一个优秀促销员的必要条件，会说巧干才是一个优秀促销员的充分条件。促销员如何发现产品新的卖点？介绍产品有没有更好的方法？如何把自己的产品与对手的产品组合来卖？如何把产品的缺点变成不是缺点的缺点来说？又如何使产品的优点被不认同的消费者接受？如果产品滞销，是商品本身的原因还是销售方法原因？只要多动脑筋，促销员肯定与众不同。

2.岗位理念要求

(1)向顾客推销自己

在销售活动中，人和产品同等重要。促销员要赢得顾客的信任和好感，需要做到以下几点：

①微笑。微笑能传达真诚，迷人的微笑是长期苦练出来的。

②赞美顾客。一句赞美的话可能留住一位顾客，可能会促成销售，也可能改变顾客的坏心情。

③注意礼仪。礼仪是对顾客的尊重。

④注意形象。促销员以专业的形象出现在顾客面前，不但可以改进工作气氛，更可以获得顾客的信赖。所谓专业形象是指促销员的服饰、举止姿态、精神状态、个人卫生等外观表现，好的专业形象能给顾客带来良好的感觉。

⑤倾听。缺乏经验的促销员常犯的毛病就是，接触顾客后就滔滔不绝地做商品介绍，直到顾客厌倦。认真倾听顾客意见，是促销员同顾客建立信任关系的最重要方法之一。顾客更愿信任那些能够认真听取自己意见并给出专业建议的促销员。

(2)向顾客推销利益

促销员常犯的错误是特征推销，他们向顾客介绍产品的材料、质量、特性等，而恰恰没有告诉顾客这些特征能带来什么利益和好处。促销员一定要记住：我们卖的不是产品，而是产品带给顾客的利益——产品能够满足顾客什么样的需要，为顾客带来什么好处。促销员可分为3个层次：低级的促销员讲产品特点，中级的促销员讲产品优点，高级的促销员讲产品利益点。那么，促销员如何向顾客推销利益？

①利益分类。产品利益，即产品带给顾客的利益；企业利益，由企业的技术、实力、信誉、服务等带给顾客的利益；差别利益，即竞争对手所不能提供的利益，也就是产品的独特卖点。

②强调推销要点。一个产品所包含的利益是多方面的，促销员在介绍利益时不能面面俱到，而应抓住顾客最感兴趣、最关心之处重点介绍。推销的一个基本原则是："与其对一个产品的全部特点进行冗长的讨论，不如把介绍的目标集中到顾客最关心的问题上"。

推销要点，就是把产品的用法，以及在设计、品质、价格中最能激发顾客购买欲望的部分，用简短的话直截了当地表达出来。

(3)向顾客推销产品

促销员向顾客推销产品有3大关键：一是如何介绍产品；二是如何有效化解顾客异议；三是诱导顾客成交。

①产品介绍在终端服务之中，主要通过语言介绍：

讲故事。通过故事来介绍商品，是说服顾客的最好方法之一，一个精彩的故事能给顾客留下深刻的印象。故事可以是产品研发的细节、生产过程对产品质量关注的一件事，也可以是产品带给顾客的满意度。

引用例证。用事实证实一个道理比用道理去论述一件事情更能吸引人，生动的例证更易说服顾客。可引为证据的有荣誉证书、质量认证证书、数据统计资料、专家评论、广告宣传情况、报刊报道等。

形象描绘产品利益。要把产品带给顾客的利益，通过有声有色的描述，使顾客在脑海中想象自己享受产品的情景。

②消除顾客的异议。异议并不表明顾客不会购买，促销员如果能正确处理顾客异议，消除顾客疑虑，就会促其下定购买决心。

事前认真准备。企业要对促销员所遇到的顾客异议进行收集整理，制定统一的应对答案;导购员要熟练掌握,在遇到顾客拒绝时可以按标准答案回答。

"对、但是"处理法。如果顾客的意见是错误的,促销员要首先承认顾客的意见是有道理的,在给顾客留面子后,再提出与顾客不同的意见。这种方法是间接地否定顾客的意见,有利于保持良好的推销气氛,促销员的意见也容易为顾客接受。

同意和补偿处理法。如果顾客意见是正确的,促销员首先要承认顾客意见,肯定产品的缺点,然后利用产品的优点来补偿和抵消这些缺点。

利用处理法。将顾客的异议变成顾客购买的理由。

询问处理法。用对顾客的异议进行反问或质问的方法答复顾客异议。如顾客说:"你的东西很好,不过我现在不想买",促销员可以追问:"既然东西很好,为什么您现在不买呢?"这样找出了顾客不买的真正原因,有助于说服顾客。

在处理顾客异议时,促销员一定要记住"顾客永远是对的"。促销员是要把产品卖给顾客,而不是与顾客进行辩论,与顾客争论之时,就是推销失败的开始。

(4)诱导顾客成交

①成交三原则。促销员要能达成更多的交易,就要遵守以下3个原则:

主动。促销员发现顾客有购买欲望后,就要主动向顾客提出成交要求,许多销售机会是因为促销员没有要求顾客成交而失去的。

自信。促销员在向顾客提出成交要求时一定要充满自信,因为自信具有感染力。

坚持。成交要求遭到顾客拒绝后不要放弃,要有技巧地再次引导顾客成交。

②识别顾客的购买信号。顾客购买信号是指通过动作、语言、表情传达出来的,一是当推销员介绍了产品的一个重大利益时;二是圆满回答了顾客的一个异议时;三是顾客出现购买信号时。顾客的购买信号可分为三类:

语言信号。如热心询问商品的销售情形,提出价格及购买条件的问题、询问售后服务等购买条件的问题、询问售后服务等购买后的问题,与同伴商量。

行为信号。如仔细了解(观察)公司产品,拿起产品认真观看。

表情信号。如高兴的神态及对公司产品表示好感,盯着产品思考等。

③成交方法。在成交的最后时刻,顾客常常下不了决心,促销员就必须巧妙地给顾客以恰当的建议,帮助顾客早下决心。

(5)向顾客推销服务

产品卖给顾客并不是推销活动的结束,而是下一次推销活动的开始。产品卖给顾客之后,促销员还要做好为顾客服务的工作,以培养顾客的忠诚度。

处理顾客投诉是促销员向顾客推销服务的重要内容,妥善处理顾客的不满,会比以前更加被顾客所信赖。促销员处理顾客抱怨要做到3点:

①倾听。促销员要用80%的时间听,用20%的时间说,待顾客冷静下来后再进行处理。急于辩解是火上浇油的做法。

②及时。在确认真相后立即处理。

③感谢。感谢顾客使用公司的产品,并对顾客造成的不便表示歉意。

3.岗位知识要求

(1)了解公司的情况

公司的形象、规模、实力、行业地位、声誉等都会使顾客产生联想,从而影响到顾客对产品的信任。促销员了解公司情况,既可以使说服顾客的工作更容易,也可以对公司有一种荣誉感、自豪感,从而增强销售信心。促销员要了解的公司情况包括:公司的历史(发展历程)、现状(规模、实力)、未来(发展规划、前景)、形象(经营理念、行业地位、荣誉、权威机构的评价)和公司领导(经历、荣誉)等。

(2)了解产品

产品知识就是推销力,产品技术含量越高,产品知识在销售中的重要性越大。促销员要成为产品专家,因为顾客喜欢从专家那里买东西。

促销员掌握产品知识的途径有:听——听专业人员介绍产品知识;看——亲自观察产品;用——亲自使用产品;问——对疑问要找到答案;感受——仔细体会产品的优缺点;讲——自己明白和让别人明白是两个概念。

更进一步,促销员要在了解产品基础上做到以下几点:

①找出产品的卖点及独特卖点。卖点即顾客买你产品的理由;独特卖点是顾客为什么要买你的产品而不买竞品的原因。如果促销员面对顾客不能说出 3 个以上顾客买你产品的理由,那么就无法打动顾客。

②找出产品的优势与劣势,并制定相应对策。促销员要找出产品的优势,把它作为子弹打出去。找出劣势,则应考虑如何将劣势化为优势或给顾客一个合理的解释。

③信赖产品。在了解产品知识的基础上,促销员要更进一步地欣赏自己产品的优点,相信自己的产品是一个好产品,是一个能够为顾客带来好处的产品,一个值得顾客购买的产品。这种信赖会给促销员信心,从而使说服顾客的能力更强。可以说,初级的促销员知道产品的基本知识;中级的促销员能进一步地了解产品的卖点及优缺点,并制定应对之策,高级的促销员则在了解产品的基础上信赖产品。

(3)了解竞争品牌情况

顾客常常会把导购员所推销的产品与竞争品牌的产品进行对比,并提出一些问题。

①品种。竞争对手的主打产品是什么?为招揽顾客而展示促销的产品怎么样?主要卖点是什么?质量、性能、特色是什么?

②陈列展示。竞争对手柜台展示的商品和展示特色?POP 广告表现怎么样?

③促销方式。包括促销内容和促销宣传。

④促销员的销售技巧。竞品促销员的服装、外表好不好?接待顾客的举止正确与否?产品介绍是否有说服力?

⑤顾客。竞品的顾客数量有多少?顾客层次怎么样?

促销员要从不同的角度把公司产品将负责的柜台与竞争对手进行比较,力求比他们做得更好。谁能做得更好,谁才能更吸引顾客、赢得顾客。

(4)终端知识

促销员一个重要的工作内容就是要做好终端生动化,通过产品陈列、POP 广告等创造出终端氛围,吸引顾客购买。因此,掌握产品陈列与生动化的基本知识是必须的。

①产品陈列。产品陈列是促成终端销售的最后机会之一,调查表明:顾客的购买决定87%取决于该商品的显眼度。

②POP 广告。POP 能有效刺激顾客的购买欲望。调查表明:货架上有品牌标记可提升18%的销量;货架上有特价或折扣标记可提升 23%的销量。POP 的形式多种多样,需要注意其不同的作用。

任务二　技能操作实务

【任务导入】

中秋节当天上午,徐州市区一家超市里陈列着各式月饼,其中有些月饼被切成一块一块地放在几只塑料小碗中,供顾客品尝。一位满脸皱纹、衣服脏污的老年人突然拿起一只塑料小碗,将其中的月饼一块不剩地吃掉。超市女促销员见状,上前喝道:"你一个乞丐竟然在超市里偷吃月饼? 让我逮着了吧!"老大爷带着哭腔说:"你这不是给顾客免费品尝的吗,别人能吃我也能吃,我没有偷吃。"

"月饼是给大家试吃的,你不能把一碗全部吃光了。既然你吃了一碗的月饼,罚款 400元。"女促销员不依不饶。一开始,围观的顾客只是静观事态的发展,后来看到女促销员说话越来越瞧不起人,他们也激愤起来,你一言我一语为老大爷打抱不平:"小碗中的月饼本来就是给顾客免费试吃的,这位老大爷也只不过多吃了点。你们也没有注明试吃的量,怎么能说他'偷吃'甚至要罚款?"于是,有围观群众拨打电话,请求附近的司法调解员来现场帮忙解围。

(来源:2017 年 10 月 10 日 新华日报)

请思考:

如果你是超市主管的话,你会怎样处理上述事件,并对促销员进行教育改正?

【任务分析】

促销员应当尊重每一位顾客。案例中的老大爷享有和众人平等的权利,促销员不应当有歧视。促销员是面对面地直接与顾客沟通的一线人员,自己的一举一动、一言一行在顾客的眼中始终代表着超市的服务风格与精神面貌。超市主管应当表示,促销员的言行存在一定过错,要代表超市向老大爷作出真诚道歉。在事后,超市要加强对促销员的教育管理工作,全面提升促销员的精神素养和职业技能。

【技能培养】

技能一　了解促销工作

1. 了解促销产品

只有充分了解产品知识,促销人员才能更好地进行产品说明和介绍,对顾客提出的问题才能够给出圆满的答复,才能成为顾客的顾问,赢得顾客对产品的信任,进而增加成功销售的机会。那么,促销人员需要了解哪些方面的产品知识呢?

促销人员应了解的产品知识主要包括产品的基本知识和外延知识,如表 8-1 所示。

表 8-1　促销员应了解的产品知识

项目	具 体 内 容
产品基本知识	产品的名称、品牌的含义、商标、产地、历史等
	产品的原材料、成分、工艺、质量、用途等
	产品的价格、促销产品的情况等
	产品的售后服务内容、期限、标准及如何安排等
	产品的使用方法、储存保养方式及注意事项等
	有关产品技术的专业用语，并知道如何以通俗的语言讲给顾客，并让顾客明白
产品外延知识	在产品推荐时能够发挥产品的独特优势，并将缺点转化成优点或者给顾客一个合理的解释
	产品的卖点，即顾客购买产品的理由。独特的卖点是顾客购买促销人员产品而非竞争对手产品的原因
	产品的美誉度、获得的各项荣誉、流行趋势、发展态势等

2.了解销售制度

售点制度就是售点的工作规范和行为准则，如表 8-2 所示。

表 8-2　售点制度

售点制度	具 体 内 容
管理制度	上下班时间、着装规范、工作纪律、管理结构等
陈列制度	产品陈列规定、主要的陈列的方式、陈列要求等
宣传制度	售点内外可以进行直接宣传的方式、可供活动进行的范围等
经营规范	售点的历史、经营情况、经营策略、管理水平、管理模式等

（1）处理好与售点人员的关系

促销人员作为厂家派驻商家的"销售、服务代表"，其合同关系在厂家，工作场所却在售点，这种独特的身份特征决定了促销员必须处理好与售点中各类员工之间的关系，为顺利开展促销活动、销售产品赢得环境支持。

（2）处理好与售点管理人员的关系

处理好与售点管理人员之间的关系，有利于协商整个促销活动的展开。促销人员应该与售点营业员一样严格遵守售点的各项规章制度，严格要求自己。促销人员既要服从售点管理人员的管理，又要协调自己促销活动顺利的开展。当售点的利益与企业利益发生矛盾时，促销人员要尽量化解矛盾；遇到自己无法处理的问题时，及时汇报企业相关人员，以便及时解决。

（3）处理好与售点其他营业人员的关系

售点的营业人员包括售点营业员、竞争对手促销人员及售点的各个职能部门的员工。处理好与他们的关系可以顺利开展销售，有利于销售业绩的提高。

3.了解竞争产品

在工作过程中，促销员应把握住时间和机会，注意同行业竞争对手（类似品、替代品）的举动。如销售额、销售方式、市场活动、价格变动、新品上市、人员变动等情况，并将这些情况及时地向店长汇报。

4. 了解顾客心理

由于消费者个性化、差别化的消费需求,促销员要站在顾客的立场上去体会顾客的需求和想法。只有充分地了解不同顾客的购买特性与心理,才能更好地提供令顾客十分满意的建议,促进顾客购买所促销的商品。

每家门店必须确认一家主要竞争对手,日常的价格市调主要以确认的该竞争对手为主。对于商圈内其他的竞争对手的大型促销活动可以采取相应的应对措施。市调对象的确立原则:经营面积、项目相近,离门店直线距离最近,商圈重合较多的为主要竞争对手。

技能二　各类商品市调

门店根据不同的竞争对手及竞争区域的竞争激烈程度,可选择部分市调内容进行或全部内容进行。在新店开业前,门店会根据商圈调研报告确定门店的竞争对象及选择的市调内容。对于成熟门店的商圈发生变化,有竞争对手入驻的,门店应及时调整门店的市调策略。

1. 民生商品市调

鸡蛋、大米(含散装与袋装)、油、绵白糖分类的最低价商品。

市调频率:每天(上午 9:30 前)。

调价频率:每天(上午 13:30 前)。

调价幅度:平价。

调价周期:1 天。

市调流程:

①门店每天 9:30 之前将民生商品市调信息发至物价管理部。

②物价管理部在每天上午 12:30 之前对民生商品的价格进行跟价处理。

③门店财务部在每天 13:30 之前加载信息。

④门店综合业务部根据变价信息进行标价签列印及吊旗等相关价格信息的更换工作,并将价格变动信息告知相关营运部门主管。

⑤门店营运部门根据调价信息进行排面、价格及现场的相关维护工作。

2. 畅销商品市调

市调频率:每周(周一上午 12:00 前)。

调价频率:每周(周三上午营业前)。

调价幅度:平价。

调价周期:1 周。

市调流程:

①门店每周一上午 12:00 前将市调信息发至物价管理部。

②物价管理部在每周二下午 17:00 前将调价反馈发至各门店,并在每周三开始生成电脑价格。

③门店综合业务部在周四上午 8:00 之前将所有调价信息与当天的变价信息和清单一并交营运部门,同时核对是否所有商品均进行调价处理,对于未进行调价处理的整理清单发物价管理部协调尽快变价。

④营运部门根据变价信息及时进行标价签更换及店堂相关陈列的调整工作。

3. 门店海报商品市调

市调频率：每档期。

调价频率：每档期。

调价幅度：平价。

调价周期：一档。

市调流程：

①门店在每次开档的前两天将海报针对竞争对手进行市调，并在当天将价格信息发至物价管理部。

②物价管理部在第二天将市调信息处理之后与开档信息一并将价格执行。

③门店综合业务部核对开档特价信息同时核对市调价格是否生成。

④如未生成将信息反馈至市调物价管理部协调尽快变价。

⑤门店综合业务部根据变价信息进行标价签列印及吊旗等相关价格信息的更换工作，并将价格变动信息告知相关营运部门主管。

⑥门店营运部门根据调价信息进行排面、价格及现场的相关维护工作。

4. 竞争对手海报商品市调

市调频率：竞争对手的海报档期时间前后各1次。

调价频率：竞争对手的海报档期时间前后各1次。

调价幅度：平价。

调价周期：竞争对手的海报档期时间。

市调流程：

①门店在竞争对手海报开档的前后两天将海报市调信息发至物价管理部。

②物价管理部在开档前一天将跟价清单发至市调小组邮箱，并将价格与对手门店同步执行。

③门店在对手门店开档当天根据清单核对所有价格是否生成，未生成反馈至调研小组统一与物价管理部联系。

④门店综合业务部根据变价信息进行标价签列印及吊旗等相关价格信息的更换工作，并将价格变动信息告知相关营运部门主管。

⑤门店营运部门根据调价信息进行排面、价格及现场的相关维护工作。

5. 门店特陈商品市调

市调频率：每档期。

调价频率：每档期。

调价幅度：平价。

调价周期：一档。

市调流程：

①门店在每次开档的前两天将特陈计划商品针对竞争对手进行市调，并在当天将价格信息发至物价管理部。

②物价管理部在第二天将市调信息处理之后与开档信息一并将价格执行。

③门店综合业务部核对开档特价信息的同时，核对市调价格是否生成。

④如未生成将信息反馈至市调物价管理部协调尽快变价。

⑤门店综合业务部根据变价信息进行标价签列印及吊旗等相关价格信息的更换工作，并将价格变动信息告知相关营运部门主管。

⑥门店营运部门根据调价信息进行排面、价格及现场的相关维护工作。

6. 竞争对手特陈商品市调

市调频率：竞争对手档期（开档当天上午 12：00 前）。

调价频率：竞争对手档期。

调价幅度：平价。

调价周期：竞争对手的档期时间。

市调流程：

①门店在竞争对手开档当天上午 12：00 前将竞争对手特陈市调信息反馈至物价管理部。

②物价管理部在当天下午 17：00 前将跟价清单发至门店，并于第二天将价格执行。

③门店在第二天根据清单核对所有价格是否生成，未生成反馈至物价管理部统一协调处理。

④门店综合业务部根据变价信息进行标价签列印及吊旗等相关价格信息的更换工作，并将价格变动信息告知相关营运部门主管。

⑤门店营运部门根据调价信息进行排面、价格及现场的相关维护工作。

7. 全品项市调

定义：与竞争对手共有品项。

市调频率：每月 1 次。

调价频率：每月 1 次。

调价幅度：平价。

调价周期：每月。

市调流程：

①门店在每月的 25 日前将竞争对手全品项市调的信息发公司物价管理部。物价管理部在每月的 30 号前将价格调整清单发至门店邮箱。

②门店根据清单核对价格生成情况，如未生成反馈至物价管理部协调尽快变价。

③门店综合业务部根据变价信息进行标价签列印及吊旗等相关价格信息的更换工作，并将价格变动信息告知相关营运部门主管。

④门店营运部门根据调价信息进行排面、价格及现场的相关维护工作。

技能三　布置活动现场

1. 陈列商品

连锁超市的促销人员在陈列商品时，要注意以下相关知识：

（1）商品陈列基本规范

层板摆放一条线	端架高度一条线
地堆四角一条线	纸箱开口一条线
前置陈列一条线	上下垂直一条线
排列方向一条线	标志标牌一条线

（2）陈列方法

①整齐陈列法。主要针对玻璃、罐装的货品，要求排列整齐，有气势，开口时要求最少两层，罐装略开多一层。

②裸露式陈列法。主要针对色彩鲜明的盒装货品，用堆叠的方法（去掉纸箱）一层层叠起，达到立体感好、量足的效果。

③敞开式的陈列方法。要求用促销车或其他工具把商品堆放好，以刺激顾客进行导向购物。

④增加量感的陈列法。为了一些商品滞销进行推销和清理进行特价处理，因为数量不够多，没有气势，通常会用空箱或其他工具垫底，堆高后把处理货品堆放在上面起到量多的推销效果。

⑤组合陈列法。由于某些品种畅销而数量又少，我们便会把连带性的商品同其他商品一起拼大堆头做到互带性促销，但切记不可用太多货品品种和形状不同的商品组合。

⑥艺术型陈列。根据商品的形状，摆成圆形、梯形或其他美感形状的图案，以融合购物环境，饱和门店购物气氛，起到良好效果。

（3）其他陈列注意事项

堆头、端架为促销商品、专卖商品、特价品的陈列位置。

在超市中所谓好的陈列位置是指"上段"，即与顾客视线高度相平的地方，其高度一般为150～160厘米，其次是"中段"即与腰的高度齐平的地方，高度一般为80～90厘米。

上段陈列一些推荐商品，或有意培养的商品，该商品到一定时间可移到下一层即黄金陈列线。黄金陈列线是处于上段和中段间的段位，主要陈列高利润商品、自有品牌、独家代理或经销的品牌。中段用来陈列一些低利润商品或为了保证齐全性的商品，以及因顾客需要而不得不卖的商品。下段通常陈列一些体积较大、重量较重、易碎、毛利较低，但周转相对较快的商品，也可陈列一些消费者认定品牌的商品或消费弹性低的商品。商品陈列检查事项，如表8-3所示。

表8-3　商品陈列检查事项

项目	检查结果
商品陈列是否随季节、节庆等变化而随时变化	——
陈列商品是否整齐有条理	——
商品的价格牌是否清楚、完整	——
陈列的商品是否便于顾客选购拿取	——
注意商品是否有灰尘	——
是否能明显突出门店所经营推销的主要商品	——
促销商品能否吸引顾客的兴趣	——
商品陈列的位置是否在店员视线所及的范围之内	——
货架上的商品出售以后，补货是否方便	——
是否有效地利用墙壁和柱子来陈列商品	——
商品的广告海报是否破旧需更换	——
各部门陈列的商品，其指示标志是否明显	——
陈列设备是否安全可靠	——
破旧的陈列设备是否仍然在使用	——

2.摆放促销品

促销品是促销活动中的重要角色,促销员对促销品的摆放,不仅需要注意整洁美观,还要突出促销活动,以求增加产品的销量。

（1）促销品多

大量的促销品可以烘托促销现场的气氛,但是促销品往往是有限的,因此在摆放促销品时需要运用适当的技巧,让促销品显得更多。

（2）促销品生动

为了让促销品生动起来,促销人员可以现场演示促销品的功能,切实地让顾客感受到促销品的实用价值,从而促进产品的销售。

（3）展示促销品价值

对于能够与促销产品一起使用的产品,摆放时可以与促销产品摆放在一起,提升促销品的价值。

3.正确放置 POP 广告

POP 广告是 Point of Purchase 英文的缩写,是指在购买场地所有能促进销售的广告,或是顾客购买时点的广告,也可解释为店内广告。POP 可以说是超市的引导,它是无声的销售员,它可以代替促销员将商品的特性及说明,传达给顾客,以促进销售。因此,凡在店内所有能帮助促销的广告或其他可以提供商品相关情报给顾客,如指示、引导等标示,都可以称为POP 广告。

（1）POP 广告的功能

①吸引过路人进入超市。

②告知消费者超市内的特价商品、商品特性、商品的位置、商品的价格。

③刺激消费者购买欲,促进商品的销售。

④使店面活泼、门店活性化。

⑤代替贩卖人员销售。

（2）摆放 POP 的要求

POP 广告的摆放,首先要吸引顾客的目光,能够让顾客驻足观看,进而吸引顾客对商品产生兴趣。

①POP 的悬挂高度（140~180 厘米）。

②按商品陈列的大小决定 POP 的尺寸。

③商品使用方法的说明介绍正确。

④POP 和商品的结合码放整齐（同侧同高度）。

⑤有没有脏乱过期的 POP。

⑥品名、规格、价格,期限是否正确。

⑦商品说明文以 10~30 字为最佳。

⑧顾客是否能看清或看懂字体,是否有错别字、繁体字,禁用过于艺术化的字体。

⑨POP 过多,导致通道视线不明显,或挡住安全设备。

⑩POP 是否因受潮而引起卷边或破损。

（3）门店促销活动常用 POP 规格

①三脚立牌 POP（600 毫米×800 毫米单面—放置门口三脚架上）。

②夹卡 POP(230 毫米×240 毫米双面—使用夹子放置于单挂通上)。

③层板促销 POP 大规格(660 毫米×240 毫米单面—放置服装板墙层板上)。

④层板促销 POP 小规格(330 毫米×240 毫米单面—放置服装板墙层板上)。

⑤吊牌 POP(1200 毫米×450 毫米双面—悬挂在入店门口位置)。

⑥吊旗(800 毫米×450 毫米双面—悬挂在门店天花板上)。

(4)POP 的悬挂(张贴)

门店所有价格类 POP 必须按规定的区域悬挂,高度(底边)离地面统一为 200 厘米(即 POP 悬挂的高度以人的视线为准);"L"架及悬挂性的 POP 必须双面书写,严禁使用双面 胶、透明胶、胶水等粘贴类物品;地堆、货架、店内墙面、店外墙面、橱窗、通道、收银处等非 POP 陈列道具处严禁粘贴、悬挂 POP。

生鲜区商品已有标价牌的一般不使用 POP。生鲜区作为相对特殊的区域,且本身面积 小,应避免使用大的 POP,以小型道具或 POP 为主,并须保持 POP 的整洁和统一;家电门店 作为相对特殊和品牌集中的门店,POP 的格式和用色应区别于一般门店所用的 POP,必须 规范,并且在悬挂和安装上应该更加规范;POP 悬挂须保持页面朝向的统一,所有悬挂的 POP 必须为双面;同在一条通道的 POP 必须摆放整齐。

技能四　引起顾客兴趣

1.通过促销吸引顾客

促销种类与方法包括降价优惠、随货赠品、折价券、集点券、组合购买优惠、会员优惠、抽 奖及陈列展示等,具体方式有如下系列:

①折价促销。即利用商品的降价销售来吸引消费者的购买。

②限时抢购。在特定时段内提供优惠商品,刺激消费者购买。

③有奖促销。购物满一定金额,即可获得奖券,进行立即兑奖或指定时间参加公开 抽奖。

④免费试用。现场提供免费样品供消费者使用,或赠送免费品,免费赠送活动。例如, ××月××日当天最早光顾门店的前 100 名顾客,只要购满 100 元商品,即免费赠送可口可 乐一瓶。

⑤面对面销售推荐。营业员直接与顾客面对面进行销售商品的活动。

⑥赠品促销。消费者免费或付某些较小的代价即可获得特定物品。

⑦折扣券促销。顾客凭借门店发行的优惠券购物,可享受一定的折让金额。如折扣券 活动,××月××日至××月××日期间,凭折扣券购买可口可乐 1 箱,优惠 5 元。

⑧竞赛促销。门店提供奖品,鼓励顾客参加特定的竞赛活动以吸引购买人群,如卡拉 OK 大赛等。

2.举办活动吸引顾客

(1)主题事件促销

配合社会或商圈内的特定活动而实施一些相关活动。如时尚三日游,周一至周三,时尚 类商品超低价供应等。

(2)新店开业促销

新店开业促销是所有促销活动中最重要的,因为它只有一次,而且它是与潜在顾客的第一次接触,顾客对商店的商品、价格和服务等印象,将会影响其日后是否会再度光临;一个成功的新店开业促销,开业当日的销售业绩可以达到平时的5倍左右。

（3）周年店庆促销

周年店庆促销的重要性仅次于新店开业促销;由于周年店庆促销每年只有1次,通常供应商会给予较大的支持;成功的周年店庆促销可以达到平时销售业绩的2～3倍。

（4）大型节假日促销

大型节假日促销是指为了配合五一劳动节、十一国庆节、元旦、端午节、中秋节、春节、民俗节庆及地方习俗等而举办的促销活动。这类促销的规模一般根据节日的重要性来确定,大型节日期间可以达到平时销售业绩的2～3倍。如庆祝元旦,12月28日至1月3日,部分商品低价供应。

（5）例行性促销

一般来说,商店每个月都要举办2～3次例行性促销,以吸引新顾客光临,并提高既有顾客购买商品的数量和金额;通常情况下,例行性促销会使销售业绩比非促销时期提高2～3成左右。

（6）竞争性促销

竞争性促销通常发生在商圈内竞争门店密集的地区;商圈内同业态店有时距离太近,彼此客流严重重叠,因此在竞争店举行促销活动时,通常推出竞争性的促销活动,以免销售额衰落。如举办个性化活动吸引顾客进店。

（7）随货赠品促销活动

随货赠品是指消费者买A商品送B商品,可以说是降价的变相促销手法,主要是避免因直接降价所产生的负面作用。（组合购买优惠以A商品与B商品搭配售出,由于是商品组合性贩卖,不论是商品组合或是赠品,都要以具有吸引力的组合才能引起消费者的兴趣。）

3. 良好商店形象吸引顾客

商店的形象,主要包括商店的招牌、商店的门面形象、商店的品牌形象等方面,这些主要在事前的商店装修设计上下功夫,商店现场更多的是在维护更新方面,具体根据顾客的体验又可以进行以下细分:

（1）顾客看到的——光线

销售场所的光线可以引导顾客进入门店,使购物场所形成明亮愉快的气氛,可以使商品显的鲜明夺目、五光十色,引起顾客的购买欲望。

（2）顾客看到的——色彩

色彩对于门店环境布局和形象塑造影响很大,为使营业场所色调达到优美、和谐的视觉效果。必须对门店各个部位如地面、天花板、墙壁、柱面、货架、柜台、楼梯、窗户、门等以及售货员的服装设计出相应的色调。

①运用色彩要与商品本身色彩相配合。目前,市场销售的商品包装也注意色彩的运用,这就要求门店内货架、柜台、陈列用具为商品销售提供色彩上的配合与支持,起到衬托商品、吸引顾客的作用。如销售化妆品、时装、玩具等商品应用淡雅、浅色调的陈列用具,以免喧宾夺主,掩盖商品的美丽色彩。

②运用色彩要与楼层、部位结合,创造出不同的气氛。如门店一层营业厅,入口处顾客流量多,应以暖色装饰,形成热烈的迎宾气氛。也可以来用冷色调装饰,缓解顾客紧张、忙乱的心理。地下营业厅沉闷、阴暗易使人产生压抑的心理感觉,用浅色调装饰地面、天花板可

以给人带来赏心悦目的清新感受。

③色彩运用要在统一中求变化。门店为确定统一的视觉形象,应定出标准色,用于统一的视觉识别,显示企业特性。但是在运用中,在门店的不同楼层、不同位置,又要求有所变化,形成不同的风格,使顾客依靠色调的变化来识别楼层和商品部位,唤起新鲜感,减少视觉与心理的疲劳。

(3)顾客听到的——音响

音响是创造门店气氛的一项有效途径,它也影响着消费者的情绪和营业员的工作态度。音响运用适当可以达到以下效果:

第一,吸引顾客对商品的注意,如电视、音响、磁带的播放。

第二,指导顾客选购商品,门店向顾客播放商品展销、优惠信息,可引导顾客选购。

第三,营造特殊氛围,促进商品销售。随着时间的不同,门店定时播放不同的背景音乐,不仅给顾客以轻松、愉快的感受,还会提高顾客的购物兴趣。如刚开始营业的早晨播放欢快的迎宾乐曲,临打烊时,播放轻缓的送别曲;在气候变化时,播送音乐提示,为顾客提供服务。

门店内有各种声音,并不都会对营业环境产生积极影响,如柜台前的嘈杂声、机械的声响,都可能使顾客感到厌烦,有些虽然可以采用消音、隔音设备,但也不能保证消除所有干扰声响。因此,可以采用背景音乐缓解噪声。背景音乐要选择旋律轻柔舒缓的,以营造温馨的气氛,不要播放节奏强烈的打击乐、迪斯科等,以免影响顾客情绪,打乱售货员工作节奏。

(4)顾客感受到的——通风调温

门店内顾客流量大,空气易污浊,为了保证空气清新,应注意通风设施建设。门店的空调应遵循舒适性原则,冬季应使温度达到暖和而不燥热,夏季应达到凉爽而不骤冷。否则会对顾客和售货人员产生不利影响。如冬季暖气太足,温度高,顾客从外面进店都穿着厚厚的棉衣、羽绒服等,在门店内待不了几分钟就会感到燥热难耐,急于离店。夏季空调冷气太强,顾客从炎热的街上进入门店,会受到冷风刺激、不适应,抵抗力弱的顾客还会伤风感冒。

(5)顾客在意的——清洁卫生

门店是公共场所,人来人往,如果环境卫生不好,地面布满灰尘、纸屑,就不能留住顾客。购物环境卫生包括营业场所卫生、商品卫生、营业员个人卫生。保持清洁、窗明柜净,商品整洁,为消费者创造一个整洁的购买环境,是文明经商的要求。在营业现场,每天的卫生工作要定人定时,经常打扫,将废旧包装物及时清理收回。陈列用具、展示的商品要每天擦拭,促销员也要着装整洁,讲究个人卫生。

大多数顾客对于气味质量要求也很高,不愉快的气味会给门店带来不好的影响,油漆味儿、卫生间怪异气味直接影响顾客对门店评价。因此门店保持清洁、排除异味,并定时在营业场所内挥洒一些香水,可以吸引顾客停留,增加销售机会。

(6)额外便利服务

①早晨提前开店,晚上延长闭店时间。

②准备停车场,提供免费停车服务,或凭购物收据提供免费停车服务。

③设置快速收银通道。

④会员顾客购物集体优惠活动,团购优惠。

⑤增加门店的功能,以吸引消费者,增加顾客购物的便利。

⑥提供休息区、卫生间、免费饮水等。

技能五　积极促进销售

促销人员接待顾客时,必然要涉及产品说明。运用恰当的技巧说明产品的特性、品质将有助于和客户达成协议。

1. 全面接触顾客

留住顾客,扩大销售是促销员的目标。没有与顾客的全面交流和沟通,是难以做到这一点的。商店的生意是否兴隆,也要看所拥有的固定顾客有多少。

了解顾客是与顾客建立良好关系的第一步,人都是先相识,进而相知,最后才能建立稳固的合作关系,促销员与顾客的关系也是如此。对待不同类型的顾客,需要采用不同的应对方法去建立良好的关系。识别顾客的不同类型,关键要靠促销员的观察能力。

(1)在适当的时机接近顾客

促销员要进行销售,首先要接近顾客,尤其是在顾客表现出犹豫不决或不能做决定时,接近顾客、说服顾客就更为重要了。据分析,促销员把握住接近顾客的机会,销售就有了50%的成功概率,可见接近顾客是非常重要的一个环节。

①恰当的打招呼。有时,操之过急并不是明智的做法。顾客一进门,促销员只需随意地打个招呼就可以了,如果过分热情地迎上去,往往会让顾客讨厌,怕麻烦的顾客干脆就说:"我只是看看而已"。然后离开了。当顾客心里想着"这个东西不错"或"不知道合不合适"时,可以说是不错的接近顾客的时机。

②上前打招呼的时机。熟练的促销员应从顾客的动作和神情中判断出顾客的需求,把握适当的时机来接近顾客。

③打招呼的技巧。要强调的是,打招呼时不能简单的说一句"欢迎光临",而应该为下一步的销售做好铺垫。

(2)接近顾客的最佳时机

有经验的促销员应该懂得,当顾客抬头时,表示已经决定要买该商品,或者就是不想要那件商品了。如果顾客做了否定的决定,促销员要争取了解顾客不中意的原因,这对以后的销售会有帮助。找到适当的时机,促销员就该"出击"了,走到顾客身边,但不宜太近,说:"找到中意的东西没有?"只要顾客开启金口,或点头同意,表明此次出击已基本成功。在顾客没有决定要买哪种商品前,与其贸然地上前应对,不如让顾客自由浏览,促销员只要做好应对准备即可。

(3)确定顾客的需求

所谓"知己知彼,百战百胜",促销员只有确定了顾客的真正需求,才能对症下药给顾客,推荐合适的产品,提供必要的服务,并促成销售。

确定顾客的需求的过程可以套用中医学上的"望、闻、问、切"的步骤。通过近距离的观察,促销员应该能确定顾客的类型,初步判断其消费能力和习惯。促销员要认真地倾听顾客的谈话,不得打断,不能使用否定的词语下定论。要从中了解更多信息,细心地分析其中的销售机会。

有的顾客对所要购买的商品不在行,难以陈述清楚自己的真正需求,有的顾客又不喜欢主动地说话,因此促销员要通过问答来推动销售的有成效地进行。"问"是销售的关键阶段。根据"望、闻、问"所取得的信息,综合分析、判断,确定顾客真正的需求。

（4）推动成交的完成

①成交的信号。顾客在决定或倾向于购买某样商品时，常常有一些表示的信号，比如，促销员在观察到顾客的这些举动之后，可以抓住时机向顾客强调一个适合、方便的优点，然后轻声地确认："这个可以吗？"

②判断顾客最中意的商品。如果顾客在几样商品之间犹疑不决，促销员就要注意哪个是顾客最中意的，并集中在这项商品上做推荐。顾客通常会在无意中对他最中意的商品做出下列动作：

对该商品总是多看两眼；用手一再地触摸该商品；将该商品放在手边；在与其他商品进行比较时，该商品总是会包括在内。

③认真地推荐商品。很多时候顾客都会请促销员帮忙做参考，顾客之所以找促销员商量，是出于对店方的信任，因此促销员应该尽心尽责，不使顾客失望。

促销员要有严肃认真的态度，应树立责任心，不能以随意的态度来敷衍顾客。如果顾客所中意的商品实在不适合他本人的真正需求，不符合他的目的，促销员不妨以专业的眼光为顾客推荐更好的相关商品。促销员应避免为获取利润，极力地推销贵重商品，而不管其是否适合顾客的需要。要推荐真正的好东西，或者一些风格不同、值得顾客一试的东西。以免顾客买回家后，遭受家人或朋友的批评，最终会怪罪到促销员的头上。

④成交。一旦顾客已明确表示了意愿，促销员就应该及时地促进成交。例如，热情地说："我可以帮您包起来吗？"接下来就是收取货款与递交货品的阶段了。

这里还要强调一点，对于没有购物的顾客，尽管他把商品都浏览了一遍，然后一言不发地离去，促销员也不能抱怨或在背后进行评论。顾客今天空手而归，谁能肯定他明天不会来购物呢？

（5）把握顾客心理

①烦躁的顾客。对待这样的顾客，促销员要十分有耐心，温和地与顾客交谈，了解他的需求。

②依赖性的顾客。这类顾客可能有些胆怯，在选购商品时总是拿不定主意。对此，促销员的态度要温和，设身处地多为顾客着想，积极建议，但注意不要给顾客造成任何心理压力。

③挑剔的顾客。这一类顾客对任何商品都持怀疑态度，吹毛求疵，鸡蛋里面挑骨头，很难表示满意，促销员对他们要非常坦率，说话要有见地，简捷明了，抓住机会来适时地显示自己丰富的商品知识。同时要有礼貌，保持自控能力，不能因为顾客的挑剔而不满，或和顾客争个是非高低，这些都不是理智的做法。

④常识性顾客。一般来说，这类顾客最好接待，他们讲礼貌，有理智。促销员只需用自己的理智和友好的态度去回报顾客就行了。

⑤闲逛的顾客。有一些顾客来到商店，并没有什么明确的目的，只是闲来没事随便逛逛，可能最后什么也不买，也很可能因一个偶然的因素导致他们购买。对于这一类顾客，促销员应该采取随和的态度，不要刻意去推销商品，如果顾客产生了兴趣，再适时地提供服务。

2. 做好利益转化

每一位顾客在做出最后购买决定之前，都会有一个重要的问题，那就是它对我有什么好处？客户不是因为你的产品好才买，而最根本的是因为它对客户有好处才购买。因此，促销员在说明产品的时候，不仅要说明产品的功能，更要说明它对顾客的好处，即将产品功能转化为顾客的利益。在转化的过程中,促销人员要有创意性并要以顾客的眼光来看待产品。任何产品都对顾客有着相当大的潜在利益,所以功能向利益的转化大有潜力。

①象征地位的效用。如在销售高档产品时可用这种产品最适合您的身份和地位等言词来刺激对方的购买欲。

②享受的效用。如它能听音乐、看影碟、玩游戏、上网、学习等。

③提高效率的效用。如有了它,可节省您的时间和精力,来做其他的工作。

④经济的效用。如使用它可节省您的成本。

⑤替代其他产品效用。如那款产品太贵了,不如您买这款,同样可以满足您的要求。

⑥满足虚荣心的效用。如为了不使产品过时,多花点钱值得。

⑦增加收益的效用。促销员可针对客户的心理,给对方提供具体数字,以表示使用该产品前后,对方损失及收益的情形。

3. 做好产品示范

(1)产品示范前期准备

促销员在进行产品示范前,应该先判断自己的产品是否适合演示,适合进行演示的产品应当满足一下两个条件:

①必须拥有同类产品所没有的、独特的卖点,只有这样,才能通过现场展示激发顾客的购买欲望。

②使用后效果明显。产品应当操作简单,诉求性强,才能通过现场演示凸显其独特功能。

(2)产品演示应当遵循的原则

产品示范是销售的基本功。一旦找到潜在顾客的需求,你就可以做产品示范,证明你的产品将会满足他们的需求。示范必须直接与他们的需求有关。

产品示范时,切记以下7点原则:

①规范动作。在做产品示范时,要留意语言和动作的规范化、标准化。

②留心反应。解释产品示范的目的并证明它将满足潜在顾客的需求。示范时要留心顾客的反应。

③增加互动。邀请潜在顾客参与示范可以引起对方更大的兴趣。示范中在征得顾客同意的情况下,可以把产品直接用在顾客身上,这样可以给顾客留下更深刻的印象。

④把握时机。留意及询问潜在顾客的反应,但不要迫使顾客过早下结论,因为若结论不利于销售,则难以更改。也不要令顾客产生购买的压力。

⑤缓谈价格。将价格的问题拖延到最后回答——在你充分地展示了产品的功效之后。

⑥导向利益。总结归纳产品将会给潜在顾客带来的利益——尤其是那些与他们的需求有关的利益。

⑦控制时间。示范时间不宜过长,控制在3~5分钟之内。

(3)产品示范值得注意的几点

①准备要充分,将所需要的产品示范工具自己备齐,并且擦干净。

②讲解要有重点,多举实例,不要过于专业,最好是深入浅出,通俗易懂。

③注意主角与配角的关系,配合要到位,"会配合当哑巴,不会配合当喇叭"。

④涉及不同品牌之间的比较时,应避免贬低其他品牌;示范时把其他品牌产品用纸包好。

⑤示范时,一定要先做市面上流行产品,再做重点产品。

⑥示范要一气贯通,示范后再做交流,解答问题。

⑦示范前一定要多做练习,看5遍,练5遍,做5遍。

4. 处理问题的技巧

危机就是转机,有事件的出现才会有英雄救美。对门店来说,事件的发生,能够证明促销员的承诺,证明促销员的负责,证明促销员客户至上的原则,证明促销员有资格成为顾客心目中的第一品牌。所以,事件的发生不是令促销员丧失客户,事件的发生是提供机会,让促销员跟顾客做更紧密的结合。

【项目训练】

1. 训练目的

顾客到门店来,最终目的是希望买到合意的产品并从中获得好处。促销员热情接待顾客的目的就是为了销售产品。顾客要买产品,就必须先了解产品;促销员要销售产品,那么也必须先向顾客介绍产品。所以,在整个销售过程中,介绍产品是一个非常重要的环节,该环节成功与否,直接影响着销售的成败。那么促销员应该如何向顾客陈述才能让顾客充分了解产品的魅力呢? 促销员怎么做才能让产品的魅力发挥得淋漓尽致,让顾客不得不买呢?下面用一个测试,检查促销员介绍产品的水平。

2. 训练步骤

①给每位同学发放测试题目。

②各位同学对自己进行客观、诚实的评估,回答可以有 A、B、C 三种选择,请你在适合你的选择的后面打"√"。完成测试后,计算自己的得分。

③同学们分享自己促销工作中介绍产品的心得。

④鼓励同学对产品介绍进行讨论,并提出完善的建议。

产品介绍水平测试题目

1. 每次在向顾客做产品介绍前,你有没有完全确定顾客的需求点?

A. 没有　　　　　　　B. 基本上确定　　　　　C. 完全确定

2. 如果你要使用辅助设备为顾客介绍产品,在介绍之前你会检查产品、辅助品的完整吗?

A. 不检查　　　　　B. 有的时候会检查　　　C. 每次都很谨慎地检查

3. 你是否有针对不同的客户去做一个产品介绍流程表格呢?

A. 不需要,我对产品的介绍流程熟悉得很　　　B. 有时间的时候会做

C. 我总是针对不同需求的顾客去安排产品介绍的重点,制订一个详细的产品演示流程表

4. 你对每一个产品特征所带给顾客的好处有多大程度的了解?

A. 不高　　　　　　　B. 一般　　　　　　　C. 很高

5. 你认为产品的好处对不同的客户来说有不同吗?

A. 一样　　　　　　　B. 差不多一样　　　　C. 有所不同

6. 你在介绍产品时,你会经常使用专业名词术语吗?

A. 是的,经常会　　　B. 有时会　　　　　　C. 很少

7. 在做产品介绍过程中,你有没有注意过客户的真实感受?

A. 没有,我总是希望尽快介绍完产品　　　　B. 心情好的时候会

C. 有,我会密切关注客户的感受

8. 当你看到客户疑惑时,你会怎么做?

A. 我不知道该怎么办了,我都说够好了　　　　B. 我会再讲一次

C. 我会停下来,询问一下他对产品的感受

9. 在介绍产品过程中,你有没有让客户亲身体验过你的产品?

A. 很少,除非他们要求　　　　B. 对感兴趣的客户我会让他们去体验

C. 我总是鼓励客户去亲自用一下

10. 在介绍产品的过程中,你会充分运用辅助材料,如说明书、宣传画册吗?

A. 很少用　　　　　　　B. 经常　　　　　　　C. 每一次都用

11. 对于你来说,一些辅助材料有没有用?

A. 没用　　　　　　　B. 越多越好　　　　　　C. 求精不求多

12. 在你的产品介绍结束后,客户最后作出购买决定的概率如何?

A. 很低　　　　　　　B. 不高　　　　　　　C. 挺高的

选 A 项,得 1 分;选 B 项,得 3 分;选 C 项,得 5 分。

评价标准:

分数为 0～30:对产品的熟悉程度不高,对整个产品介绍流程也不是很明确,介绍产品只是任务式的,没有激情。需要重新认识产品的价值,并且学习介绍产品的过程。

分数为 31～45:对产品的熟悉程度一般,大概了解了产品的特性,但对产品特性延伸出去的好处还了解得不够透彻,同时对整个产品介绍流程所要注意的细节了解得还不算很清楚。

分数为 46～60:对产品各方面的了解还不错,对产品给不同的客户带来的好处基本了解,对整个产品介绍过程也基本熟悉。

项目九　收货员操作实务

【知识目标】
了解收货员在门店的主要工作内容；

了解收货员的基本素质要求；

掌握商品收货的原则和流程；

熟悉各类商品验收的基本要求和标准。

【素能目标】
能够根据门店标准做好生鲜的验收；

能够根据门店标准做好食品及百货类验收；

能够根据门店要求，做好仓库管理；

能够做好供应商关系维护。

任务一　认知岗位要求

【任务导入】

某超市收货员司某和赵某相互勾结，利用超市凌晨收货时间的漏洞，将超市的物品"收回"到自家中，一个月内盗窃了价值万余元的物品。2018年7月底，××市某超市在月底盘点时发现丢了不少东西，但查遍了监控也没发现窃贼。于是，超市就加强了戒备，特意叮嘱监控值守人员盯死盯牢监控探头。

8月1日凌晨，正是超市进货时。超市监控室的值班人员在销售区的监控屏幕上发现了收货员司某和赵某，按照要求，这个时间二人不应该在销售区。值守人员随即操控监控探头追寻二人行踪，发现他们分别在酒水区和生鲜区拿了一些货品，装在箱子里搬了出去。就在司某和赵某把货物装车准备离开时，员工及时将赵某控制住并移交警方，司某则趁乱逃跑。

赵某交代，他和司某都是超市收货员，他是生鲜区的收货员，司某是负责几个区的总收货员。工作中，二人发现凌晨收货的时间没有别的员工，利用收货员可以搬运东西的便利条件，从超市往外偷东西不易被人发现。于是，二人收买了送货的货车司机，每次盗窃后，由货车司机将货物运出，再装上司某的汽车，分运回他们各自家中。警方在司某和赵某的家中起获了大量被盗货物，多达几十种，价值1万余元。

（来源：2015年8月5日《京华时报》）

请思考：

如果你是店长的话，你要如何加强防范，杜绝此类事情呢？

【任务分析】

明确存货管理的监督职责。派专人对商品入库过程进行监督,如果大部分都是夜间进货的话,可以通过安装摄像头对整个入库过程进行监督或者由相关值守人员兼任监督。

加强夜间超市营业区域的管理。夜间可以锁上营业区域的出入口,钥匙由专人保管,其他人在夜间没有特殊事项,严禁进入营业区域。

门卫以及夜间值守人员履行好自己的监督职责。门卫应对出入超市的货车进行必要的检查,夜间的检查应该更严格仔细,决不让一件商品流出超市。值守人员也应当履行好夜间的检查职责,需要定时或不定时转动摄像头,避免视觉死角,给偷盗者以可乘之机。

对于单价较高体量又不是很大的商品,如家电、化妆品、高档烟酒类商品等,建议在每日关门以及次日开门前进行数量核对,以保证若发生商品被偷盗或者缺失的情况时,超市能在第一时间发现并采取应对措施。

【知识导航】

知识一　岗位工作内容

1. 开店前准备

①到达公司,打卡或者签到。

②检查制服是否整洁。

③合理安排时间,查阅仓库交接记录本,计划当日的主要工作。

④检查仓库的各个角落,对开店前的到货进行收货。

⑤参加早会,并记录当日的工作重点。

⑥整理好工具为做好一切收货、出货、退货等工作准备。

⑦尽快向门店补货、注意小心轻放、坚持先进先出的出入库原则,须在营业前将该补货的补充完。

2. 上午工作任务

①查找缺货商品、收集、叠放、装卸、搬运、运到指定地点、汇总补货单、填写存货分类账、仓库收货记录、货品出入库记录等并签名确认。

②对单、制作、核对数量、装卸、搬运、入仓、适当存放、制作验收单、签收确认、送货单来货资料输入、制作入仓商品存货分类账、入仓收货记录、保存单据。

③分类、堆码、查阅商品的有效期、品质、填写存货分类账、核对数量等。

④鉴别、收集、分类、确定处理方法、填写报损单、呈送审批、做出具体处理、报损单转交电脑部输入、汇总单据、资料留档。

⑤鉴别、收集、分类、确定处理方法、填写退货单、呈送审批、联系供应商退货、填写放行条、要求供应商确认签名、转送电脑部作退货资料输入、签名确认、汇总单据、资料留档。

⑥防鼠、防疫、防淹、防火、防潮、防盗、注意监督管理仓库、防止未经批准的外人擅自闯入,防止不合乎规矩的操作行为。

⑦保持适当的库存、避免库存积压、检查监督库存存量、巡视门店陈列量、力求将商品陈列在门店。

⑧与电脑部、门店、采购员、财务部经常沟通、保持收货、退货、报损、调拨等的数据准确无误。

⑨对赠品与物品收货、记录、作存货分类账、分类、维护管理等。

⑩不定时盘点部分贵重商品。

⑪必要时寻求领班、组长的帮助。

3.下午工作任务

①查找缺货商品、收集、叠放、装卸、搬运、送到指定地点、汇总补货单、填写存货分类账并签名确认,保存单据。

②对单、制作、核对数量、装卸、搬运、入仓、适当存放、制作验收单、签收确认、送货单来货资料输入、制作入仓商品存货分类账、入仓收货记录。

③分类、堆码、查阅商品的有效期、品质、填写存货分类账、核对数量等。

④鉴别、收集、分类、确定处理方法、填写报损单、呈送审批、做出具体处理、报损单转交电脑部输入、汇总单据、资料留档。

⑤鉴别、收集、分类、确定处理方法、填写退货单、呈送审批、联系供应商退货、填写放行条、要求供应商确认签名、转送电脑部作退货资料输入、签名确认、汇总单据、资料留档。

⑥保持适当的库存、避免库存积压、经常监督库存量、巡视门店陈列量,力求将商品陈列在门店。

⑦协调沟通,赠品与物品管理,做好赠品、物品的存货及分类账记录,订货确认。

⑧晚上9:30开始准时将门店所缺物品全部出货门店,找货、归类、整理、装卸、搬运、汇总补货等签名确认。

4.营业结束后工作

①收集整理好收货工具、单证等,归类整理好仓库商品。

②在交接记录本上记录交接主要情况,做好第二天的工作计划。

③检查仓库,注意锁好门,关好窗户,做好防盗、防火、防鼠、防潮、防患等。

5.辅助工作

①协助做好顾客服务工作。

②协助做好库存盘点工作。

③协助保安在收货区域内防范工作。

④防止闲杂人员在收货区域随意进出。

⑤防火、防盗工作。

知识二 岗位要求

1.基本素质要求

对于收货员的素质要求,不同的零售企业因性质及所具规模不同而有所不同。但作为收货员,应当锻炼自己具备以下素质:

(1)性格

收货员是门店商品质量的把关者,要求做事严谨、认真、责任心强、记忆力好,收货员应当随时注意锻炼自己,使自己养成上述良好的习惯,同时收货员是代表门店直接与供应商打交道的人,要求谦虚、热情、为人和善,主动为供应商提供服务和为其解决力所能及的问题。

（2）心理素质

收货员应具备良好的心理素质，才能在工作中做到游刃有余。当碰到同事误解、供应商不满、吵闹，甚至动手时，要学会调整心态，以平和的心态坚持原则，摆事实讲道理，切忌盲目冲动，激化矛盾。

2. 收货验收要求

①需要掌握收货验收流程，出入库单据填写规范，电脑订单、验收等软件操作知识，商品外包装文字、标签、专利、商品标志等有关知识，电子秤、条形码、叉车等相关机具使用知识。

②需要熟悉各类商品验收要求，产品质量、食品质量、知识产权、化妆品、产品强制认证等法律法规相关条款，超市食品安全作规范，烟酒等相关规定，以及其他有关商品标志方面的标准和法规。

任务二　技能操作实务

【任务导入】

一大早，超市仓库的巷道里就已经停满了送货车，李治娜带着手持温度枪和清单开始了今天第一拨的收货工作。因为这几车货品都是以冷藏品为主，相比于其他货品的清点入库，多了几道程序。

华润万家西安太奥广场店收货员李治娜："我现在就是先给它测一下温，温度如果达标以后，就可以让它卸货。"

记者："标准是什么，多少是达标？"

李治娜："酸奶的话10度以下就可以，就算达标的。"

温度达标，证明运输过程有保障，这才能开箱卸货，而接下来的质量抽检才更考验专注和眼力。一手拿着最新的产品质检单，一手拿着录入仪器，生产日期、批次、类别要一一对应，几百箱货物里还得保证没有掺杂。李治娜说，收货员其实就是商品进入超市货架前的第一道把关员。一切无误，这才能允许入库保存。

李治娜："今天主要是盘点，盘点这3个货位。主要就是盘点的时候把这些货一箱箱拉出来，对日期对数量，对完以后还要把这些一个个放回去。"

记者："这3个货架上几百件货物都要这样一个过程吗？"

李治娜："对，必需的。"

记者："那您估计今天得几个小时？"

李治娜："像这一组货架下来都得1个小时，这3个货架下来将近4个小时，（干完）累的也就腰酸背痛了。"

几千平方米的库房内，3米多高的货架，满满当当地摆放着各类商品。装上货物的叉车少说也得几十斤，个头不高的她站在货架间来回忙碌，看起来并不起眼，但手下的活一点都不马虎。

（来源：2016年3月5日 陕西新闻网）

请思考：

你所在实践、实习或者了解的超市，收货验收标准是怎样的，该如何改进呢？

【任务分析】

验收货是确保商品质量、控制损耗的一个重要源头,对于超市经营相当重要。一般验货要求收货员、理货员和防损员三方同时在场才能验货,其中收货员核对送货单品数和重量,理货员参照公司的验货标准对单品进行验收,防损员监督执行。

【技能培养】

技能一 商品验收

1.商品验收原则

①遵守黄线原则,即所有商品应在验收区域(黄线外的制定区域)进行验收,任何货物不得随意出入收货黄线内,凡进入黄线以内的货物原则上即为公司商品。

②所有商品须由收货员验收,且以"先退/换货、后收货"为原则进行。

③所有商品必须双人复核验收。

④普通商品按"商品质量验收标准"验收商品质量。

生鲜商品验收时应按照《生鲜商品验收标准》扣除相应质量或者沥干水分后验收。

质量检查,应严格按照公司相关质量验收标准文件要求进行,对于不符合质量验收标准的商品应及时向收货主管汇报,经主管确认后方可予以拒收。

验收保质期要求,如表9-1所示。

表9-1 验收保质期要求

保质期	收货期限
3个月以下(含3个月)	从生产之日起1/3时间内
3个月至1年	从生产之日起1/2时间内
1年到2年(含1年)	从生产之日起2/5时间内
2年到3年(含2年)	—
3年以上(含3年)	—

2.验收要求

(1)冷冻冷藏商品验收要求

①收货员对商品感观质量进行检查,检验商品温度,冷藏日配类商品温度不高于10℃,冷冻类商品不高于−8℃,冰激凌类商品不高于−12℃,商品没有曾经解冻的痕迹。

②普通车温度不高于10℃,冷冻车温度不高于−8℃,冰激凌类冷冻车温度不高于−12℃。

(2)验收点数要求

①验收抽样,应从不同堆垛、方向、层面抽样,每样商品取一个用于扫描条码,验收后放回。

②小件、贵重商品100%开箱点数、查验质量。

③非原包装或每箱数量不固定的商品:100%开箱点数,查验20%的商品质量。

④原包装商品20箱以下(含20箱)抽取3箱开箱点数、查验质量,20箱以上10%开箱点数、查验质量。

⑤点数时,应按订货商品的最小销售单位进行清点,如单货数量不符,应在验收单上注

明实收数,实际验收数不能大于订货数。

贵重商品由门店收货员与配送司机负责贵重商品当场交接,需要100%验收。新品收货时,收货员需要在预验收单上注明实物的产地。联营商品门店只验收商品质量,不验收数量,所有联营商品必须从收货部进入门店。门店不得拒收配送商品、调拨商品、DM商品(符合商品质量验收标准)。如特殊情况一定要拒收,则须由相关商品部门经理、收货主管、店总同意签字同意,如属于DM、采购续订商品还需经采购部同意。

3.正常商品收货

(1)识别单据

识别供应商递交的订货商品通知单是否为传真和是否盖有供应商公章或业务单。如果是订单打印稿,不需要打印"预验收单",在"订货商品通知单"注明收货顺序号,依次验收,订货单如表9-2所示。

表 9 - 2　订货商品通知单

供应商编号:				订货单号:					
供应商名称:				门店名称:					
供应商地址:				送货地址:					
供应商电话:				结算方式:					
供应商传真:				合计金额:					
序号	商品编码	商品名称	是否重点	规格	单位	件数	数量	进价	金额

(2)查货物情况

收货员根据供应商订单在系统中查有无退货,如此供应商有退货,应先做退货,再按传单组登记顺序对供应商的送货商品进行验收。商品质量抽查,严格按照"商品质量验收标准"验收商品质量。点数、查验质量完成后,收货员在订单的验收数量和赠送数量处分别填写实收数。

①实收数量和送货数量一致的,则在订货单上相应的商品上打"对勾"。

②实收数量和订货数量不一致,则在订货单上相应的商品前打"叉号",并将订货数量画斜杠更正为实收数量。

③没有送货的实收数量写"无",将收货金额画斜杠。

④收货员据此修改"供应商送货清单",送货人员在更正的数量处签名后确认。

⑤供应商送货员、收货员分别在"预验收单"上签字确认并注明日期后,并立即将验收的商品拉至黄线区域内,将单据收好。

(3)生成单据

收货员根据预验收单号在系统中"预验收单"模块生成"商品验收单",在系统"商品验收单"模块录入实收数据后保存审核,商品验收单如表9-3所示。

表9-3 商品验收单

验收单号:　　　　　订货单号:　　　　　门店:　　　　　物流模式:

供应商:　　　　　结算方式:　　　　　联系方式:

商品条码	商品名称	销售规格	新品	单位	验收数量	进价	进价数量

制单人:制单日期:

收货人:_____ 送货人:_____ 审核:_____ 仓库主管:_____

注意:

①验收一式三联的"商品验收单",一联和"预验收单"或"供应商送货清单"。

②装订后统一交核单员复核保管;一联盖上门店收货专用章连同其余单据交供应商带回;还有一联随商品配送至营业区。

③"商品验收单"在最上面,接着是"预验收单","供应商送货清单"在下,两单均在正面朝上,订书针统一装订在单据右上角。

④单据装订后按验收单审核顺序排序,以日为单位将验收单及退货单存入信封;在信封正面注明:××店××月份(验收单号:××—××共××张;退货单号码:××—××共××张)。

(4)紧急商品验收

①供应商持紧急订单到门店送货,向收货员说明是紧急商品,并出示商品部门主管签字的订单传真件。

②收货员核对订货单上到货时间要求,在系统里输入订货单号打印出相应的商品验收单,优先验收。

③紧急商品验收同正常商品收货。

(5)直送商品差异处理

①实际商品比系统单据中的数量多,需要经过单品盘点,经防损、商品部门、收货部门以及厂商共同确认差异数量,由店长签字确认后,补单给厂商,然后按照正常收货流程操作,由防损部门在验收单签字确认注明是补单处理。

②直送差异中实际商品比系统中数量少,经防损、商品部门、收货部门以及厂商共同确认差异数量(厂商需要以书面传真形式确认),经店长签字确认后做退货单进行库存消减;然后按照正常退货流程处理,由防损部门在验收单签字确认注明是空退处理。

4. 配送商品验收

(1)正常商品收货

①配送司机持"配送中心配送清单""容器单"(一式一联)和四联"配送跟踪单",将配送商品送至门店收货部。

②收货员登记"配送中心配送清单"的配送单号,打印一式两联"配送收货单"。

③收货员与商品部门员工持"配送收货单"验收商品,按商品验收标准进行验收质量和数量。

④验收单据核对要求。收货员应核对商品实物与"配送收货单"两者之间的商品名称、条码、编码、规格、销售单位等内容核实是否完全一致,确保单货相符。如商品实物与单上"实发数量"一致,在"配送收货单"上"收货数量"栏打"对勾"。如商品数量有差异,按实际到货数量验收,在"收货数量"栏填写实收数,并在"备注"说明。如果商品出现质量问题时,按好货商品数量验收,在"收货数量"栏填写好收货数量,在"备注"栏备注说明。如果商品出现质量问题时,按好货商品数量验收,在"收货数量"栏填写好货数量,在"备注"栏备注坏货数量及原因。收货员录入"收货数量",保存并审核,系统记账,"配送收货单"第二联由商品部留存。

(2)配送商品差异处理

对配入货物总件数与配送跟踪单上配入数不符的,当场能确定的在配送跟踪单上注明实际验收数并立即反馈配送中心,双方责任人和防损员签字确认。

5.贵重商品验收

(1)验收步骤

①收货员根据"贵重商品交接单"与"配送交运清单"进行贵重商品验收,需仔细核对商品品质项,件数,有无破损等其他异常。

②贵重商品异常情况由配送司机当场交接(商品总件数和商品明细),并签字确认,门店收货人员将贵重商品差异反馈到客服部门。

③贵重商品验收后,由门店收货人员在"贵重商品交接单"上签字确认。一联留门店存根,另一联随配送司机带回交防损人员。

(2)差异处理

对贵重商品应逐箱验收明细,若不相符则在配送跟踪单"贵重商品验收情况"一栏注明实收情况并由配送司机签字确认。

6.免检商品收货

①收货部只需核对"配送车辆跟踪单",并填写数量。

②收货员将一联"配送收货单"传商品部员工,并与商品部门人员直接按部门将商品进行分类并配送对应部门,无须对商品进行点数验收。

③收货员可不定时、不定车对正常配送商品进行抽查,但需控制车辆抽查比例,原则上每周抽验一车,验收采取抽查方式,当配送差异超过0.05%时,可进行配送商品全检;连续两周抽查商品的差异率高于目标差异率时,门店需恢复全检,直到差异率在目标之内。

7.其他商品验收

(1)促销设备、道具验收

①收货员指引供应商按要求填写"供应商设备、道具进(出)超市登记表"。

②由区域主管、防损员签字确认后方可验收(如货物为电器,还需门店电工对所需负荷及位置进行确认并签字)。

③验收完毕通知营业区主管或经理,并协助把设备道具放到指定的位置。

(2)设备、物料、低值易耗品

①原则上所有设备、物料、低值易耗品的进出均在收货部。

②由收货部与专业人员一同验收,收货员负责验收数量,专业人员验收质量。

③设备和工程主管、申购使用部门负责人、物料专员共同验收。

④电工低值易耗品、物料由工程主管、物料专员共同验收。

⑤非电工低值易耗品、物料由物料专员验收。

(3)配送物料验收

①物料员和收货员根据配送收货单进行物料验收,逐一清点数量、抽查。

②验收完毕使用验收人员在配送收货单签字确认,如果验收数量与送货清单数量有差异,必须在配送收货单上注明实收数,且验收人员需签字确认。

③收货员将配送收货单交传单组系统录入审核;收货员协助使用部门负责人将设备、物料、低值易耗品配送入库。

(4)直送物料验收

①物料员和收货员根据订单进行物料验收,逐一清点数量,抽查质量。

②验收完毕后,物料员需填制手工收料单,收料单上有物料员和收货员共同签名,并加盖门店收货章。

③如需供应商送货员配送安装,则先在防损岗取证登记,再入场。

技能二　生鲜品验收

1. 生鲜品验收基本要求

(1)生鲜商品验收基本程序

生鲜商品验收的基本程序如图9-1所示:

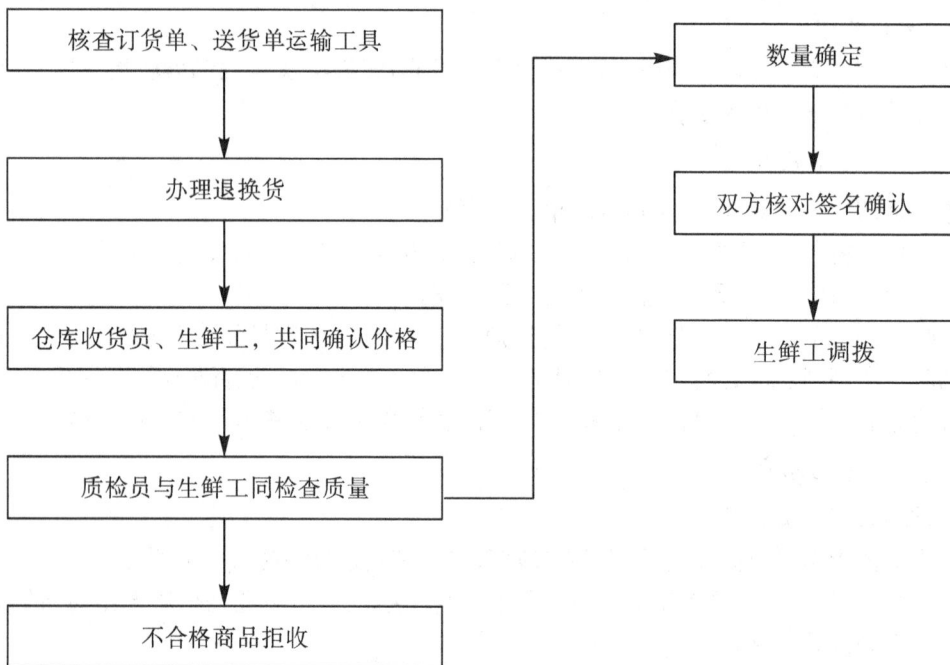

图9-1　生鲜商品验收的基本程序

（2）生鲜商品的验收操作标准

验收方法：以感官法为主，主要有视觉检验法、味觉检验法、嗅觉检验法、触觉检验法。视觉检验法主要评断商品的新鲜度、成熟度、清洁度；味觉检验法主要是评断商品的口味是否优良，滋味是否正常；嗅觉检验法主要是检验商品是否具备应有的香味、有无异味等；触觉检验法商品的硬度、弹性、膨松等性能指标。

2.冷冻冷藏品的验收标准

（1）注意保质期

收货时要检查商品的保质期限，如果超过保质期的1/3，就要拒收并退回。

（2）注意质量

收货时要检查质量是否变质，如冷冻品是否有融化变软现象，包子、水饺、汤圆类是否有龟裂现象，乳品、果汁是否有膨胀、发酵现象。

（3）注意包装

在收货时要检查商品的外包装箱是否有腐化、破损，并且检查商品包装是否有污点、膨胀、破损等现象，如是真空类包装不能有脱空现象。

3.蔬果的验收标准

蔬果具有该品种应有的特征，包括色泽、味道、形状等，新鲜、清洁、无异味、无病虫损害、成熟适度、无外伤。另外，收货时要扣除包装物重量，不能随意扣重。

（1）蔬菜类的验货标准

①根茎类：茎部不老化，个体均匀，未发芽、变色。

②叶菜类：色泽鲜亮，切口不变色，叶片挺而不干枯、不发黄。质地脆嫩、坚挺，球形叶菜，结实，无老帮。

③花果类：允许果形有轻微缺点，但不得变形、过熟。

④菇菌类：外形饱满，不发霉、变黑。

（2）水果的验货标准

①柑橘类（脐橙、蜜橘、芦柑、西柚、蜜柚等）：果实结实、有弹性，手掂有重量感，果形完整、有色泽、无疤痕、不萎缩、变色、受挤压变形，柚类无褐斑、黑点。劣质品表现为果皮有疤痕，失水干缩，腐烂霉变。

②苹果类（蛇果、青苹果、红富士、黄金帅等）：结实、多汁、有光泽，表面光滑，无压伤、疤痕，不干瘪。劣质品表现为腐烂发霉，果皮失水萎缩，有疤痕、有压伤。

③梨类（鸭梨、啤梨、水晶梨、雪梨、贡梨、香梨等）：结实、甜而多汁，个体均匀、不变色、干瘪，无压伤。劣质品表现为失水干瘪，无光泽，果皮变黑，切开心发黑，有冻压伤。

④水蜜桃：果皮粉红带绒毛，不过熟略硬，果肉香甜爽滑多汁。劣质品表现为有压伤，开裂出水，变软过熟，腐烂。

⑤樱桃（进口称车厘子）：果形圆而小，大小均匀，带鲜绿果柄，有弹性，果肉鲜甜多汁。劣质品表现为疤痕、萎缩、破裂、腐烂、过熟、冻伤。

⑥杏：果皮黄色或白色带绒毛，果圆形，成熟后软而多汁，酸甜适口。劣质品表现为有压伤、疤痕、开裂、过熟变软。

⑦浆果类（提子、葡萄、奇异果、猕猴桃、草莓）：果实结实饱满，大小均匀，无压伤。劣质品表现为果粒脱落、开裂，压伤，破溃出水、腐烂。

⑧瓜类(哈密瓜、伽师瓜、香瓜、木瓜、西瓜等)：果形完整,结实、无开裂、压伤。劣质品表现为有疤痕、压伤,出现黑斑,瓜身变软、腐烂。

⑨热带水果类如火龙果、枇杷、芒果等。

火龙果：表皮鲜红,叶片鲜绿,结实而有弹性,果肉白、有黑色种子,口味淡甜。劣质品表现为叶片发黄、干皱、颜色黯淡,表皮开裂、变软,果柄腐烂。

枇杷：果实尖圆、色橙红,结实有弹性,果肉甜香。劣质品表现为腐烂、变软、疤痕。

芒果：果粒大小均匀,果皮光滑细腻,果肉幼滑甜香。劣质品表现为表皮发黑或黑斑,失水萎缩,果柄处腐烂。

香蕉：果实象牙状,未成熟青绿色、成熟后鲜黄色,软糯香甜。每板香蕉不少于5只,中间3只长15厘米以上,单只至80克以上。劣质品表现为表皮发黑,果柄腐烂,压伤、冻伤。

龙眼：果实小而圆,果皮浅咖啡色,果肉甜多汁。单果重16~25克。劣质品表现为表皮发黑、爆裂、出水。

荔枝：果实心形,色泽鲜红带绿,口感结实有弹性,香甜味美,脆嫩多汁。劣质品表现为表皮发黑,果实过软,失水干硬,爆裂。

红毛丹：果皮长须,色红绿,果实小而圆,肉嫩多汁。劣质品表现为表皮发黑,长须干皱、变褐。

椰青：外表纤维质色白,液汁饱满,摇动时略晃动,清淡略甜,椰肉甘香爽口。劣质品表现为纤维质变黑、有霉斑,干裂出水,底部纤维质发粉红。

洋桃：果实呈星形,色浅绿,成熟后金黄色,表皮有光泽,果肉晶莹,口味酸甜。劣质品表现为表面有黑斑、疤痕、外伤、边缘变色发黑。

黑、红布林：果实圆形或椭圆形,颜色黑或暗红,结实有弹性,有光泽,果肉黄或红色,味甜美。劣质品表现为疤痕、果顶开裂,发霉,失水萎缩,过熟变软,冻伤。

菠萝：果皮厚、有突出果眼呈鳞状,果形椭圆,果肉黄色,肉质脆嫩爽甜,纤维少,冠顶叶青绿。劣质品表现为通体金黄(已过熟),果肉发软,果眼溢汁,表面发霉。

榴莲：果皮长满尖刺,果实成熟后有特殊香气,果肉鲜黄,香甜细滑。果形完整、饱满。劣质品表现为开裂,有冻伤,有黑斑,果肉极软,颜色白。

山竹：果实圆形,果皮厚而硬,紫黑色,果顶瓣鲜绿。果肉为白色肉瓣,甜而微酸。劣质品表现为果柄干枯、压伤,过生(青白或粉红),过硬(用手捏不开,果肉已变质)。

【视野拓展】

蔬菜直接运输损失高达10%~25%,而经过预冷,损失可减少到1%~3%。采收后的蔬菜,如直接送入冷库贮藏,保鲜时间仅为10天左右,而经过预冷后再进入冷库贮藏,其保鲜时间则可延长到20天左右。

日本学者研究,蔬菜因升温而引起的腐烂率,5℃时为0℃的3倍,10℃时是4~5倍,20℃时则达到8~10倍。蔬菜经过预冷,不仅可以减少损失,还可延长保鲜时间和降低贮藏成本,是调运和贮藏必不可少的重要环节。当前国外采用的主要流通保鲜措施是预冷技术,其方法有以下几种：

(1)空气预冷

空气预冷是目前使用最普遍的一种方法,就是用冷冻机将空气冷却,使冷空气接触蔬菜,而进行预冷。蔬菜与冷空气间的热传递速度和冷空气流速(风速)成正比,蔬菜表面的风速越大,空气越冷,冷却速度越快。预冷是以快速冷却为原则,为了提高冷速,可以应用各种方法,如差压通风预冷、吹冷气预冷、隧道预冷等。

（2）压缩空气预冷机组

差压通风预冷是目前国外认为很有希望的预冷方法。预冷时在预冷库的顶部装配冷气通风管道,送入高压冷风,在冷库的另一端设有排同扇或抽风机排气。使预冷库和预冷蔬菜之间产生一个气体压力差,由于气体由高压向低压方向流动,蔬菜中的水分随之蒸发,温度迅速下降,从而达到预冷的效果。空气预冷,适用于各种蔬菜和各种包装方法,效果好,操作简便,缺点是冷却速度慢,影响及时上市。

（3）冷水预冷

冷水预冷是一种利用水作介质转移蔬菜表面热量的方法。通常是用冷冻机冷却的冷水,对蔬菜进行预冷,具体做法有浸水法、淋水法、喷雾法几种。

（4）水预冷装置

该法冷却时间短、效果好。缺点是蔬菜浸水后很难甩干,容易霉烂变质,同时用水较多,如果反复使用,蔬菜表面的病原微生物孢子会污染水质。由于存在这些缺点,国外应用的不普遍,仅限于不怕沾水的如胡萝卜、萝卜等根茎类蔬菜方面。

（5）冰预冷

冰在溶化时,能吸收大量的热量,是比冷水更为有效的冷媒,但冰比较贵,且操作不便,因此这种预冷方法,没有普遍推广。

（6）真空预冷

真空预冷是美国研制的一种预冷方法。它和别的预冷法不同,不需要冷媒,而是将蔬菜装入减压罐内,用真空泵使罐内减压,把蔬菜中的水分蒸发出来,蒸发的潜热被夺走,导致蔬菜温度下降。

一般罐内压力减到20毫米水银柱以下时,菜温开始下降,减到3～4毫米水银柱时,温度可降到0～5℃,此时水分损失为2％～3％。

（7）真空预冷机

这种预冷方法,预冷速度快,只需10～30分钟,而其他预冷法则需要2～20小时。另外,蔬菜不沾湿,降温均匀,除了塑料薄膜密封包装外,不论什么容器包装的蔬菜都适用。但设备投资大施工技术复杂、成本高,用于表面积大、水分容易蒸发的叶菜类,比较合算。流通保鲜技术除预冷外,国外对液氮保鲜和垂直保鲜的研究,已有新的进展。

液态氮能够移去贮藏蔬菜中的热量,并可创造一个气调环境,是一种很理想的流通保鲜技术。液氮保鲜适用于不能安装其他冷藏设备的冷库中,应用很方便。但成本很高,目前尚未达到商业化应用水平。

蔬菜的保存形态对蔬菜质量和鲜度有明显影响。据日本试验,同样的甜玉米,在流通过程中其他条件相同,只是堆放形式不同,保鲜效果有很大差异。

水平放置的纸箱热量较高,而垂直放置的较低;颗粒全糖含量和ATP(腺嘌呤核苷三磷酸,简称三磷酸腺苷)含量,水平放置的比垂直放置的低。石刁柏(芦笋)、茼蒿水平放置后会引起弯曲,影响商品形态。菠菜水平放置后营养损失很大,叶绿素含量也低。

（来源:2019 年 6 月 11 日龙商网）

4. 肉类的验收标准

(1)猪肉验收标准

①白条猪肥膘厚度以第 6 与第 7 根肋骨之间平行至脊背皮内不超过 1 厘米为测量标准,良杂一级猪不超过 1.5 厘米。

②猪边体表无明显伤痕,无片状猪毛,后腿部盖有"良"或"特"字级别印章,并盖有"合格"椭圆开印章或宽长条鲜肉检合格验讫印章。

③呈鲜红色,有光泽,脂肪洁白,肉的外表微干或微湿润,不粘手,指压后凹陷立即恢复,具有新鲜猪肉的正常气味。

(2)牛肉验收标准

新鲜的牛肉肌肉色泽呈鲜红色,有光泽,肥肉部分接近白色;表面微干,有风干膜,不黏手;弹性好,指压后凹陷能立即恢复;具有牛肉特有的气味。

(3)禽类验收标准

眼球饱满,皮肤有光泽,肌肉切面发光,外表微干或微湿润,不粘手,指压后凹陷能立即恢复。

(4)冻品质量验收标准

①整箱包装完整、无破箱,生产地址明显。

②验货时,要拆箱检查,如含水量太多称重时适当按比例除冰块的重量。

③如冻品解冻、软化、出水带血水,则不能收货。

④冻品一般无生产日期,验收品质的好坏要用眼去辨认,如出现肉制品风干、变色之冻品不能收货。

⑤称重时要扣除纸箱、冰块的重量,以货品净重为准。如果外包装箱上标有净重,按净重入库,如果没有净重标识,按 5% 扣除含冰量。

5. 水产的验收标准

(1)活鲜

①鱼类:

神态——在水中游动自如,反应敏捷。

体态——无伤残、无畸形、无病害。

体表——鳞片完整无损,无皮下出血现象及红色鱼鳞。

②虾类:

个大而均匀,活蹦乱跳(或能活动)。

③蟹类:

大闸蟹——青皮、白肚、黄毛、金螯及蟹脚刚劲有力,膘壮肉厚,膏多,堆在地上,能迅速四面爬开。

海蟹——体肥、甲壳色泽正常,腹部洁白,雌蟹有膏时,头胸甲棘尖,反面透黄色,螯及蟹脚有力。

④贝类:

双壳贝类——外壳具固有色泽,平时微张口、受惊闭合,斧足与触管伸缩灵活,具固有气味。

单壳贝类——贝肉收缩自如,用手指抚平后能回缩。

（2）盐渍海产

质地——坚实而具韧性，手指甲掐之可破、脆嫩。

气味——轻腥气、盐味。

色泽——有光泽。

清洁度——无污物和泥浆。

（3）冰鲜鱼

皮肤——类金属、光泽哑色的表面显示其已不新鲜。

眼睛——饱满明亮、清晰且完整、瞳孔黑、角膜清澈。

鳃——鲜红色或血红色、含黏液且没有粘泥。

肛门——内收或平整，不突出，不破肛。

体外黏液——透明或水白。

肉质——坚实且富有弹性，轻按下鱼肉后，手指的凹陷处可马上恢复。

气味——温和的海水味或鲜海藻味，无氯味腐臭味。

体表——鱼鳞完整、体表无破损。

（4）冰鲜虾

有固有的颜色，不发白或红；头胸甲与躯干连接紧密，无断头现象；虾身清洁无污物。

（5）急冻海产

急冻海产有两种急冻形式，分别是块冻或独立单冻。参照冰鲜鱼感官鉴别，质量略次于冰鲜鱼。

（6）海产干货

海产干货包括鱿鱼、墨鱼、鱼翅、干贝、海米、虾皮、贝尖、虾籽等。

干鱿鱼——无盐、干、肉桂色、身长 18～20 厘米/只。

干墨鱼——无盐、干、肉桂色、身长 10～12 厘米/只。

鱼翅——干、肉桂色、20 厘米左右长。

干贝——干、肉桂色、直径 2 厘米左右长。

海米——淡、干、色粉红、有光泽、2 厘米左右长。

金钩——淡、干、色红、有光泽。

虾皮——淡、干、有光泽、无断足、断头。

贝尖——淡、干、肉桂色。

虾籽——色紫红、淡、干、无沙。

鱼肚——色白、干、直径 5～10 厘米。

6. 面包的验收标准

①原料。是看产品有没有过期，或是即将过期。

②罐头类。检查生产日期，尽量不要收离生产日期太远的。日子太远的话，不能确保产品的质量。

③奶制品。查保质期，看有没有变质。如包装盒胀起或打开看看牛奶有没有分解。

④包装材料。主要检查一下规格，质量是不是符合要求。

7. 蛋类的验收标准

①颜色正常，外形和谐，个大均匀。

②干净,无残留土、泥、草等污物。

③摇晃时没有声音,在灯光下无黑点。

④松花蛋无异味,无未受精蛋,保证新鲜。

⑤外壳完整,无破损,无虫卵或苍蝇虫。

技能三 其他商品验收标准

要求商品外包装完好无损、商标图案等清晰明了,保质期不超过1/3。

1.罐头食品

凹凸罐,外壳生锈,有刮痕,有油渍等。

2.腌制食品

包装破损,有液汁流出;有腐臭味道;液汁浑浊或液汁太少;真空包装已漏气。

3.调味品

罐盖不密封;有杂物掺入;包装破损潮湿;有油渍。

4.食用油

漏油;包装生锈;油脂混浊不清;有沉淀物或泡沫。

5.饮料类

包装不完整,有漏气;有凝聚物或其他沉淀物;有杂物、凹凸罐。

6.糖果饼干

包装破损或不完整;内含物破碎、受潮;有发霉现象。

7.冲调饮品

包装不完整,有破损,凹凸罐;内含物因受潮成块状;真空包装漏气。

8.保健品

要求商品外包装完好无损、有生产日期、无霉变现象,液体保健品要求色泽正常、无沉淀、不分层。

9.烟、酒类

商品有无防伪标记。

10.米粮类的验收标准

①货量大时抽验称重,检查重量是否足够。

②未腐败、变味、变色。

③无虫咬、鼠咬。

④无破袋、无杂质。

⑤需了解生产日期、保质期。

11.南北干货的验收标准

①不能腐败、变味、变色。

②无破包、虫咬、鼠咬。

③需了解生产日期及保质期。

12. 日用百货验收

日用百货验收如表9-4所示。检查项目、内容均符合标准要求的允许接收，有一件或一件以上商品未达到检查标准的拒收。

表9-4　百货类商品收货检验标准

类别	抽样比	检查项目	检查内容
家电类	20%	标识标准	有生产厂家名称、厂址、电话，有中文商品名称，有产品规格型号，有条形码或店内码，有生产日期(或出厂日期) 注：产品若无条形码/店内码、生产日期、合格标识中之任一项就属不合格，门店有权拒收
		包装标准	商品外包装完整，无破损
			商品包装与内装商品实物一致
		外观标准	产品外观无使用痕迹
			无掉漆、无凹痕、无裂纹、无生锈
			按键或开关灵活
			配件与说明书一致无缺少
		特殊标准	电器类在顾客购买时，开箱检验
笔类	1%	标识标准	有生产厂家名称、厂址、电话，有中文商品名称，有产品规格型号，有条形码或店内码，有生产日期(或出厂日期) 注：产品若无条形码/店内码、生产日期、合格标识中之任一项就属不合格，门店有权拒收
		外观标准	产品外观无使用痕迹
			笔帽笔杆相配，笔杆光滑
			笔身装饰性图案或字迹清晰
		特殊标准	圆珠笔有笔芯，芯头有蜡包
			荧光笔、白板笔，笔芯颜色与笔帽颜色一致
			套装笔类要求齐全，无缺少
桌面办公用品类	1%	标识标准	有生产厂家名称、厂址、电话，有中文商品名称，有产品规格型号，有条形码或店内码，有生产日期(或出厂日期) 注：产品若无条形码/店内码、生产日期、合格标识中之任一项就属不合格，门店有权拒收
		外观标准	产品外观无使用痕迹
			表面光滑，无裂痕
		特殊标准	笔筒笔盒开关灵活
			液体胶水无泄漏
			裁纸刀/剪刀/笔刨无生锈

类别	抽样比	检查项目	检查内容
办公纸品类	2%	标识标准	有生产厂家名称、厂址、电话,有中文商品名称,有产品规格型号,有条形码或店内码,有生产日期(或出厂日期) 注:产品若无条形码/店内码、生产日期、合格标识中之任一项就属不合格,门店有权拒收
		外观标准	洁净、无水渍、无折痕
			无缺页、掉页,无破损
			封面印刷清晰,色泽均匀
		特殊标准	活页纸孔洞均匀,易装订
			信封表面需有邮电管理系统监字样
			账册/单据需有财政/税务系统监制字样
文件类	2%	标识标准	有生产厂家名称、厂址、电话,有中文商品名称,有产品规格型号,有条形码或店内码,有生产日期(或出厂日期) 注:产品若无条形码/店内码、生产日期、合格标识中之任一项就属不合格,门店有权拒收
		外观标准	产品外观无使用痕迹
			色泽均匀,表面平整
			配件齐全
文化用品类	2%	标识标准	有生产厂家名称、厂址、电话,有中文商品名称,有产品规格型号,有条形码或店内码,有生产日期(或出厂日期) 注:产品若无条形码/店内码、生产日期、合格标识中之任一项就属不合格,门店有权拒收
		外观标准	产品外观无使用痕迹
			封面印刷清晰,图案内容健康
办公器材	10%	标识标准	有生产厂家名称、厂址、电话,有中文商品名称,有产品规格型号,有条形码或店内码,有生产日期(或出厂日期) 注:产品若无条形码/店内码、生产日期、合格标识中之任一项就属不合格,门店有权拒收
		外观标准	产品外观无使用痕迹
			无掉漆、无凹痕、无开裂、无生锈
			按键或开关灵活
		特殊标准	办公器材、灯,顾客购买时可进行试用检验

续表

类别	抽样比	检查项目	检查内容
玻璃/陶瓷制品类	2%	标识标准	有生产厂家名称、厂址、电话,有中文商品名称,有产品规格型号,有条形码或店内码,有生产日期(或出厂日期) 注:产品若无条形码/店内码、生产日期、合格标识中之任一项就属不合格,门店有权拒收
		外观标准	产品外观无破损无裂缝,无气泡
			表面光滑,图案清晰完整,形状规则
		特殊标准	有盖子的产品盖需齐全
			成套售卖商品要的数目齐全
不锈钢制品类	5%	标识标准	有生产厂家名称、厂址、电话,有中文商品名称,有产品规格型号,有条形码或店内码,有生产日期(或出厂日期) 注:产品若无条形码/店内码、生产日期、合格标识中之任一项就属不合格,门店有权拒收
		外观标准	产品外观光亮无擦痕,表面无凹痕无生锈
		特殊标准	有盖子配件的产品配件齐全
塑料制品类	5%	标识标准	有生产厂家名称、厂址、电话,有中文商品名称,有产品规格型号,有条形码或店内码,有生产日期(或出厂日期) 注:产品若无条形码/店内码、生产日期、合格标识中之任一项就属不合格,门店有权拒收
		外观标准	产品外观无使用痕迹,表面光滑无擦痕,图案清晰完整
		特殊标准	整柜、鞋架类配件齐全
木制品类	1%	标识标准	有生产厂家名称、厂址、电话,有中文商品名称,有产品规格型号,有条形码或店内码,有生产日期(或出厂日期) 注:产品若无条形码/店内码、生产日期、合格标识中之任一项就属不合格,门店有权拒收
		外观标准	产品外观无使用痕迹
			表面光滑无木刺
		特殊标准	筷子类要清点数目与包装数目相符
服装类	10%	标识标准	有生产厂家名称、厂址、电话,有中文商品名称,有产品规格型号,有条形码或店内码,有生产日期(或出厂日期) 注:产品若无条形码/店内码、生产日期、合格标识中之任一项就属不合格,门店有权拒收
		外观标准	产品外观色泽均匀
			表面无疵点,无破损
			服装图案完整清晰
			产品干净无污渍无折皱
		特殊标准	有纽扣或拉链的服装及扣或拉链齐全

类别	抽样比	检查项目	检查内容
手巾类	5%	标识标准	有生产厂家名称、厂址、电话,有中文商品名称,有产品规格型号,有条形码或店内码,有生产日期(或出厂日期) 注:产品若无条形码/店内码、生产日期、合格标识中之任一项就属不合格,门店有权拒收
		外观标准	产品外观色泽均匀
			图案清晰分布
			无漏针、脱线、跳纱
			外观干净无污迹
袜类	5%	标识标准	有生产厂家名称、厂址、电话,有中文商品名称,有产品规格型号,有条形码或店内码,有生产日期(或出厂日期) 注:产品若无条形码/店内码、生产日期、合格标识中之任一项就属不合格,门店有权拒收
		外观标准	产品外观色泽均匀
			外观干净无污渍
		特殊标准	丝袜无脱丝
床上用品类	10%	标识标准	有生产厂家名称、厂址、电话,有中文商品名称,有产品规格型号,有条形码或店内码,有生产日期(或出厂日期) 注:产品若无条形码/店内码、生产日期、合格标识中之任一项就属不合格,门店有权拒收
		外观标准	产品外观色泽均匀
			图案构图完整美观,分布合理
			面料无破损,无污渍
		特殊标准	凉席无虫眼,无毛刺
鞋类	10%	标识标准	有生产厂家名称、厂址、电话,有中文商品名称,有产品规格型号,有条形码或店内码,有生产日期(或出厂日期) 注:产品若无条形码/店内码、生产日期、合格标识中之任一项就属不合格,门店有权拒收
		外观标准	产品外观清洁无污渍
			一双鞋大小及左右相匹配
		特殊标准	有鞋带的鞋子,鞋带齐全
			塑料拖鞋需外观光滑图案清晰
			皮鞋革面平整,色泽均匀,黏合牢固

续表

类别	抽样比	检查项目	检查内容
箱包类	10%	标识标准	有生产厂家名称、厂址、电话,有中文商品名称,有产品规格型号,有条形码或店内码,有生产日期(或出厂日期) 注:产品若无条形码/店内码、生产日期、合格标识中之任一项就属不合格,门店有权拒收
		外观标准	产品外观清洁无污渍
			色泽均匀
		特殊标准	有拉杆的旅行箱需检查拉杆是否抽拉灵活
			皮制箱包需外观无磨损及划痕
婴儿用品类	10%	标识标准	有生产厂家名称、厂址、电话,有中文商品名称,有产品规格型号,有条形码或店内码,有生产日期(或出厂日期) 注:产品若无条形码/店内码、生产日期、合格标识中之任一项就属不合格,门店有权拒收
		外观标准	产品外观清洁无污渍
			色泽均匀图案清晰,需有使用说明
		特殊标准	婴儿衣服需有产品成分表及大小尺寸标识
			玩具有适用范围及使用说明、注意事项、安全警示
			童车需有安装及使用说明书,配件齐全
玩具类	10%	标识标准	有生产厂家名称、厂址、电话,有中文商品名称,有产品规格型号,有条形码或店内码,有生产日期(或出厂日期) 注:产品若无条形码/店内码、生产日期、合格标识中之任一项就属不合格,门店有权拒收
		外观标准	产品外观清洁无破损
			色泽均匀,图案清晰
		特殊标准	成套玩具齐全无缺少
			塑料玩具表面圆滑无毛边、飞边及划痕
			音乐玩具或遥控玩具在顾客购买时为其装电池演示
精品小家电类	20%	标识标准	有生产厂家名称、厂址、电话,有中文商品名称,有产品规格型号,有条形码或店内码,有生产日期(或出厂日期) 注:产品若无条形码/店内码、生产日期、合格标识中之任一项就属不合格,门店有权拒收
		外观标准	产品外观精致无使用痕迹
			说明书或配件齐全
			产品表面喷漆均匀,无掉漆,无划痕
			顾客购买时为其通电检验

续表

类别	抽样比	检查项目	检查内容
电池胶卷类	5%	标识标准	有生产厂家名称、厂址、电话,有中文商品名称,有产品规格型号,有条形码或店内码,有生产日期(或出厂日期) 注:产品若无条形码/店内码、生产日期、合格标识中之任一项就属不合格,门店有权拒收
		外观标准	产品外包装严密状况良好
			规格型与外包装相一致
洗涤清洁用品类	2%	标识标准	有生产厂家名称、厂址、电话,有中文商品名称,有产品规格型号,有条形码或店内码,有生产日期(或出厂日期) 注:产品若无条形码/店内码、生产日期、合格标识中之任一项就属不合格,门店有权拒收
		外观标准	产品包装良好,无破损无泄露
		特殊标准	洗衣粉颗粒均匀无板结
			洗衣皂/香皂无水浸,无溶化
口腔卫生品类	2%	标识标准	有生产厂家名称、厂址、电话,有中文商品名称,有产品规格型号,有条形码或店内码,有生产日期(或出厂日期) 注:产品若无条形码/店内码、生产日期、合格标识中之任一项就属不合格,门店有权拒收
		外观标准	产品包装良好,无破损
			产品大小规格与包装相一致
		特殊标准	牙刷、毛巾整齐,牙刷柄光滑
日用纸制品类	2%	标识标准	有生产厂家名称、厂址、电话,有中文商品名称,有产品规格型号,有条形码或店内码,有生产日期(或出厂日期) 注:产品若无条形码/店内码、生产日期、合格标识中之任一项就属不合格,门店有权拒收
		外观标准	产品外观清洁
			包装完好无破损
运动用品球类	2%	标识标准	有生产厂家名称、厂址、电话,有中文商品名称,有产品规格型号,有条形码或店内码,有生产日期(或出厂日期) 注:产品若无条形码/店内码、生产日期、合格标识中之任一项就属不合格,门店有权拒收
		外观标准	产品外观无使用痕迹
			产品外形饱满,有弹性
手工具类	2%	标识标准	有生产厂家名称、厂址、电话,有中文商品名称,有产品规格型号,有条形码或店内码,有生产日期(或出厂日期) 注:产品若无条形码/店内码、生产日期、合格标识中之任一项就属不合格,门店有权拒收
		外观标准	产品外观无使用痕迹

技能四　仓库管理

1. 仓库商品定置管理

①仓库按照实际需求将内部划分为若干储存区域。

②商品储存按类别、系列、品牌分开放置，相同类别、系列、品牌商品放置在一起。

③商品摆放原则：出入库频繁商品靠近门口或通道处，轻小商品放于料架。

2. 库容库貌管理

①相同商品应放置在一起，商品堆放应整齐。

②库内的商品、工具、墙壁、地面、窗户、桌椅应保持干净，整齐。通道上不放置任何商品或工具，保持通道畅通无阻。

③商品不应直接放于地面上，要用卡板进行码放。

④裸露商品必须有遮盖。

3. 仓库安全管理

①仓库内严禁吸烟。

②消防设备应定期检查、维护，排除一切消防隐患。商品的存放不得影响和阻碍消防通道、消防设施。

③商品堆放高度不得超过 2.5 米高为原则，有堆码层数限制的商品不得越过最高层数。

④商品堆放整齐，不能歪斜，有向上箭头标识的商品必须正向放置，不得侧放、倒放。

⑤仓库内注意防潮、防霉、防雨、防火、防鼠，要采取一定的养护措施。

⑥一旦发现仓库有异常情况，应立即作出反应，采取补救措施。

⑦商品搬运时应轻拿轻放，玻璃制品或家电等易损商品用叉车运送时，必须有一人在后面进行防护工作，保证商品的安全搬运和安全转移。

4. 商品入、出库管理

①遵循"先进先出"原则，防止商品过期变质。

②大家电商品入库、出库要建立台账管理。

③几种单品放于同一层板出库时，同种单品集中放置，重物放于下面，轻的放在上面。

④遵循先出库零散件、后出整件原则。

技能五　商品退换货

退货是指连锁企业各门店的商品因品质、包装、数量、滞销及其他特殊原因而退回给供应商的工作。

1. 退货原则

①单件商品不满一个销售单位的不可退货。

②同一供应商的不同商品每个单品价在 5 元以下，同时总价值不足 100 元的不可退货。

③因管理不善或操作不当而造成的残损商品不可退货。

④顾客所退回因包装破损、配件不全的商品不可退货。

⑤大宗退货应有采购经理书面通知。

⑥不可以订单形式冲减退货数量。

⑦空退空收需有门店经理签字。

2.退货权限

①退货金额在 1000 元以内由门店主管签字。

②退货金额在 1000～5000 元由门店经理签字。

③退货金额在 5000 元以上由店长签字。

3.退货作业流程

退货流程如图 9-2 所示。

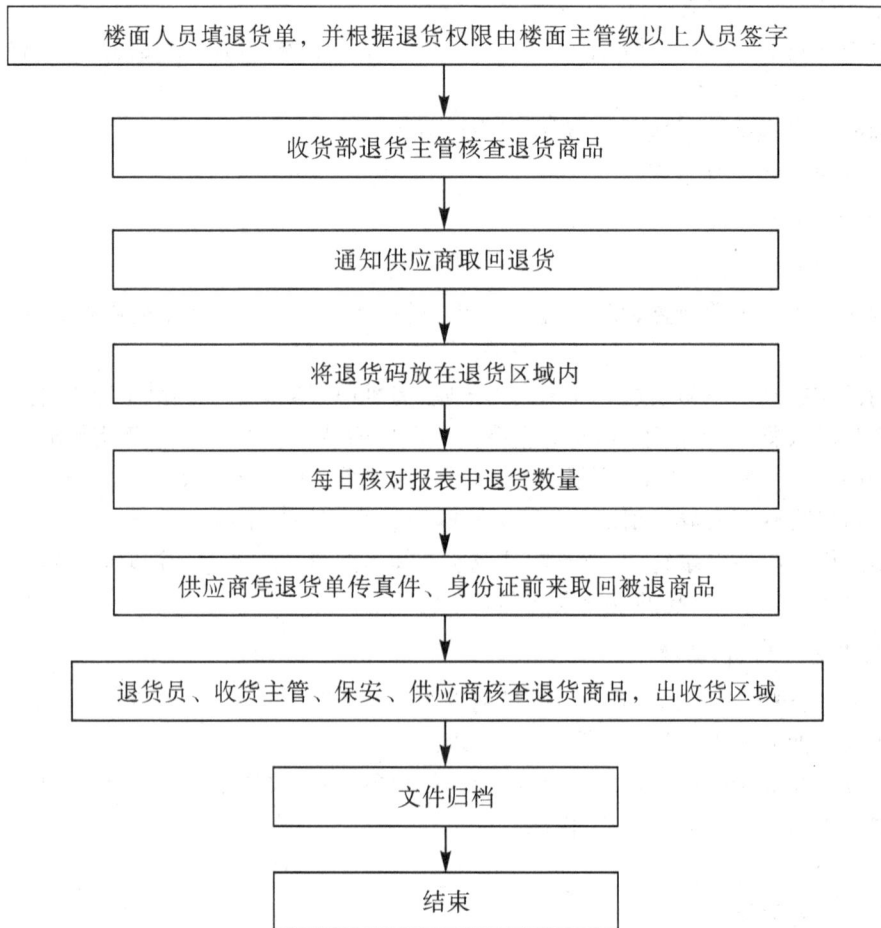

楼面人员填退货单，并根据退货权限由楼面主管级以上人员签字

↓

收货部退货主管核查退货商品

↓

通知供应商取回退货

↓

将退货码放在退货区域内

↓

每日核对报表中退货数量

↓

供应商凭退货单传真件、身份证前来取回被退商品

↓

退货员、收货主管、保安、供应商核查退货商品，出收货区域

↓

文件归档

↓

结束

图 9-2　退货作业流程

4.退货作业说明

退货商品归位、退货资料归档应有明显标识；供应商接收退货时，需登记身份证号或车牌号；商品退货如需邮寄办理应及时通知退货员；注意改包装商品退货时的单位变动；生鲜退货可由生鲜收货员执行；每天需分类填写退货汇总表。

（1）退货注意事项

楼面人员填写退货单，经主管、经理或店经理签字后送至收货处；退货员检查确认签字，并于当天交电脑文员输入电脑并签字；传真通知供应商取回退货商品，退货员把货物码放在退货区域内；供应商凭有效证明经收货主管、保安签字后，前来退货；退货资料由收货主管分类存档;采购部应事先提供给收货部、楼面经理不能接受退货的供应商名单;采购部应以书面形式每半月提供一次不再与其发生业务关系的供应商名单。

（2）退货发生差异更正程序

退货发生差异更正程序如图 9－3 所示。

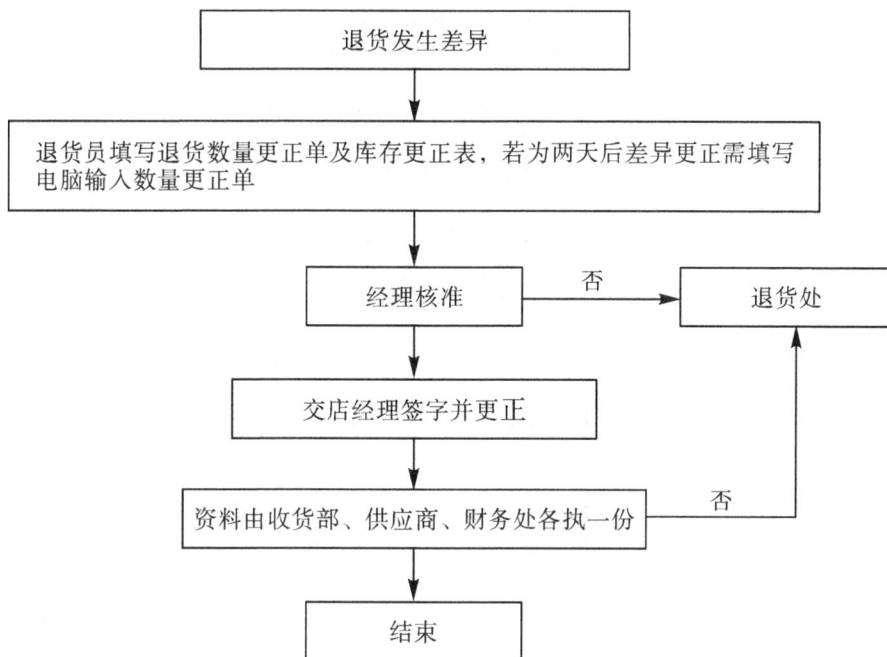

图 9－3　退货发生差异更正程序

5.换货流程

（1）申请

食品或百货楼面主管认为其销售商品有与供应商换货必要时,需提出申请,并经楼面经理核准后方可与供应商进行换货。

（2）执行

经楼面主管核对需换商品后,将该商品与换货申请单送至收货部,经收货部核对无误后,与供应商在进货时进行换货作业。

6.换货权限

①换货总金额在人民币 500 元以下者由主管核准。

②换货总金额在人民币 500～2000 元由楼面经理核准。

③换货总金额在人民币 2000 元以上者由店经理核准。

7.换货流程

楼面人员或供应商填写"换货申请单";经楼面主管级以上人员核准后,由申请单位将换货商品及换货申请单送交收货部;收货部协同保安对换货商品进行核对,与供应商进行换货;供应商与收货部进行换货作业后,将换货申请单第一联交收货部,第二联交楼面,第三联交供应商。

技能六　商品调拨、报损

1. 调拨流程

商品调拨流程如图 9-4 所示。

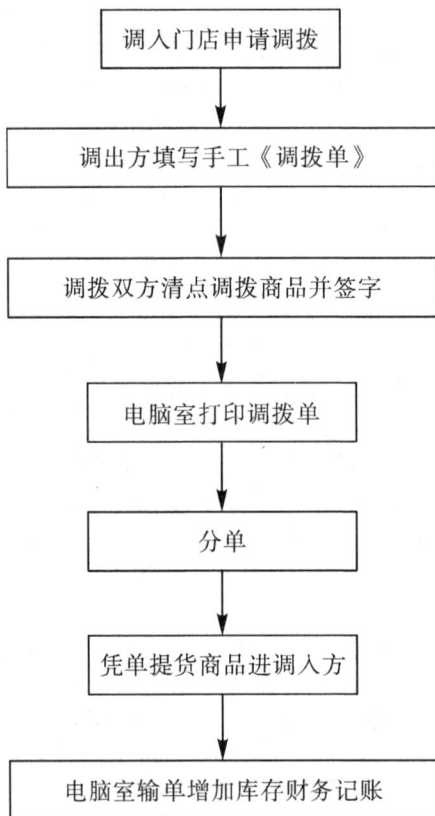

```
        ┌─────────────────────┐
        │   调入门店申请调拨    │
        └─────────────────────┘
                  │
                  ▼
        ┌─────────────────────┐
        │  调出方填写手工《调拨单》 │
        └─────────────────────┘
                  │
                  ▼
        ┌─────────────────────┐
        │ 调拨双方清点调拨商品并签字 │
        └─────────────────────┘
                  │
                  ▼
        ┌─────────────────────┐
        │   电脑室打印调拨单    │
        └─────────────────────┘
                  │
                  ▼
        ┌─────────────────────┐
        │       分单          │
        └─────────────────────┘
                  │
                  ▼
        ┌─────────────────────┐
        │  凭单提货商品进调入方  │
        └─────────────────────┘
                  │
                  ▼
        ┌─────────────────────┐
        │ 电脑室输单增加库存财务记账 │
        └─────────────────────┘
```

图 9-4　商品调拨流程

2. 调拨操作规范

①调入门店申请调拨。门店由于大宗业务或特殊情况申请调拨,课长或处长联系调拨门店。

②调出门店填写手工"调拨单"。根据调入门店的申请,调出门店理货员开具手工"调拨单"并由课长审核确认后,将单据及商品交收货课。

③调拨双方清点调拨商品并签字。调入方经手人、调出方收货员、防损员共同验货并在调拨单上签字确认后交电脑室。

④电脑室打印调拨单。电脑室生成电脑调出单,冲减门店库存,双方相关人员在电脑单上签字。

⑤分单。第一联交调出方门店财务,第二联交调入方。

⑥凭单提货商品进调入方。调入方凭签字后的手工及电脑调出单提货出门,并在调入方收货验收后进入门店。

⑦电脑室输单增加库存财务记账。调入方电脑室凭电脑"调出单"录入"调入单",调入方调拨经手人、调入方收货员和调入方防损员在"调入单"上签字,财务分单记账。

3. 调拨原则与规定

①除大家电外,门店只有在大宗业务或顾客确定购买的情况下才允许调拨商品,调拨商品不允许退回调出门店。

②调拨双方门店的信息系统中均有调拨商品的档案且调出方有库存,调拨双方门店在调拨前应予以确认。

③严禁不经营大家电的门店从经营大家电的门店调拨大家电商品,也不允许采用"先进价购买后再作入库"的方法进行调拨处理。

④经过营运部协调需调拨的商品,接受方须无条件进行接收。

4. 报损操作规范

①理货部填写报损申请单。理货部申请报损,收货部根据实际情况,对已经破损、过期变质等不符合产品质量标准,不能再销售或无退货途径的商品,为必须由公司自行承担损失的商品,填写商品手工报损申请单,然后报上一级主管部门审批。

②审核。根据报损金额的大小由相关主管审核签字,由于审核不严造成公司损失的将对相应主管处以 200～500 元/次的罚款,并责成其赔偿(追回)损失。

③打印报损单。收货部将已审批的手工报损单交电脑室,电脑室确认单据手续齐全后打印一式两联的电脑报损单交收货部。

④签字。收货部签字后将电脑报损单(必须附已审批的手工报损单)交门店财务。

⑤报损商品处理。收货部汇同财务、防损和门店主管一起在指定地点对报损商品进行处理,其处理分 3 种情况:

第一,报损无价值的商品在指定地点作报废处理。

第二,报损有残值的商品可作内部折价处理时,必须在收货口外面,由相关人员一起共同处理。

第三,对人为损坏、保管不善导致过期变质造成的商品报损,直接由责任人按商品进价购买。

需强调的是处理残值商品所获得的现金必须统一交门店财务冲减门店损耗费用。即时报损,报损金额将计入每月的盘点损耗中。报损后商品不得再纳入盘点范围。

技能七　供应商管理

1. 零售商与供应商的关系

供应商是零售商的大后方,是既合作又斗争的伙伴。所以,要与供应商建立平等互利的战略伙伴关系,要善待供应商,最终实现"双赢"。

(1)原则

①确保公司物流畅通。

②确保货单相符。

③熟悉合同相关条款,以此为纲严格执行。

(2)目标

①确认适货:包括条码、数量、质量、送货单、订单有效日期。

②监督执行:及时性、服务性。

③及时沟通相关工作内容。

（3）内容

①是否与订单相符,是否有正常商品验收要素(条形码、送货单等)。

②商品验收态度。

③退货状况。

④对供应商考核和评估。

（4）沟通

①可了解兄弟门店该产品相关信息。

②可了解市场该产品信息。

③赔品支持。

④促销支持。

（5）目的

①不违背原则,按事行事。

②与店长、部长交流其相关信息。

③收货及时,态度和气。

2.防范供应商欺诈

①严格执行商品的收货秩序和验收标准。

②防止供应商在供货中缺斤少两。

③防止供应商以次充好,把不新鲜商品或日期不好的商品混杂在好商品内。

④防止供应商在填写供货进价时低价高标。所以,应对照直接供货价格,检查供货单据的成本和零售价格,如果发现不一致的地方立刻向部门主管汇报。

⑤如果发现供货商的单据所显示的品名、重量、规格、有效期、数量与实际验收不一致,应在供货商的单据上进行修改注明,并要求供货商签字。

⑥经常发生供货错误的供应商都应被替换,特别是发生供货商偷盗门店物品的情况,如果问题没有解决,应大胆地与供货商的上级联系。

⑦对已经验收过的商品一定要及时入库交门店各部门验收。

⑧发现并阻止未经认可的商品进入门店。

⑨如果在验货时发现已损坏或过期变质以及与单据不符的商品应在单据上注明没收,并将这些货物搬出收货区。

3.对待供应商"十要""十不准"

对供应商的要求如表9-5所示。

表9-5　对待供应商的要求

十要	十不准
①要对供应商态度友好 ②要平等对待每一位供应商 ③要对供应商讲信用、守承诺 ④要为供应商提供方便、快捷的服务 ⑤要按合同规定要求陈列商品、结算货款 ⑥要爱惜供应商的物品 ⑦要合理使用供应商的赠品 ⑧要按程序和规定收货、验货、退换货 ⑨要维持供应商的合理权益 ⑩要及时向供应商宣传和解释公司相关业务流程及政策	①不准有意为难供应商、对供应商态度生硬 ②不准私人与供应商直接发生购买行为 ③不准向供应商乱摊派(拉赞助)、乱罚款 ④不准指使供应商做事 ⑤不准将商品损耗转嫁供应商承担(索要商品等) ⑥不准接受供应商请吃、请喝及克勤其他任何形式的娱乐活动 ⑦不准接受供应商任何形式的馈赠 ⑧不准私人或无故向供应商索要赠品 ⑨不准无正当理由随意向供应商退换货 ⑩不准违反合同规定和陈列原则,随意移动供应商商品陈列

【项目训练】

1.训练目的

超市是集日用百货、粮油、水果、蔬菜、熟食、食品现场烹制加工销售和餐饮一体的综合性经营场所,而有害生物的存在直接影响购物环境和食品安全。由于超市的建筑结构通常比较复杂,鼠类可以从电缆沟、排水沟、门下沿等处进入超市。同时门店顶部的电线槽、排风管道和照明管线,为鼠类提供了良好的活动通道;卖场的糕点、豆制品、卤制品、面点等食品加工操作间,食源丰富,缝隙多,均为虫鼠害栖息、滋生创造了有利条件。门店应坚持标本兼治、治本为主以及有效、简便和安全、环保的原则,根据防治虫害的不同,采用综合性防治措施,以达到除害灭病和减少骚扰的目的。

2.训练步骤

①给每位同学发放虫害防治对照检查方案。

②各位同学在企业实操过程中搜集门店各类虫害防治的措施。

③同学们分享所在实操门店中的各类虫害防治的措施。

④鼓励同学对各类虫害防治措施进行讨论,并提出完善的应对建议。

例　文

门店各类虫害防治对照检查方案

一、监督

①上一次虫害检查中记录的所有问题是否都已经得到了解决?

②害虫活动记录表中的害虫位置及害虫种类是否填写完整?

③发现虫害的情况记录在害虫活动记录表上(装订成册)。

④所有员工应该知道害虫活动记录本的保存位置,并且记录看到的任何虫害迹象。

⑤虫害迹象包括活的害虫、害虫尸体、粪便、被啃咬和污染的货物等。

⑥虫害控制技术人员应该查阅害虫活动记录本并且在每次巡查中签名。

二、防范

①所有的门缝隙是否小于 0.6 厘米，如有损害，是否及时得到维护。

②所有的门应该在不使用的时候保持关闭，以防止昆虫、鸟以及老鼠的进入。

③各种穿墙的通风管道、电线、水管周围的裂缝或孔洞，是老鼠或害虫进入商场并在商场内四处活动的重要通道。所有的管道(包括空调、冷柜排水孔)、电线水管周围的裂缝或孔洞应采用适当的方式封堵严密，防止老鼠或害虫出入或藏匿。

④墙、天花板、房顶和墙壁的交汇角落是否干净，并且修葺完整；墙面瓷砖是否缺损(特别是生鲜操作间内)。

⑤所有线槽、配电箱、配电柜是否封闭良好，以防止虫害进入。

⑥在门店内控制虫害的最佳办法是避免虫害进入超市。墙上所有的裂缝和孔洞都必须封堵，以避免虫害从外部进入。所有的墙、天花板必须保持良好的清洁卫生状况。干净的墙壁、天花板可以减少虫害发生的可能。

⑦供电系统内部如果有老鼠活动会带来很大的安全隐患。比如，咬损线路，造成设备(冰箱、冷展柜、收银系统)故障，甚至引起火灾。

⑧所有下水道是否安装了防鼠网，是否清洁并且盖好，隔油池、化粪池是否已加盖。

⑨下水道应该依照清洗计划清理，未经正确清理的下水道正是虫害繁殖的场所。下水道盖子应该紧密覆盖，以防止老鼠进出。

三、外围环境及收货区

①员工与顾客的存包柜卫生状况是否良好，存包柜应定期清理杂物和垃圾。

②保持存包柜内部及其周围的清洁卫生，以减少虫害滋生的可能。存包柜顶部不能摆放其他设备和物品。

③收货平台大门底部是否有密封条，密封条必须保持完好以防止虫害进入超市。密封条应该遮盖收货平台所有的边角。

④收货平台和平台下面的空间是否干净，收货平台下面经常会积聚垃圾和泄漏的食品，从而吸引虫害，并且吸引虫害进入门店。需要定期清洁，并保持下水道通畅。

⑤送货车辆、货物、卡板的清洁是否得到良好维护，没有携带害虫。送货车辆应该保持较好的密封和卫生防止害虫藏匿。

⑥货物中可能藏有蟑螂或老鼠等害虫，需要在收货时进行必要检查(尤其针对易携带虫害的商品加强检查)。

⑦卡板长期露天存放容易在底部积存食物残渣和积水，需要定期移动并且清洁，防止害虫滋生和藏匿。

⑧每一个人员及货物进口门都应该安装风幕机，塑料门帘风幕机的安装之间应当没有间隙，宽度超过门宽，当门敞开的时候，应该启动风幕，风向应该垂直向下或向外 10～30 度。塑料门帘离地间距不超过 1 厘米。胶帘相互重叠并保持下垂。

⑨外围环境是否干净、整洁，垃圾存放区是否清洁，封闭并得到维护。外围环境必须保持干净整洁，以减少虫害的可能。杂草必须清除，灌木丛和草坪应该及时修剪。所有杂物应该每天清理。

⑩垃圾堆放区应修建可封闭的垃圾房。垃圾房应保持清洁、封闭、维护良好。垃圾应堆放在垃圾房内，不可在外随意堆放，垃圾应每天清运。

⑪管理不善的垃圾房将成为虫害大量滋生、活动的区域。垃圾房内外应保持清洁，墙

面、地面及设施没有污垢或霉菌。所有垃圾应装袋、密封,堆放在垃圾池内。

⑫废弃纸箱集中放置区是否每日清理,如果没有清理,老鼠和昆虫会筑巢和繁殖。

四、后区

①商品回收区需要保持清洁,所有商品不能摆放在地面上,存放货物的箱子干净并且摆放整齐。回收区的商品应该每天进行清理,腐烂的商品应该及时丢弃,货物栏也要及时清洗循环使用。

②储藏区,包括整个后部走廊、杂货区和食品区、储物箱、货架的底部掉落的包装破损的货物和垃圾应定期清扫,保持清洁卫生。各类杂物不能放置在货架的底部。

③所有商品与货物都必须离地至少 15 厘米,或者放置在卡板上。所有商品和货物也必须离开墙壁 20 厘米放置,以便仓库、收货区的虫害控制设施可以放置和维护。商品与货物应摆放整齐,每隔 100~150 厘米留有 20 厘米左右的间距。

④货物摆放是否整齐并留有间距,货物距离天花板的距离不少于 50 厘米。货物距离太近,则不利于虫控检查,虫害容易隐匿在货物当中。

⑤加工间各种设备要随时清洁,无食物残留,以免吸引害虫。榨汁机、搅拌机、水果切片刀等每次使用完后应及时清洗,每 4 小时至少清洗一次。

⑥各通风管道上,冷冻、保鲜库顶部是否干净,无杂物堆放。

⑦生鲜操作间的食物原材料和包装材料储存区域应及时清理,无杂物和垃圾,特别是烤箱等大型设备下方及背面应重点清扫,以免引起老鼠和害虫的筑巢和滋生。

⑧食物加工区域的原材料储存应格外注意整齐,离墙离地,经常整理。食物残渣应及时清理,垃圾妥善处理,以免引起老鼠和虫类的筑巢、滋生。

五、销售区域

①货架及底部必须保持干净,定期清理,不能放置固定不可移动的设备和其他物品。

②检查是否有商品泄漏。泄漏的形式可以是液体或固体,如打开包装的物品、包装破裂以及没有清理掉的货物。泄漏的货物可能出现在地面、货架和固定设备周围。

③果蔬货架要保持干净,无腐烂的水果、蔬菜,防止吸引害虫。货架要经常翻动清理且不能使用废弃纸箱铺垫,以免害虫藏匿。

④所有垃圾桶必须大小合适,内部衬有垃圾袋并且盖上盖子防止吸引虫害。垃圾桶应该及时清理并且每天清洗。

⑤拖把桶中的积水、清洗池漏水或者制冰机周围的积水不但为虫害提供了水源,而且帮助虫害大量繁殖。

⑥电子秤周围及其底部经常有散落的食物或残渣,如不及时清理,会成为老鼠和蟑螂等害虫的食物来源。电子秤每次使用完毕后应及时清理,保持清洁卫生。每周两次把电子秤卷纸取出,把电子秤侧置抖动,以防蟑螂藏匿。

⑦老鼠在收银台活动可能会破环线路,造成设备故障甚至引起火灾事故。收银台及其周围应保持清洁卫生,不允许堆放杂物及货品,以防老鼠活动和滋生。每周一次将消磁板、打印机、钱箱完全打开清洁,并用鸡毛掸拂去线路箱内的浮灰,以防蟑螂藏匿。

六、控制

①灭蝇灯必须安装工作正常的紫外灯和效果良好的粘蝇纸。超过使用寿命的紫外灯会减少效力,因此需要至少每年更换一次,并在灯管上标记更换日期,建议在每年的三月更换灯管。灭蝇灯必须每周检查清理,粘胶式灭蝇灯的胶纸每月或在昆虫粘满表面 70%~80%

时必须更换。

②虫害控制技术人员应该有一份标有所有虫害控制设施的门店平面图。如图上的捕鼠装置以及灭蝇灯位置发生改变,应及时修改平面图,使之与实际保持一致。

③鼠板不得被随意覆盖或挪移,以免影响对老鼠的控制效果。

④超市内是否使用未经授权的诱饵或者杀虫剂,超市员工不得使用杀虫剂灭虫。

⑤老鼠活动的痕迹包括:粪便、被啃咬的包装、墙壁上蹭出的痕迹、洞穴和搭窝的材料。如果发现包装被啃咬,就需要打开包装察看是否老鼠已经筑窝。通常最需要注意的是,宠物食品区、面包区,所有和谷物相关的收货区,还有花卉区。注意检查上述区域是否有蟑螂和其他昆虫及其尸体,要关注休息室的碗碟柜下的情况。检查宠物食品、大米、豆子和谷物食品区域是否有昆虫活动的迹象。

⑥在收货区可以用手电筒沿墙壁察看并检查货架底部。如果是存放食品干货、草籽、大米的卡板,一定要检查货物堆中间的情况。

参 考 文 献

［1］ 匡仲潇. 收银员上岗手册［M］. 北京：中国时代经济出版社，2012.
［2］ 刘军，王云胜. 营业员上岗手册［M］. 北京：中国时代经济出版社，2012.
［3］ 刘军，王云胜. 理货员上岗手册［M］. 北京：中国时代经济出版社，2012.
［4］ 傅元胜. 防损员上岗手册［M］. 北京：中国时代经济出版社，2012.
［5］ 刘军. 促销员上岗手册［M］. 北京：中国时代经济出版社，2012.
［6］ 冼华有. 收货员上岗手册［M］. 北京：中国时代经济出版社，2012.
［7］ 吴健安. 现代推销理论与技巧(第三版)［M］. 北京：高等教育出版社，2013.
［8］ 赵盛斌. 超市防损管理［M］. 北京：经济管理出版社，2014.
［9］ 王小捷，张一舟. 收银员一本通［M］. 北京：经济管理出版社，2015.
［10］ 尹微微. 门店销售与服务技巧［M］. 南京：南京大学出版社，2015.
［11］ 沈士光. 职业道德［M］. 上海：上海人民出版社，2016.
［12］ 曾凡龙，王世华. 职业道德教程［M］. 上海：上海交通大学出版社，2005.
［13］ 杨丽. 商务礼仪与职业形象［M］. 大连：大连理工大学出版社，2018.